FICHA CATALOGRÁFICA

(Preparada na Editora)

Caruso, Léa Berenice, 1939-

C31v   *Virgínia: uma vida em Pompeia* / Léa Berenice Caruso.

Araras, SP, IDE, 1ª edição, 2017.

368 p.

ISBN 978-85-7341-713-5

1. Romance 2. Espiritismo I. Título.

CDD -869.935

-133.9

Índices para catálogo sistemático

1. Romance: Século 21: Literatura brasileira 869.935
2. Espiritismo 133.9

Romance do Espírito **Maurice**

LÉA CARUSO

VIRGÍNIA

uma vida em Pompeia

ide

ISBN 978-85-7341-713-5
1ª edição - setembro/2017

Copyright © 2017,
Instituto de Difusão Espírita - IDE

Conselho Editorial:
Doralice Scanavini Volk
Orson Peter Carrara
Wilson Frungilo Júnior

Coordenação:
Jairo Lorenzeti

Revisão de texto:
Mariana Frungilo Paraluppi

Capa:
César França de Oliveira

Diagramação:
Maria Isabel Estéfano Rissi

INSTITUTO DE DIFUSÃO ESPÍRITA - IDE
Av. Otto Barreto, 1067 - Cx. Postal 110
CEP 13600-970 - Araras/SP - Brasil
Fone (19) 3543-2400
CNPJ 44.220.101/0001-43
Inscrição Estadual 182.010.405.118

www.ideeditora.com.br
editorial@ideeditora.com.br

Todos os direitos reservados. Nenhuma parte desta publicação pode ser reproduzida, armazenada ou transmitida, total ou parcialmente, por quaisquer métodos ou processos, sem autorização do detentor do copyright.

Romance do Espírito **Maurice**

Léa Caruso

Virgínia
uma vida em Pompeia

ide

SUMÁRIO

NOTA, *Alfredo* 9

1 - Numa vila em Pompeia, 70 d. C. 13

2 - A fuga de Virgínia 41

3 - Em Cartago 67

4 - A personificação de Virgínia 85

5 - O rapto 121

6 - De volta ao lar 163

7 - A festa de Virgínia 215

8 - Retorno de Comodus e ensinamentos

cristãos 253

9 - Agripa em Roma 315

10 - Final 343

NOTA

MAURICE NOS NARRA NESTE LIVRO UM RETRATO DE uma época logo após a vinda de Cristo, quando o Cristianismo começava a florescer entre os mais humildes e os sofredores.

Aqueles eram tempos difíceis, quando o homem rico, sentindo-se poderoso, praticava todo tipo de abuso contra seu semelhante; quando o império dos césares pisava sobre a camada humilde dos conquistados, escravizando-os, humilhando-os, mandando-os para as galeras por motivos ínfimos. E Roma florescia em riqueza pelas conquistas, deixando rastros de sangue por onde passava. Seus deuses, pois não criam em um só Deus, eram aplaudidos e reverenciados com oferendas, como no Egito. E a alma do ser humano se corrompia e se degradava. Ser humilde era ser fraco, pois ser simples de espírito era ser execrável. As paixões obscuras e os abusos da matéria floresciam em toda vida romana, como também na cidade de veraneio dos grandes homens de Roma. Então, com a vinda de Jesus e suas revelações, tudo começou a mudar. Desenvolvendo-se com grande rapidez, formando raízes profundas e estendendo seus ramos por toda parte, a palavra de Jesus foi levada e aceita pelos injustiçados, pelos sofredores e por aqueles que tinham, dentro de si, um pouco mais desenvolvida, a centelha do amor. As causas do sofrimento alheio foram vistas com outros olhos por todos os novos cristãos; formava-se um novo paradigma, uma maneira diversa de ver a vida na Terra, passageira, mas com o Espírito imperecível, tendo, como força e alavanca sustentável, os eflúvios emanados pela presença do Mestre, que se faziam sentir por todos os Seus seguidores.

Virgínia, uma jovem fútil nascida em Pompeia, trazia um cabedal de imperfeições. O passado pesava-lhe naquela encarnação. Foi perseguida por um obsessor que não a perdoara, e isso lhe permitiu, por determinado tempo, que se desviasse para uma vida pervertida. Através de um escravo, com quem tinha afinidade, por sua alma sensível e amorosa, foi-lhe dada a oportunidade de conhecer os ensinamentos de Jesus e serem-lhe abertos os olhos para o amor incondicional.

Que o amor a Deus e ao próximo, conquistado por vosso amadurecimento espiritual, através de Jesus Cristo, possa revelar-vos as mais sublimes colorações da verdadeira vida e a certeza da colheita de tudo o que semeardes.

Alfredo

Capítulo 1

NUMA VILA EM POMPEIA
70 d.C.

*Que todos aqueles que são atingidos no coração pe-
las vicissitudes e decepções da vida interroguem friamente
sua consciência; que remontem progressivamente à fonte dos
males que os afligem, e verão se, o mais frequentemente, não
podem dizer: Se eu tivesse, ou não tivesse, feito tal coisa, não
estaria em tal situação.*

(O Evangelho Segundo o Espiritismo, cap. V, item 4.)

UM GRANDE SOLUÇO SACUDIU AGRIPA. SENTADO
em um banco de mármore no terraço de sua residência no
Monte Olivo, cidade de Pompeia, ele recostou-se em uma
das colunas de sua grande residência. Visualizava dali o
monte Vesúvio, muito verdejante, coberto pelos vinhedos,
e a belíssima natureza que o cercava em contraste com o
claro céu de anil. O que fazer agora? Que seria de sua vida

sem Virgínia? Ficaria em eterna solidão, perdendo para Júpiter o seu amor? Seu coração estava partido ao meio. Ergueu-se e tonteou, procurando apoiar-se em um pedestal com grande ânfora dourada. Queria morrer também. Já não lhe interessavam os numerosos sítios arborizados que havia comprado, com suas grandes habitações ou as faustivas festas, que antes lhe proporcionavam tamanho prazer. Desejando dispersar os tristes pensamentos, olhou ao longe, vendo, à sua frente, aquele monte e imaginando como seu vizinho tivera feito um paraíso verdejante daquele lugar tão íngreme para plantações. E esses pensamentos fluíam, exatamente para distanciá-lo, propositadamente, do ocorrido ali, na Villa Olivo.

– Senhor, há uma pessoa aqui que quer falar-vos – chamou-o Alfeu, o escravo fidelíssimo que tinha.

– Ah... Dize-lhe que não posso atendê-lo. Minha angústia é tamanha, que não consigo chegar até a sala onde Virgínia se encontra.

– Mas, senhor, ele diz que é importante. Virgílio, o jovem, está com documentos que se referem à sua majestade, o imperador Vespasiano.

– Ah... que vida esta que tenho, que nem nesta hora, de profundo desalento, consigo reter-me em assuntos que me dizem respeito. Odeio toda esta gente neste momento. De que me serve este posto honroso se já não tenho comigo a minha alegria, a minha amiga Virgínia, que tanto amei?

Ela... ela que adorava estar acima de outras mulheres; ela que me fez aceitar estas honrarias... agora, ela se foi de mim. Ah! Triste sina a minha...

– Senhor, o que digo a ele? – insistiu o escravo.

– Está bem, dize-lhe que irei ter com ele. O que posso dizer a não ser isso, tamanha insistência do jovem?

Pompeia, naqueles dias de abril, estava fria e cálida, como o mármore tocado por Agripa, que, ainda jovem, forte e viril, com sua toga branca e manto carmim ricamente ornado, apresentou-se perante Virgílio com penumbra no olhar.

– Salve, Agripa! – cumprimentou-o o jovem à maneira romana, batendo o braço direito sobre o peito.

– Virgílio, salve! Perdão por minha demora.

– Não desejo vos deter, visando o triste momento, Agripa, nem vos desculpais comigo, já que nos conhecemos desde pequenos, formando o laço amistoso entre nós. Bem sei a dor que sentis com a perda de vossa esposa. Eu é que vos peço desculpas por vir assim tão insistentemente, mas tenho informações importantes a dizer-vos sobre nosso imperador; e se dirige a vós.

– Então, vamos nos colocar em local fechado. Aqui, todos nos ouvirão.

Agripa percorreu o salão de piso em mosaico de mármore, onde recebia os visitantes, sem olhar para o local onde o corpo de Virgínia enfim descansava, sendo seguido pelo amigo de infância. Chegaram ao átrio, onde as cortinas de seda, entre as colunas gigantescas, balançavam ao vento da tarde, deixando-se avistar parte da cidade abaixo. Prados e vales à frente; pastores com seus cães, que dirigiam suas ovelhas para o repouso do dia, e a brancura das casas de Pompeia ao fundo. Cabisbaixo e depressivo, o senhor daquelas moradas adentrou em um local menor, que costumava chamar de "seu refúgio", onde ninguém devia ouvi-los, acompanhado por Virgílio. Este estendeu o braço com o pergaminho nas mãos, que, rapidamente, foi-lhe retirado pelo amigo. Agripa reclinou-se no triclinio coberto por peles de carneiro, sem a consideração de oferecer uma banqueta sequer ao seu visitante; abriu o pergaminho e leu atentamente.

– Impossível! – bradou Agripa. – Ele não pode permitir isso em nossa cidade!

– Sim, por isso achei de grande importância trazer-vos este documento o mais rápido possível. Não poderemos permitir este tipo de coisas aqui. Isto seria uma agressão aos nossos antepassados que prezaram tanto a liberdade e a paz desta cidade de descanso.

– Virgílio, nós devemos tomar uma providência, vós, que sois tribuno romano, e eu, com alto posto no império. Penso que este... "Passar a peneira a quem não está de acordo com as leis de Roma" tem a ver com os cristãos. Talvez ele esteja disposto a continuar com os crimes. Sabe-se que, aqui em Pompeia, está sendo edificado um templo em homenagem a Vespasiano, próprio para sacrificar um boi. O nosso imperador também está envolvido na execução de um projeto de um grandioso circo em Roma, o Coliseu... e com que intenção? Sabemos quanto sangue de gladiadores, escravos de Roma e, depois, de pobres cristãos foi derramado no Circus Maximus. Na realidade, os circos foram construídos para a distração, de nobres como nós, mas também do populacho. Nos circos, nós vamos rir; são os jogos e as lutas que nos alegram e não a morte dos condenados, pelo menos a mim e a vós. Meu pai me ensinou a permanecer longe deste tipo de coisa. Ele sempre foi feliz no comércio que fazia, respeitando, com certa firmeza, as leis romanas. Porém, ficava um pouco distante da política e dos senadores, que, aqui em Pompeia, vinham para se distrair. Ah... Eu tenho certeza de que ele não aprovaria a minha situação atual junto a Vespasiano. – E, coçando o queixo com a mão, como sempre fazia, Agripa continuou: – Virgílio, o circo será todo em mármore, e diversas esculturas serão incluídas nos arcos que o compõem. Esperemos que não seja para que o sangue seja jorrado. Mas, talvez, ele, como amigo que foi de meu pai, queira alertar-nos sobre nossos escravos, quiçá para que eu os salve. Talvez, Vespasiano esteja sendo pressionado a perseguir cristãos em Pompeia. A maioria do povo se diverte com a perversidade, matar os criminosos, os ladrões. Eu não teria falado no Coliseu se não tivesse visto este documento, pois temo pelos cristãos. O que achais de tudo isso, Virgílio? Também pensais como eu?

– Também não admiro ver gente inocente morrer daquela forma; os cristãos já foram castigados em demasia. Eu defendo a Roma que amo, mas nunca fui a favor da destruição injusta, apesar de ser tribuno, e todos sabem disso.

– Mas como agiremos, então? Será possível lutarmos contra nosso imperador? Oh, Virgínia enlouqueceria se soubesse disso. E por ela, em seu nome, farei o inimaginável para preservar aqueles que acreditam em Jesus aqui. Lembro-me de suas últimas palavras...

– Agripa, ninguém aqui sairá prejudicado. Sabemos, sigilosamente, por intermédio de alguns conhecidos, que a maior parte dos chamados cristãos daqui vivem em profundo silêncio na sua seita e são pessoas amáveis e corretas.

Alguns deles, meus melhores servos – pensou Agripa. – *E não permitirei que sejam sacrificados.*

– Oh! Não sei que caminho tomar, Virgílio.

– Bem, eu preciso ir. Permiti, caro Agripa, que, neste momento, eu deixe esta casa. Já causei a vós grande transtorno, vindo aqui nesta hora tão imprópria de vosso mais triste momento. Perdoai-me, caro amigo. Sei que tereis mais tristezas e preocupações com estes ditos do dia, no entanto, deixo a vós a solução da medida a tomar.

– Sim, pensarei no que faremos, mas não admitirei partirdes agora. Vinde comigo, vamos desfrutar o pôr do sol que lança sobre Pompeia, a nossa amada Pompeia, seus raios de maior beleza. Caminhemos pela alameda, onde poderemos sentar-nos para apreciar o adeus do nosso astro solar, neste maravilhoso momento de final de dia.

Agripa e Virgílio desceram as escadarias que levavam à alameda dos grandes ciprestes, com muitos bancos de pedras em círculo, ladeados com grandes estátuas romanas.

– Olhai quanta beleza – dizia-lhe o dono daquela Villa –, meditemos um pouco para apreciá-la.

Decorridos alguns momentos de reflexão, Agripa decidiu:

– Nunca sabemos o que se passa dentro de cada mente. Nero matou sua mãe e sua esposa. Como poderíamos confiar nele? Vespasiano não terá o mesmo pensamento, ou estará nos avisando de alguma denúncia? Se surgiu, realmente, uma acusação de que cristãos estão indo contra as leis romanas, ele terá que intervir. Vede seu filho Tito, não acabou ele este ano com os judeus e destruiu seus templos? Agora que estou me radicando nos negócios, servindo a meu país, mais por Virgínia, não sei como sair deste compromisso. Poderia levar meus servos para Cartago; nunca soube se eram ou não cristãos e, caro Virgílio, eu sei que tendes apreciação por uma dama que, pelos cochichos que ouvi, mantém uma cruz escondida em sua casa em Herculanum, símbolo do Carpinteiro.

– Como... como sabeis disso?

– Ora, existem servas e amigas das servas. Este

comentário surgiu há alguns anos, já aqui mesmo, na Villa Olivo.

– Sim – falou Virgílio, baixando a cabeça, entristecido. – Ela é minha noiva agora; é por esse motivo que temo e que venho falar-vos.

– Vede bem, Virgílio, por mais que a pessoa seja fiel ao seu coração, não poderá ir contra as leis de Roma. Falo de Vespasiano. Todos os césares querem ser abençoados pelo povo e receber glórias, sempre conquistando o melhor espaço. Por isso, desejam chamar-se "divino".

– Penso, meu amigo, que é melhor passarmos algum tempo em outro lugar.

– Impossível pelo cargo que aceitei – comentou Agripa.

– Bem, vós precisais partir a locais que Roma vos obriga e, se vos são tão preciosos vossos servos, é simples. Fechai a casa e mudai a residência para outro local, onde, no momento, não há perseguições. Quando tudo acalmar, retornai à vossa Villa querida.

– Sim, será isso que farei. Mas não sei se voltarei. Aqui tenho recordações profundas e sentimentos cruéis: a morte de meu pai, de minha esposa... Todos que eu amei, inclusive minha mãe, aqui viveram. Agora estou muito só.

Agripa derramou algumas lágrimas ao pensar em Virgínia e continuou:

– Falarei com Alfeu para que sejam tomadas as devidas providências.

– E não ficará ninguém aqui?

– Oh, sim. Ficarão Fidelis, Giácomo e Cremencio, que, como todos sabem, vivem fazendo as oferendas que podem aos nossos deuses.

Alguns anos antes...

Virgínia, uma jovem em seus dezessete anos ainda incompletos, caminhava pelos penhascos próximos da Villa Olivo. Queria estar só com a natureza. Havia se entristecido com uma desilusão amorosa. Desde seus catorze anos, dedicara seu coração secretamente ao ilustre Salésio Lupínius, homem vigoroso e atraente, dono de grandes vinhedos ao pé do Vesúvio. Sua admiração por ele aumentava, todo momento em que o via. Admirava sua maneira de falar com seus escravos, sua maneira de caminhar, seu riso, o olhar que ele lhe lançava e sua voz quando dizia: "Quando crescerdes, sereis uma bela mulher". Ela o conhecera na taberna onde sua mãe trabalhava. Desde aquele dia, apaixonara-se por ele e mantinha, em sua cabeça inocente, ilusões a seu respeito. Atraíam a ela a bondade e a humanidade existentes naquele homem.

Sempre que ia espiá-lo na sua Villa, Virgínia cantarolava por todo caminho, imaginando seu belo vestido de noiva trazido de Roma, casando-se no palácio do imperador. Salésio, no entanto, via nela somente uma menina, que, com sutileza, escondia o rosto em sua túnica ao cruzar-lhe o olhar e, logo após, corria encabulada pelo vale.

Naquela tarde, ela se dirigiu à residência para vê-lo de longe, mas, ao se aproximar, viu-o beijando uma bela mulher, vestida como uma vestal, pele morena e cabelos crespos, que desciam até a cintura. Desorientou-se, imaginando:

"Não é possível isso! Logo agora que estou crescida e poderia conquistá-lo! Gostaria tanto que ele me visse, mas parece que já está comprometido. Oh, deuses, eu estou desesperada!"

O ciúme e a desesperança acordaram Virgínia naquele momento, e ela saiu em desabalada fúria pelo campo, caindo e batendo com a cabeça numa das pedras do caminho, perdendo os sentidos.

Ao acordar, viu-se em um quarto muito simples, mas limpo, sendo cuidada por um desconhecido, que notou tratar-se de um escravo. Baixo, forte, mulato e com idade madura, ele se desdobrava em atenções para com ela, colocando compressas de heléboro (1) em sua cabeça para tratar as suas dores. Virgínia assustou-se ao ver aquele desconhecido aproximando-se dela. Sentou-se repentinamente no leito,

---

(1) Este remédio era muito usado naquela época para o mal que a acorrera. Era feito da flor retirada daquela planta, que era fervida, e com ela se faziam as compressas ou se bebia. O heléboro era utilizado para desordens mentais, mas também em cirurgias, como anestésico; se tomado em doses homeopáticas, era medicinal, porém venenoso quando usado em maior quantidade

mas ele fez um gesto com as mãos para que ela não se atemorizasse, dizendo:

– Minha filha, não vos preocupeis, eu só quero fazer-vos o bem.

Virgínia recostou-se novamente e, relaxando, perguntou:

– Há quanto tempo estou aqui?

– Há quatro dias, minha filha.

– Como? Tanto assim?

– Vós adoecestes com a queda e tivestes delírios. Só eu não sabia se tínheis ou não parentes próximos para avisá-los, mas, quando fui à cidade ontem, ouvi uma conversa entre dois senhores na cantina, que diziam que a filha de Comodus Severus havia sumido, deixando-o muito apreensivo. Falava-se que sua esposa, a mãe da menina, chorava em seu canto todos os dias, chamando pela filha fugitiva.

– E fostes procurá-lo?

– Esperava que vós acordásseis, para ver se era este o nome de vosso pai.

Virgínia tentou levantar, mas caiu novamente, exausta. A medicação de chás que ele lhe estava dando e aquelas compressas medicamentosas haviam salvado sua vida, tão frágil no momento, no entanto, ela não se lembrava de nada, tudo estava muito confuso em sua cabecinha.

A adolescente de cabelos castanho-claros, com sua estatura mediana, era elegante no porte, e não se considerava uma pessoa bonita.

Os traços em sua face modificavam as linhas atuais, um pouco infantis, mas sua personalidade e inteligência a transformavam em uma jovem atraente e cheia de encantos, repleta de ilusões, como toda moça dessa idade.

– Eu preciso levantar-me, mas, pelos deuses, não consigo me lembrar de nada...

– Acho melhor chamar por Agripa, o filho de meu senhor, assim que ele chegar; talvez, ele possa nos ajudar. Ele deve chegar de Cartago hoje com seu pai, onde também tem moradia, e saberá resolver sobre o que devemos fazer. Talvez, possamos levá-la até Comodus.

– Não, por favor. Este nome me dá ansiedade. Não sei se o conheço, mas sinto horror só em pronunciá-lo. Não me leveis para ele!

O escravo Alfeu baixou a cabeça. Ouvira falar, também na cantina, que Comodus não era o verdadeiro pai de Virgínia, era seu padrasto, e que abusava frequentemente da menina, não podendo ela tomar nenhuma posição contra ele, pelo anjo, que os deuses, em sua bondade, haviam-lhe dado como mãe.

– Menina – comentou Alfeu dirigindo-se à jovem –, na África, tive uma filhinha, que hoje, se ainda viva, teria a vossa idade e, por ironia do destino, nunca mais pude vê-la. Se tanto sentis temor por este nome, é porque ele não vos agrada... Bem, vejo, em vossa fisionomia, que esta conversa está vos causando apreensão. Relaxeis, tudo está bem. Não será agora que resolveremos para onde deveis ir. Deveis dormir um pouquinho, mas, antes, tomai deste remédio que vos fará bem e bebei deste leite que tirei de cabras, há pouco, para vós.

No dia seguinte, ouviu-se ruídos perto do local onde Virgínia dormia, e Alfeu foi ver o que estava acontecendo.

– Oh, senhor, enfim chegaram!

– O que há de novo? – perguntou-lhe Petrarcus, pai de Agripa.

– Peço-vos que vejais a menina que encontrei desacordada no campo – falou-lhe Alfeu, satisfeito.

– Eu vou ver, pai, ficai tranquilo.

Agripa entrou, cumprimentando o serviçal, e sorriu ao ver a moça, que dormia tranquilamente em um dos cômodos dos escravos da casa.

Ele já a havia visto nas redondezas da cidade e se encantara por ela naquele mesmo momento. A moça seguia em uma biga, ao lado de alguém, talvez seu pai, e voltava de uma caçada. Tinha uma cara amarrada como se estivesse com raiva de alguma coisa. Agripa rira ao vê--la, achando estranhos seus modos. Era diferente de todas as mocinhas, que somente ficavam em casa nas lidas diárias ou divertindo-se com os visitantes de Pompeia. Fazendo ali o papel de menino, ela se distinguia entre todas as jovens do local. Desde aquele dia, o jovem romano nunca mais a esqueceu e, volta e meia, enquanto andava pela cidade, procurava-a com os olhos para ver se a enxergava por lá. Mas, na realidade, na tarde em que ele a vira na biga, Virgínia voltava com seu padrasto de um odioso passeio.

Pompeia era uma cidade glamorosa e rica. Havia uma alegria reinante na cidade movimentada, com suas termas, seu anfiteatro, os circos, o fórum, seus bares, seus bordéis. Era seguidamente visitada por estrangeiros de inúmeros países, entre eles, Egito, Grécia e Cartago, e considerada uma cidade de descanso para nobres romanos ocupados.

Alfeu, o escravo cartaginense, viera com a família de Petrarcus Lúcius para Pompeia, a fim de auxiliá-los nas tarefas da casa e procurar novos serventes para eles. Ele era tido como um mordomo de hoje e, apesar de sua condição de servo, e pelos inúmeros serviços prestados à família, agora era tratado com estima e consideração por seu patrão, rico comerciante, já viúvo, e por seu filho Agripa.

Virgínia acordou com Agripa sorrindo para ela.

Então, foi aquela menina que Alfeu encontrou! Que fato milagroso e feliz! – pensava ele – mas nem percebera que Virgínia não lhe tirava os olhos interrogativos. Somente quando ela procurou levantar e cambaleou, foi que ele acordou daquela visão.

– Ora, não te perturbes – disse a ela Agripa –, por ventura não és filha de Comodus Severus? Eu te vi há alguns meses, em uma biga com teu pai.

– Estou desmemoriada, e este nome não me dá nenhuma sensação boa, ao contrário, tenho certa angústia quando o ouço. Vós sois o senhor desse bom escravo?

– Sim, eu o sou. Talvez desprezes esse homem, mas tens uma mãe muito dedicada. Isto é o que comentaram para mim quando te vi passar com ele, e por este fato devemos procurá-lo.

– Tendes certeza disso? Nada lembro... Por favor, não deixeis que eu vá para a casa de quem não conheço.

– Ora, eu sou jovem, não há necessidade de chamar-me com tanto respeito. Chama-me com a intimidade de um irmão. – E, procurando deixá-la mais à vontade, comentou: – Bem, irei ter com meu pai, e logo resolveremos este assunto. Se quiseres ficar por mais um tempo em minha casa, até voltarmos a Cartago, eu tenho certeza de que ele te receberá de braços abertos, porque vivemos solitários aqui. A presença de uma jovem nos alegrará. Está bem assim?

– Eu agradeço se puder ficar mais alguns dias, até me sentir restabelecida. Perdoai-me, mas não sei o que fazer de minha vida – disse Virgínia, cabisbaixa. – Nem sei mais meu nome. Tenho certeza, porém, de que darei inúmeros cuidados a todos em vossa, isto é, tua casa, e isto não seria justo para todos. O que fazer? – resmungou a jovem, coçando a cabeça.

– Não percebes que serás bem aceita em nossa Villa? Este é um bom motivo para não depreciares o nosso convite, não é, Alfeu? – aludiu Agripa, virando-se para o bom servo, que sorria – Amanhã, teremos uma ceia para nossos vizinhos, Salésio Lupínius e sua nova esposa. Seria bom que estivesses presente. Hoje mesmo tratarei de comprar-te algumas roupas, já que não poderei adivinhar o tempo de tua recuperação, e, mais tarde, veremos que caminho os deuses terão traçado para ti. Podemos pedir que venha um médico de Roma para ver-te, se bem que Alfeu, neste caso, já fez a maior parte.

A jovem mexeu-se no leito, e sua túnica, aberta no peito, mostrou-lhe parte de um medalhão de ouro. Agripa abriu bem os olhos, dizendo:

– Olha só..., penso que teremos aqui a solução do problema. Tens um medalhão em teu peito. Posso vê-lo? Vejo aqui escrito um nome.

Virgínia procurou fechar com uma das mãos a abertura para que ele não pudesse ver o que não devia e, olhando-o muito séria, com a outra, puxou a corrente para fora. Não se lembrava daquela joia. Olhou para seu colo e viu o medalhão que carregava consigo. Puxou-o, mostrando-o a Agripa.

– "Virgínia". Alvíssaras, esse é teu nome! Tenho a

impressão de que não me enganei sobre tua pessoa. Procuraremos teus pais, seja lá quem forem, assim que estiveres melhor, pois, pelo visto, não poderei te entregar neste estado para eles.

Virgínia fez menção de sorrir, mas sentia-se perturbada. Este esquecimento... Era também difícil para ela aceitar aquela situação. Colocar-se em uma casa que não conhecia, com pessoas estranhas a ela... Isso não a agradava. Já havia passado por coisas que a perturbavam, mas não se lembrava do que era. Desconfiava dos homens, e os temia, disso tinha certeza. Porém, Virgínia não tinha outra saída senão dizer sim para aquele simpático cavalheiro que lhe oferecia tão bondosamente seu lar. O nome de Salésio também não lhe disse nada. Com certeza, havia perdido, pelo menos temporariamente, a sua memória.

No dia seguinte, um pouco mais forte, Virgínia levantou-se do leito e deu alguns passos. Já se familiarizara com Alfeu, que havia trazido para ela uma serva, mandada por Agripa, para servi-la. Quando Agripa soube, com alegria, que ela já havia caminhado um pouco, bela túnica de seda azul celeste foi-lhe entregue. Ele comentara com seu pai seu desejo de deixá-la alguns dias com eles, e este, deliberadamente, tomara providências para recebê-la. Sim, seria muito bom terem uma figura feminina em casa, já que fazia muitos anos que perdera sua filha e sua esposa. Tudo isso porque notou ansiedade e verdadeira emoção em seu filho, enquanto comentava os fatos de sua vinda.

Na manhã seguinte, Agripa procurou por Alfeu, dando-lhe um presente pelo trabalho de recolher Virgínia e por tê-la tratado tão bem.

Quatro servos trouxeram uma liteira, para que ela passasse, do local humilde dos escravos, para a parte da frente da residência de Petrarcus Lúcius. Ao chegar aquele transporte, a jovem, carregada no colo por Agripa, com carinho, como se fosse uma joia rara, foi colocada sobre as macias almofadas da liteira. E quatro escravos encaminharam-na para acomodá-la no dormitório destinado a ela.

O filho de Petrarcus Lúcius sentia-se feliz. Desde que perdera a irmã, não tivera oportunidade de ouvir conversas femininas na casa, a não ser o cochicho de suas serviçais. Ele permaneceu ao lado da liteira, com receio de alguma queda da jovem no piso de mármore, tamanha sua fraqueza.

Virgínia abriu bem os olhos, que brilharam ao ver tamanha opulência naquela residência e, em sua ambição, possuiu-se de mil pensamentos criativos, desejosos de adquirir riqueza idêntica em sua vida, custasse o que fosse, recoberta de inveja, ainda pela impureza de seu Espírito. Realmente, agora que vira quem eram os donos daquela Villa, não gostaria de recuperar sua memória tão cedo. Pretenderia, isto sim, morar naquela casa repleta de luxo e riqueza.

Não havia muitos móveis por onde passava, mas o

piso de mosaico em mármore trabalhado era de uma beleza imensa. Estátuas em tamanho natural naquele átrio a certificavam da abastança daqueles senhores. As paredes pintadas em cores vibrantes e quentes, com figuras de jovens bebendo, ou dançando, ramos e pássaros, eram lindas. Virgínia nunca tivera a oportunidade de viver em um local de tamanho luxo em Pompeia. Jamais havia convivido com gente importante e em residência tão imponente.

Ao chegarem aos aposentos arrumados para ela, o filho de Petrarcus retirou-a do transporte e colocou-a, com cuidado, no leito arrumado. Depois, saiu para procurar seu pai. Virgínia, coração batendo descompassado, imaginou mil artimanhas para não mais sair de lá. Ela imaginava ser como todas as romanas: dizia agrados, mistificava, tramava maldades. Mostrava-se de uma forma, mas interiormente era de outra.

Petrarcus Lúcius, vindo de outro ambiente, adentrou no dormitório onde estava Virgínia e cumprimentou-a seriamente:

– Sede bem-vinda. Sou Petrarcus Augustus Lúcius. Aqui, estareis perfeitamente segura até vos restabelecerdes e poderdes voltar para vosso lar. Amanhã mesmo, chamarei, a este sítio, Comudus Severus, que virá vê-la. Se ele for mesmo vosso pai, talvez vossa memória aflore, e tudo se vos resolva.

– Obrigada por tudo, senhor. Eu farei o possível para retribuir vossa bondade de alguma forma, mais tarde.

– Nem penseis nisso; teríamos realizado este feito a qualquer pessoa que caísse e perdesse a memória em nossas terras.

Virgínia ficou pensativa. Achou que o que ele falou foi para colocá-la em seu devido lugar. Ele a havia tratado com extrema indiferença e seriedade. Então, começou a examiná-lo, não prestando atenção em suas palavras dirigidas a Alfeu. Sentiu o desprezo que recebera, e completou seu pensamento:

"Muito belo e forte esse homem. Ele me despreza, mas, de agora em diante, usarei de minhas conhecidas habilidades, se for preciso."

Quando todos se retiraram, ela, estendendo-se ao leito e sorrindo feliz, ainda desconhecendo sua procedência, procurou traçar um plano ardiloso. Teria direito, sim, a este lugar, pois merecia morar com opulência e beleza, e faria o possível para realizar esse sonho. Acreditava que os deuses a tinham colocado lá.

Agripa foi vê-la.

– Virgínia, estou muito satisfeito com tua vinda a esta casa. Verás que seremos amigos. Sinto, desde já, uma simpatia muito grande por ti. Espero que também possas retribuir esta amizade.

– Sou extremamente grata por todo este desvelo para com minha pessoa. Estás sendo meu protetor e sempre terás, por esse motivo, minha gratidão. Não sei quando recobrarei a memória, mas, assim que a tiver de volta, sairei daqui para retornar ao meu lar, contudo, tua lembrança e o carinho que já sinto por ti me acompanharão, tenha certeza disso.

– Desejo ter contigo uma amizade real. Afinal, és jovem, e eu também o sou, apesar de eu ter a mais, eu penso, dez ou mais anos. Por mim, podes ficar eternamente aqui. Tenho certeza de que papai também dirá o mesmo. Mas aguardaremos o dia de amanhã, que, talvez, traga-nos surpresas.

Agripa despediu-se dela, osculando-lhe a testa e saindo sorridente para os seus próprios aposentos. Virgínia ficou pensando no pai do jovem. Ele, com seu desdém ao tratá-la, colocara-a na posição de leoa que domina. E arrematou seu pensamento:

"Petrarcus Augustus Lucius, veremos quem de nós vencerá. Neste momento, iniciaste a ser meu alvo de conquista. Tenho certeza de que terei possibilidades de seduzi-lo, talvez em alguns dias, graças ao esquecimento que recebi com a dádiva dos deuses."

No dia seguinte, na hora marcada por Petrarcus, Comodus Severus, muito nervoso, entrou rapidamente no terraço, onde estava o senhor daquela Villa. Via-se ali um homem baixo e forte, com roupagem e capacete de soldado romano.

– Ave, Petrarcus Lúcius – cumprimentou ele,

estendendo o braço e batendo com a mão direita sobre o peito, como todos os cidadãos romanos faziam em cumprimento –, eu soube, por intermédio de vosso servo, que minha filha se encontra aqui. Procurei a pequena por toda Pompeia, com medo de que tivesse sido sequestrada por vândalos da noite. Ela desapareceu faz cinco dias hoje. Sinto falta dessa pequena, que, sempre que pode, procura fugir de mim como fera. Sua mãe também a espera ansiosa.

– Bem... – respondeu Petrarcus, reclinado em seu divã, a analisar o homem – em primeiro lugar, devereis ver se ela é mesmo a vossa filha. Deveis saber que a jovem em questão perdeu a memória, mas achei melhor comunicar--vos para ver se ela acorda deste pesadelo o mais breve possível. Mandarei chamá-la. Aguardai um momento.

Comodus caminhava de um lado para outro, enquanto Alfeu saiu para buscar Virgínia. Ele temia que ela não quisesse voltar se o reconhecesse, mas usaria sua tática. Não queria perder a jovem, por quem tinha uma obsessão enlouquecedora. Sabia ela não o apreciar, pois, cada vez que a dominava, da forma que lhe era própria, tinha de lhe prometer que cuidaria melhor de sua mãe, já velha e cansada. Se ela lhe negasse, ele afirmava que a jogaria, com sua mãe, na rua, sem terem para onde ir.

Assim, Virgínia ficava sempre presa a este homem de uma maneira vil, odiando-o cada vez mais. Seguidamente, ela atirava-se aos pés da estátua de Isis, ali em Pompeia, no templo da deusa, fazendo-lhe as ofertas singelas que podia e pedindo que Comodus morresse ou que ela tivesse uma oportunidade para matá-lo. Rogava, ardentemente, que seus deuses a libertassem daquele inferno de vida. Contudo, achava que os deuses não a ouviam, estavam ao lado do padrasto e não do seu, porque Comodus sempre vencia. Pensando em sua desgraça ao ter de conviver com ele, apareceu na sala acompanhada de Agripa. Fitou Comodus Severus e arregalou os olhos, levando um choque quando o viu; em sua mente, a lembrança de dias muito ruins passados com ele clareou sua memória. Ele sentiu que Virgínia recobrara a memória e, temeroso em perdê-la, falou-lhe:

– Vamos para casa, minha filhinha.

– Quem... Quem sois vós? – argumentou, dissimulada.

– Ora, vamos. Não digas que não me reconheceste. Sou teu pai, filha minha. Olha bem dentro de meus olhos.

Virgínia havia reconhecido o odioso homem, mas usou de inteligência com um plano momentâneo.

Comodus tentou puxá-la pelo braço, apertando-o com força. Mas ela recuou e simulou um desmaio. Correram para auxiliá-la Petrarcus, Agripa e Alfeu, este último, que descobrira o álibi da jovem. Ele era o único que sabia da verdade sobre Virgínia e achou melhor defendê-la, dirigindo-se a Comodus:

– Senhor, melhor seria que a jovem se acomodasse. Está exausta.

– Não. Eu a levarei para casa assim mesmo – falou Comodus.

– Enquanto não soubermos quem ela é, de nada adiantará quererdes levá-la – ponderou Petrarcus. – Será melhor voltarmos com esta conversa em outro dia. Deixemos a jovem restabelecer-se por completo.

– Ora, mas eu me lembro de algo importante que provará quem ela é, realmente. Ela tem um medalhão com seu nome, que eu lhe dei! Vejamos... – e tentou abrir parte da túnica que cobria o colo de Virgínia, que, já de pé, afastou-se rapidamente, não permitindo que ele a tocasse.

Agripa assustou-se, e seu coração disparou. Não queria que ela fosse embora ainda, mas se aliviou ao notar que o medalhão não estava com ela. Alfeu, sabendo do drama da menina, havia pedido para que a escrava que a servia o retirasse antes de vesti-la. Assim, Comodus teve que partir só, mas contendo tumultuoso ódio dentro de si. O ciúme apossou-se dele. Desconfiou que aquele escravo tivesse tramado tudo, retirando o medalhão para que a sua jovem não fosse reconhecida. Vingar-se-ia, principalmente daquele escravo, que a escondera por tantos dias. Vasculharia sua vida até descobrir como e de que maneira poderia machucá-lo. Seu ódio era tamanho, que ia bufando até alcançar o portão onde estava a biga que o trouxera. Dos demais, com tempo, se encarregaria de vingar-se. Todos deveriam estar planejando viver com Virgínia, que deveria estar dissimulando. Eles deviam saber que Virgínia era sua e agiam, propositadamente, para afastá-la dele. Até retiraram o medalhão de seu pescoço quando a encontraram, exatamente para ficarem com ela. Mas ele teria uma fórmula para trazê-la de volta. Pensaria num meio mais rápido e eficiente: sua mãe.

Virgínia foi deitar-se, levada por Agripa, que a olhava com carinho. Logo, ele saiu do local indo ter com seu pai.

– Pobre menina, papai. Por que será que este homem despertou tanto ódio nessa moça?

– Agripa – falou Petrarcus Lúcius –, conta-me uma coisa. Notei que sabes mais a respeito dessa moça do que me disseste. Por que não a entregaste ao soldado? Por que que te escusaste neste momento? Fala, meu filho. Seria melhor que ela voltasse logo para a casa de seu pai. Afinal, é o direito dele reclamá-la. Não sei, meu filho, mas essa jovem, apesar de ser quase uma criança, deve ser uma pessoa bem vivida.

– Perdoai-me, meu pai. Tendes sido amorável com essa jovem, e comigo. Já descobristes o que me aflige; sinto uma afinidade com ela, mas, se vedes a jovem desta forma, digo-vos que ela aparenta o que não é. Ela é dócil e inocente, disso tenho certeza, e não deixaria seu pai ir, se ele a tratasse bem.

– Então, sabes quem ela é? Tens a mesma impressão que eu, que ela o reconheceu? Neste caso, ela estará mentindo. Meu filho, isso não se faz. Esconder-se de um pai...

– Mas vistes com que desprezo ela lançou-lhe o olhar? Ela o conheceu sim, meu pai. E, certamente, não quer voltar para ele, seu padrasto.

– Sim, notei isso. Mas não temos a certeza de nada. Ele é padrasto dela? Tiveste mais tempo conversando com ela do que eu, que a vi somente por uns segundos, e, se tens certeza de que ela é dócil e amável, talvez eu esteja enganado, talvez ela não o tenha reconhecido. Bem, bem, deixemos esta conversa para depois e vamos ao trabalho. Virás comigo para os negócios? Será bom aprenderes.

– Se não vos importais, amanhã vos farei a vontade. Por hoje, tentarei conversar com Virgínia.

– Então, este é seu nome, não é, Agripa? Bem, soube a tempo o que minha imaginação temia. Pobre padrasto da moça.

Petrarcus afastou-se rindo e fazendo-lhe um sinal com a mão, que o filho devia era apanhar. Na realidade, também o pai sentira-se atraído por Virgínia e tinha receio daquela convivência. Gostaria que ela tivesse partido, naquela hora, com Comodus. Temia aquela presença feminina na Villa Olivo.

Virgínia planejava mil coisas. Vira como Agripa olhava para ela. Vira como ele a admirava. Tiraria partido dessa situação, já que teria que agir rapidamente. Fingindo que não havia encontrado sua família, eles a levariam também a Cartago, de onde ela procuraria não voltar tão cedo e, depois, mais tarde, levaria sua mãe para junto dela. Jamais poderia voltar a pertencer a aquele ser desprezível, seu padrasto. Ah, Alfeu, bendito escravo que a salvara retirando-lhe o medalhão. Era impressionante como ele a tratara, tão bom e tão distinto para com ela. Parecia que a colocara no lugar da filha desaparecida. Teria que agradecer tanta bondade.

Com o transcorrer dos dias, a cor voltou ao rosto de Virgínia, e ela ficou completamente curada. Lembrava-se de sua mãe, mas pensava:

"Em breve, mamãe. Espere-me por mais algum tempo."

Ela sabia que seu padrasto não faria nada de mal à sua progenitora, visto que este era o trunfo que ele tinha nas mãos para fazer dela, Virgínia, o que ele bem entendesse. Mas temia ser procurada por ele novamente, e que trouxesse junto Fedras Serventia, sua mãe. Aí ela não poderia dizer que não conhecia aquela mulher, ser que tanto amava e que tudo havia feito para ela, desde a mais tenra idade.

E essa era realmente a ideia de Comodus, que aguardava somente o momento para agir.

Capítulo 2

A FUGA DE VIRGÍNIA

O homem está incessantemente em busca da felicidade, que lhe escapa sem cessar, porque a felicidade sem mescla não existe na Terra. Entretanto, malgrado as vicissitudes que formam o cortejo inevitável desta vida, poderia pelo menos gozar de uma felicidade relativa, mas ele a procura nas coisas perecíveis e sujeitas às mesmas vicissitudes, quer dizer, nos prazeres materiais, em vez de a procurar nos prazeres da alma, que são um antegozo dos prazeres celestes, imperecíveis; em lugar de procurar a paz do coração, única felicidade real deste mundo, é ávido de tudo aquilo que pode agitá-lo e perturbá-lo; e, coisa singular, parece criar propositadamente tormentos que não cabe senão a ele evitar.

(*O Evangelho Segundo o Espiritismo,* cap. V, item 23.)

No dia seguinte, à tardinha, receando ficar prisioneira novamente de seu padrasto, Virgínia apoiou-se em seu defensor, Alfeu:

– Alfeu, permitis a mim uma palavra, mas quero sigilo sobre o que vou vos falar.

– Senhora, eu estou a vosso inteiro dispor.

– Tenho que vos confessar algo. Preciso abrir-me com alguém e pensei em vós. Senti que me defendestes perante o soldado Comodus e agradeço. Deveis ter visto que o reconheci, não?

– Sim. Vi que vós o reconhecestes.

– O fato de não terdes me traído vos faz meu confidente. Por isso, vim aqui conversar convosco.

– Pois não, senhora, o que desejais?

– Sabeis, por acaso, por que odeio tanto aquele homem?

– Sim, eu imagino que deveis odiá-lo bastante.

– Alfeu, não quero voltar a viver na mesma casa com ele. Penalizo-me pela minha mãe, mas esta queda foi para mim a prece que dirigi aos deuses. Finalmente, fui ouvida, e esta é a ocasião que não devo deixar fugir. Só vos peço uma coisa, Alfeu. Se vós sabeis o meu segredo, não o admitais na presença de quem quer que seja.

– Sei disso, minha filha. E... perdoai-me se vos chamo assim. – confidenciou, vendo-a lançar-lhe um olhar de não aceitação. – Não voltarei mais a justificar-me perante vós desta forma, perdoai-me.

– Está melhor assim. Não gostei que me chamastes desta forma. Apesar de admirar-vos, estar agradecida e ainda saber que sois boa pessoa, não deixais de ser um escravo e não sois meu pai.

– Sim, eu sei disso – referiu-se humildemente, baixando a cabeça com as palavras petulantes da orgulhosa jovem, que o fitava de pescoço erguido.

E Virgínia, dona de si, continuou:

– Alfeu, Agripa e seu pai brevemente voltarão a Cartago. Até lá, se Comodus voltar aqui, eu não posso estar presente. Conto convosco para isso.

– Será difícil aceitar uma ordem que não venha dos meus senhores. Eles saberão se esta atitude for tomada por mim, e ficarei numa situação desagradável aos seus olhos. Perdoai-me.

– Mas não posso receber este homem aqui! Ele poderá trazer minha mãe. Aí estarei perdida!

– Então, meus senhores deverão saber disso.

– Não! Não entendeis? Só vós sabeis meu segredo! Serei desvalorizada perante eles se souberem de tudo, e não me deixarão ficar aqui nesta casa. Sou uma vítima do destino. Esse homem me desonrou, serei difamada entre todos, se eles souberem a verdade sobre quem é Comodus Severus para mim, na realidade.

– Acalmai-vos, senhora. Verei o que posso fazer; farei o que for ao meu alcance para ajudar-vos.

– Mas, por falar nisso, como ficastes sabendo de minha vida?

– Por um servo, alguém que vos conhece. Não o conheço pessoalmente, mas ouvi uma conversa em uma taberna de Pompeia.

– Por isso, quero fugir daqui para bem longe. Jamais terei um destino favorável aqui em Pompeia. Quando se inicia uma conversa deste tipo entre serviçais, ela se estende e se estende, até ficar maior do que é. Por isso, salvai-me, Alfeu, por favor! Serei cada vez mais difamada entre o povo de minha cidade.

– Acalmai vosso coração, menina.

– Alfeu, eu acho estranho que nobres como Petrarcus e Agripa tenham tanto respeito por um escravo como vós. O que fizestes para agirem deste modo para convosco?

– Nada fiz... só os sirvo com carinho pela família.

– Não pode ser só isso. Dizei-me: são as oferendas aos deuses que vos torna importante nesta Villa? Adorais os deuses, Alfeu? Qual deles mais gostais? Eu gosto de Isis, a deusa do amor. Sabia que ela é uma deusa do Egito? Ah... Eu amo o homem que mora na casa vizinha e que viria jantar conosco ainda na semana passada. Sorte ele ter viajado, porque, com ele aqui, eu não tiraria os olhos dele. E sei que está casado, e isso tornou minha vida mais desgraçada.

– Não faleis assim... Vós sois uma mulher muito jovem, e logo novo horizonte aparecerá diante de vossos olhos.

– Mas dizei-me, não me respondestes, qual dos deuses...

– Não faço oferendas a nenhum. Eu louvo a um só Deus. O Deus verdadeiro, o único que existe. Já ouvistes falar nele?

– Sim, muito ouvi de Judeus que aqui chegavam, mas também de romanos em cujas conversas riam-se desta crença, dizendo: "E, se der tempestade no mar, a quem oraremos senão a Netuno?"

Alfeu sorriu, dizendo:

– Mas esse de quem eles falam não é Deus, nosso Pai, mas Seu filho Jesus. Acreditais que este universo imenso foi criado por vários deuses? Não. Tudo, desde essa mísera planta, como os astros grandiosos, o nosso próprio corpo, todos os animais, o mar, tudo foi criado pelo Pai que está nos Céus.

– Mas por que não fazem uma estátua Dele para que se faça oferendas?

– Deus ordenou a Moises, que foi um grande profeta, que não deveria se fazer monumentos a deuses, nem oferendas a estes deuses – asseverou-lhe Alfeu.

– Mas, se não o vemos, como podemos ter a certeza de que Ele existe?

– Se olhamos para estas estátuas aqui do átrio, acreditamos que foi o nada quem as fez?

– Não, quem as fez foi um escultor.

– Imagine, então, esse céu tão estrelado, esses campos, esses mares. Seria obra do acaso? Deus só quer que amemos a Ele e ao próximo, usando o amor como uma arma que nos salvará do mal. E precisamos agradecê-Lo pela vida que temos. Somos todos irmãos uns dos outros.

– Irmãos?

Sabendo que Virgínia não iria entender, Alfeu viu que devia lhe falar sobre Jesus. E continuou:

– E por isso, para que acreditássemos mais um pouco, Deus nos mandou seu filho Jesus, que veio firmar todas essas coisas.

– Vós conheceis Jesus, o carpinteiro?

Nisso, Virgínia virou-se, porque ouviu um ruído de alguém adentrando no vasto recinto. Agripa chamou:

– Virgínia, onde estás? Mas que menina fugidia esta!

– Estou aqui com Alfeu, Agripa.

– Senti tua falta. Estou voltando agora da cidade. Já fiz toda romaria com os clientes, mais rapidamente do que em dias anteriores. Estás melhor hoje?

– Sim, sinto-me esplêndida.

– Mas a memória... Nada, não é?

– Ainda não acordei deste pesadelo, mas para onde queres levar-me, que puxas minhas mãos?

– Quero mostrar-te o pôr do sol deste monte, que belo é.

Andando até o terraço, ela avistou o monte Vesúvius, com sua densa mata e todo o vale abaixo: as ovelhas voltando do campo, as casas brancas de Pompeia ao longe e o local todo envolvendo-se em um tom róseo com total silêncio. Tudo isso deixou Virgínia embevecida.

– É lindo mesmo, Agripa – comentou ela. – Que paz! Este lugar deve ser o mais privilegiado de Pompeia. Agradeço tua bondade e a do teu pai, por me darem esta bela oportunidade de estar aqui, neste lugar tão bonito.

Agripa apanhou sua delicada mão e olhou-a com toda a expressão de carinho.

Ela baixou os olhos.

– Virgínia, em breve, voltaremos a Cartago, que fica ao norte da África. Cartago dominava o comércio Mediterrâneo e, por isso, foi conquistada por nós, os romanos. Para conquistá-la, foi preciso destruí-la totalmente, mas, depois, foi reconstruída por Julius Caesar e o imperador Augusto. Penso que, talvez, possas partir conosco; isso depende de meu pai. Estes dias, com tua presença nessa casa, muita coisa se modificou, inclusive papai criou novo ânimo, porque nos deste mil formas de apreciar-te. Convido-te para ir conosco, porque não sei por quanto

47

tempo ficarás neste estado de perda de memória e tenho receio em deixar-te aqui sozinha, apesar de que Alfeu poderia ficar contigo. Gostarias de conhecer nossa casa em Cartago?

– Eu gostaria muito, Agripa, mas não sei se deveria ir. Afinal, preciso encontrar minha família. Devo ter um pai e uma mãe, que devem estar esperançosos em ver-me – dissimulada, respondeu.

– Eu faria tudo por ti; sentirei tua falta se não fores.

– Talvez, se não demorarem muito, poderei visitar aquele lugar. Como é Cartago?

– Lá, nesses tempos, muitos romanos existem, junto a árabes e beduínos. Mas a cidade é bonita. Apesar de não tão grande quanto Roma, ainda tem restos da sua destruição pelo fogo. Nós, os romanos, sempre tivemos inveja dos cartagineses.

– Por quê?

– Porque eles não queriam que sua Cartago fosse conquistada. Eram ricos, tinham posses, colônias em Sardenha, Córsega e Sicília; penso que tínhamos receio de que iriam, com o tempo, querer nos esmagar. Mas fizemos isso antes.

– E como nós, os romanos, chegamos até lá?

– Ora, nós somos os grandes, não somos? E, quando queremos alguma coisa, não falhamos.

– Mas seremos para sempre assim, conquistadores? Algo me diz que não.

– Em Cartago, existem lindos e majestosos prédios de ricos senhores romanos, também termas e grandes circos, onde poderemos nos divertir; na maioria, são casas lindas e tão luxuosas como estas de Pompeia.

– Podes contar comigo, Agripa. Quero conhecer esse lugar. Quando partiremos? – indagou a jovem.

– Fico feliz com tua afirmativa. Nosso navio parte daqui a uns quinze dias.

O coração de Virgínia bateu mais forte. Fez seu papel de mulher dissimulada para conseguir o que desejava e obteve resultado. Agripa não desconfiou de nada. Ele a levaria para Cartago com eles.

"Mas... e se Comodus aparecesse antes aqui?"– este pensamento a oprimia.

Na tarde seguinte, Agripa chegou à Villa Olivo, vindo do centro de Pompeia com um mercador de tecidos, para presentear Virgínia.

– Olhe quem eu trouxe para ti, Virgínia – falou satisfeito e ansioso em agradá-la – Este homem é um mercador de sedas da Índia, que eu trouxe do porto.

Os olhos de Virgínia brilharam, e ela abriu as sedas, colocando-as em sua frente, uma a uma. Sorria feliz e ansiosa. Sulferinas com dourado, roxas com prata, mas a que mais apreciou foi a vermelha e rosada. Agripa colocou-as em seu colo, apanhando outra e mais outra.

– Toma. Todas são para ti. Quero te ver muito bonita na nossa casa de Cartago.

– Posso ficar com todas mesmo?

– Sim, e amanhã virá para visitar-te a senhora que costurará todos os trajes teus. Os mantos estão nesta outra bagagem. Naquele lugar, não poderás mostrar teus cabelos. Vês? – e iniciou um desfile para ela, colocando, em sua frente, os belos mantos e as sedas.

Virgínia estranhou a atuação de Agripa, por demais feminina, mas nada comentou. Com os mantos, vieram também as joias em ouro que o filho do senhor da casa trouxera: brincos, pulseiras e muitos colares. A jovem romana sentiu-se seduzida por todo aquele luxo que jamais tivera. Comodus lhe dava algumas vestimentas, mas só em pensar nele não desejava vesti-las. Ah! Como odiava aquele homem!

O filho de Petrarcus, quando o mercador saiu, olhando Virgínia fixamente, apanhou sua mão e beijou-a, mas ela desviou-lhe o olhar. Teria que fugir dele também? Repugnavam-na os homens que a desejavam. Odiaria a todos os que quisessem se aproximar dela, a não ser aquele que pensava amar, Salésio Lupínius. Ela escolheria seu esposo, jamais estaria nos braços de alguém que não quisesse realmente. Porém, pensou melhor. Não seria o caso de dar alguma atenção para Agripa, se quisesse alcançar seu objetivo? Seu pai, mais atraente, não ligava para ela. Dessa forma, mesmo desprezando-o como homem, Virgínia sorriu para o jovem e o levou para o terraço, permitindo-lhe que a abraçasse e dizendo-lhe inteligentemente:

– Agripa, não tenho palavras para agradecer estes presentes, que, sei, de bom grado me ofereceste. Sei também que não tens nenhuma intenção em receber recompensas por eles. Obrigada, meu amigo. Prezarei sempre essa amizade, como a de um irmão que eu não tive.

Agripa entendeu o que ela quis dizer por meias palavras e perdeu o jeito.

– Bem – respondeu ele –, tens razão. Nada quero em troca. Estou admirando somente tua feminilidade. Te dou esses presentes para manter o carinho que me dedicas.

– Sabia que poderia confiar em ti, meu amigo. Talvez, no dia em que eu me recordar quem sou, te recompense por este teu gesto de irmão. No momento, sei que sou somente Virgínia, a filha de não sei quem. Triste sina a minha – e fez menção de chorar.

Agripa quis abraçá-la, mas ela o havia desarmado. Então, saiu, deixando-a sozinha com seus pensamentos. A jovem romana agora saberia melhor como lidar com esse tipo de homem, gentil, mas, talvez, com outras intenções, o que ela não permitiria. Sorriu pela sua vitória, apesar de saber que, aceitando aqueles inúmeros presentes, estaria contraindo uma dívida para com ele.

Comodus Severus tinha o desejo imenso de vingar--se de todos, inclusive de Virgínia. Enquanto morava em sua casa com a mãe, ela era tratada como uma serva, porque não tinha meios de fugir-lhe. No entanto, agora havia conseguido um jeito de escapulir-lhe de uma maneira inteligente, que o deixava sem meios para lutar. E, estando em Roma, matutava silencioso:

"Daqui a duas semanas, quando estiver em Pompeia, irei com Fedras Serventia até a Villa Olivo, onde Virgínia se encontra, e tirarei a menina de lá. Primeiro, darei a ela o que merece. Castigá-la-ei por essa fuga, abandonando sua mãe na sarjeta, depois... Bem, depois verei o que devo fazer para prendê-la mais a mim. Talvez, levá-la para bem longe e escravizá-la de vez."

Essa perseverança em retermos alguém obsessivamente junto a nós pode, claramente, indicar-nos ligações sérias do passado, pois reencarnamos para refazermos o que foi feito de errado, mas para também aprendermos a nos harmonizar com nossos adversários. Contudo, muitas vezes aqui chegando, esquecendo a promessa, nos comprazemos em persegui-los para machucá-los e levá-los a profundos abismos de amargura, tirando-lhes a paz e, assim, pondo em ação nossa inconsciente vingança. Este era o caso do padrasto de Virgínia, que, em nova encarnação, reencontrando seu antigo desafeto, exatamente com o objetivo de se harmonizar com ela, deixou-se novamente envolver por sentimentos de ódio, os quais não lhe permitiram obedecer às promessas feitas no plano espiritual, quando na erraticidade.

Nascemos e nos reencontramos. Colocamo-nos ao lado daqueles indivíduos aos quais devemos amar, perdoar e compreender e, ao falharmos, nós perdemos a divina oportunidade de vencermos a tarefa prometida, deixando de evoluir e crescer espiritualmente, arruinando a oportunidade da reencarnação.

Neste caso, não conseguindo esquecer o que estava marcado à brasa em seu inconsciente, o passado no qual Virgínia, em anterior vida, mandara matar seu filho que tentara seduzi-la, o soldado castigava-a, da forma mais absurdamente infeliz.

Na Terra, vemos muitos casos de abusos entre pais e filhos, o que nos causa repulsa. No entanto, ali, inúmeras vezes, o pretérito se esconde. Por isso, o Espiritismo é bênção que precisamos conhecer, mostrando-nos também, com o Consolador, o conhecimento das leis morais de Deus, exemplificadas por Jesus, para que nossas faltas atuais não projetem futuras reencarnações de resgate, e suas consequências penosas não nos tragam sofrimentos.

Cientes de que o dia de hoje nos trará a felicidade ou a infelicidade no amanhã que virá, pensaremos melhor ao agirmos com o nosso próximo enquanto encarnados, procurando não falharmos e alcançarmos, dentro de nosso coração, o verdadeiro perdão, que alimenta nosso ser interior, envolvendo-nos com formosas luzes.

Comodus havia partido em missão importante a Roma, escoltando uma mercadoria também importante: prisioneiros considerados inimigos do império romano para serem crucificados.

Assim, Virgínia pôde realizar o seu desejo de viajar a Cartago tranquilamente, graças às preces de Alfeu, que nada mais poderia fazer a não ser pedir por ela a Deus. Petrarcus Lúcius e o filho, na hora da ceia, comentavam que Salésio Lupínius havia chegado de viagem com a esposa, e que, na noite seguinte, eles seriam seus convidados para jantarem ali, na Villa Olivo. Virgínia só ouvia, enquanto planejava o que fazer, com o coração descompassado. Ela temia que, se ele a reconhecesse e comentasse sobre ela aos seus atuais protetores, seria devolvida a Comodus Severus. Ouvira dizer que Mona, a mulher de Salésio, estaria em visita à sua mãe na cidade e ficaria para cear com ela naquela noite. Preparada, furtivamente Virgínia deixou a casa de Petrarcus Lúcius para aparecer ao homem que gostava, Salésio Lupinius, com o pulsar de seu coração, ainda tão jovem e tão desconhecedor das leis do Criador.

O vizinho de Petrarcus caminhava pelos jardins de sua residência à luz do luar, quando ouviu passos e um vulto de mulher aproximando-se. Pensou tratar-se de Mona que voltava e sorriu. Na penumbra, não notou quem era, somente sentiu um abraço cheio de ternura. Retraiu-se e empurrou a mulher para vê-la à luz da lua e reconhecer quem estava ali. Retirou o véu de sua boca, pois ela estava vestida com vestimentas que ganhara de Agripa, tendo a certeza de que o perfume intenso e doce não era de sua esposa. Ficou impressionado ao ver ali uma bela desconhecida. Ela beijou-o ternamente na face, e ele, desorientado, inquiriu-a:

– Quem és tu, mulher?

Em voz baixa, ela lhe respondeu:

– Alguém que te ama.

Salésio afastou-a novamente para vê-la, mas não conseguiu reconhecê-la.

– Não te conheço, dize-me, quem és?

Virgínia não respondeu. Satisfeita, correu de volta ao lar oferecido tão gentilmente por Agripa. Salésio tentou segui-la, mas ela desapareceu rapidamente entre a vegetação, e ele a perdeu de vista.

Ao sentir a sedução que exercera sobre o vizinho de seus protetores, a jovem felicitou-se. Agora, sentir-se-ia mais à vontade ao jantar na casa de Petrarcus, pois tinha a certeza de que Salésio não a denunciaria.

Na noite seguinte, não esquecendo a miragem da anterior visão noturna, Salésio, acompanhado pela jovem esposa, encaminhou-se ao jantar que seus vizinhos estavam oferecendo-lhe. O casal entrou pela extensa alameda iluminada por tochas a óleo e subiu os degraus da residência. Entre as colunas, estava escondida Virgínia, que expiava os visitantes. Ela correu ao seu dormitório para arrumar-se enquanto Alfeu, atravessando o átrio, acompanhava Salésio e sua esposa ao tablino. Ali o vento balançava as cortinas transparentes entre as colunas, e lamparinas diversas, em todos os espaços, iluminavam o local. Em uma mesa baixa, profusão de figos, azeitonas, nozes, tâmaras; em outras, óleos e essências, deitados em vasilhames decorados a ouro, para perfumar os visitantes e lavar-lhes as mãos.

Petrarcus Augustus e Agripa aproximaram-se dos vizinhos, abraçando-os. Depois das primeiras palavras de amizade, Agripa, sentindo a ausência de Virgínia, perguntou a Alfeu:

– Onde está Virgínia?

– Ela experimenta hoje os novos trajes, meu senhor. Deve estar chegando.

Na realidade, Virgínia queria fazer-se notar ao entrar sozinha no espaçoso ambiente onde se encontravam os visitantes. Agripa já havia notado nela dotes de elegância e educação e achava que ela não deveria ser alguma pessoa comum do povo, porque era possuidora de nobreza em seus gestos, e a jovem fazia o possível para dominar pai e filho, lenta e silenciosamente. Naquele momento de espera, os homens da casa não se importaram pela deselegância da hóspede em não estar aguardando, ali com eles, os visitantes e pediram desculpas aos vizinhos:

– Salésio, nós temos aqui conosco uma hóspede, mas pedimos escusas por sua demora – comentou Agripa.

– Quem é ela?

Não querendo admitir aos vizinhos a verdade para não prejudicar Virgínia, eles, pai e filho, haviam combinado entre si que nada diriam sobre como ela aparecera na Villa Olivo.

– Uma visitante de Cartago.

– Gostaria de conhecê-la, Agripa – falou-lhe gentilmente o convidado.

– Sim, em minutos ela virá.

E, ao dizer isso, todos os olhares se dirigiram para a entrada. Ombros eretos, ela voltava a vestir um traje árabe, em cor turquesa. Havia pintado os olhos como as mulheres egípcias e, na testa, usava um pendente dourado, cujo objetivo era suspender o véu. Entrou sorrindo, cumprimentando a todos, que a olhavam estupefatos.

"*Será esta a mesma menina de antes?*" – pensavam seus anfitriões.

Petrarcus sentiu o envolvimento do olhar da jovem a ele, mas baixou sua cabeça para não admitir a si mesmo a admiração que se lhe acrescia por ela. Agripa sorriu satisfeito, achando-a divertida ao exibir as vestes e as joias que ganhara dele, naquela atuação teatral, e Salésio estremeceu. Não sabia que iria encontrar logo naquela casa, em sua vizinhança, aquela misteriosa mulher que lhe visitara na noite anterior.

Para sua esposa, Virgínia foi-lhe uma grata visão.

– Então, meu amigo, conheces essa jovem? – inquiriu Petrarcus ao convidado

– Não, eu não a conheço.

– Bonita jovem – comentou Mona, sorridente e gentil.

Agripa e o pai somente sorriram para não lhes revelar a verdade.

Os visitantes foram convidados a reclinar-se em triclínios, distribuídos em torno do ambiente. Virgínia não se dispunha a virar o olhar a Salésio, que lhe oferecia vinhos e frutas antes da refeição, e tivera o cuidado de sentar-se próximo a ela.

Alfeu, ao longe, na entrada do recinto, refletia. Ele sentia-se como um protetor da jovem, já que fora ele quem a recolhera nas proximidades, quando caída. E, meneando a cabeça, pensava: *"Isto não vai ser bom. Tenho receio de que esta menina esteja tramando algo e que venha a sofrer".*

Estava se certificando sobre as diversas intenções de Virgínia em não aspirar revelar sua real identidade aos seus anfitriões, mas, como cristão, e conforme prometera a ela, permaneceria em silêncio. Contudo, ao mesmo tempo, temia estar atraiçoando os verdadeiros senhores. Na realidade, em sua ambição e egoísmo, ela dissimulava, desprezando, dessa forma, os seus protetores e deixando-se seduzir por Salésio.

A noite aqueceu os ânimos, e todos continuaram com vinhos e risos até surgir um grupo de dançarinos fazendo bastante alarido. Virgínia, já a altas horas, enquanto a maior parte se distraía com a dança, dedicava o vinho que bebia ao homem que pensava amar, descaradamente, e que não lhe tirava os olhos.

Aproveitando a distração dos presentes com os olhares fixos nas belas mulheres que dançavam, ela saiu sorrateiramente, chamando Salésio com um sinal das mãos. Salésio acompanhou-a, tramando com ela encontros furtivos e logo voltando ao salão onde a dança continuava. Seguindo Salésio, ela adentrava no salão segundos depois, dizendo em voz alta que a música lhe trouxera dores de cabeça. Agripa, desconfiado, chamou-a para perto de si, e ela, ainda agindo pelo vinho que tomara, aproximou-se do amigo, beijando-lhe a face, ato que o fez esquecer seu ciúme.

Petrarcus ficou preocupado ao vê-la com aquelas vestimentas. Como pôde acontecer tamanha mudança em uma pessoa, transformando-se de uma hora para outra de menina em mulher? Naquelas vestimentas, Virgínia não havia disfarçado quem realmente era, deveria ser aquilo mesmo que ele estava pensando, a mulher jovem, mas esperta, e, quanto ao desaparecimento dos dois, Salésio e ela, no mesmo instante, ah, ela não enganaria a um homem vivido como ele.

– Case comigo, Virgínia! – pediu-lhe Agripa, envolvido pelo vinho que bebera.

– Sim, posso casar-me, mas vejamos qual é a vontade de teu pai primeiro. Talvez, ele não deseje isso para ti... Afinal, eu não sei de onde vim...

– Não importa. Terás tudo o que sempre desejaste na vida. Tudo!

– Não estou atrás de riquezas. Mas peça a teu pai primeiro, para ver sua reação.

Agripa levantou-se e ergueu sua taça dourada, falando:

– Atenção a todos: quero comunicar a vocês o meu...

Virgínia puxou-o, fazendo-o cair nas almofadas, quase sobre ela. E cochichou ao seu ouvido:

– Façamos surpresa! Deixemos para a volta, quando já viermos casados de Cartago, esta notícia.

Na realidade, ela estava pensando em Salésio. Tinha receios de ele não mais pensar nela, caso soubesse das intenções de seu vizinho, e, depois, não desejaria casar-se com Agripa, pois ele tinha uma maneira, às vezes, um pouco "feminina". Antes, e muito mais, preferiria seu pai.

Enquanto a festa transcorria, ela traçava seu plano ardiloso com cuidado. Em Cartago, casaria com um ou com outro, livrar-se-ia de Comodus, de qualquer maneira, mesmo tendo que usar de meios que jamais usara, como matá-lo. Depois, mandaria buscar sua mãe. Com Comodus desaparecido, poderia voltar para Pompeia com seu marido, para permanecer perto de Salésio para sempre, que agora também a desejava.

Mas a vida nos oferece caminhos ingratos, na maioria das vezes, para que aprendamos a respeitar e amar o nosso próximo.

No dia seguinte, Virgínia aprontou-se para rever Salésio, todavia, Agripa não saiu durante o dia todo de perto dela, até ficar muito tarde, e ela ter que se recolher a seus aposentos para o descanso do dia. O jovem Agripa lhe fazia juras sobre seu futuro casamento com ela. Não importava se ela não tinha bens. Sabia que ela era uma pessoa fina e delicada, inteligente e também muito educada. Isto era o importante. Uma figura feminina era importante ao seu lado. Nos dias que se seguiram, apesar de seu pensamento não deixar Salésio, a hóspede de Petrarcus ficou muito ocupada com os preparativos da viagem. Aprontou-se animada para conhecer Cartago e fugir do padrasto. Fora sempre de família humilde; sua mãe ficara viúva muito cedo, com a idade de vinte e nove anos, e fora trabalhar em uma taberna. A fim de resguardar sua filha dos homens de lá, Fedras Serventia casou-se com Comodus, muito mais moço do que ela, sem notar as intenções do soldado, que já estava com olhos na filha, pois esta se transformava em uma jovem atraente, possuída de belo corpo. Mas ela achava que o marido era um homem de bem, pois ele não permitia que Virgínia trabalhasse no bar e a protegia em casa, ensinando-a a ler e, em seus dias de folga, passeando com ela, enquanto que Serventia saía para o trabalho. Fedras Serventia via o cuidado que ele tinha em vestir sua menina. Muitas vezes, Virgínia pedira à sua mãe para que elas fugissem de Comodus, mas Serventia não entendia por quê.

– Como faremos isso, minha filha? – dissera ela um dia – Ele nos acharia no fim do mundo. Vê-se que te adora como uma filha verdadeira. E por acaso não gostas de teu padrasto? Ora, és mal agradecida! Ele te veste, compra pulseiras e adereços para que fiques mais bela, não quer que trabalhes como eu. Deverias amá-lo. Se não gostas dele, aguarda mais um pouco, quando terás um marido para ti. Tem paciência, filha minha, pois sei que o desprezas; vejo isso, às vezes, quando ele se aproxima de ti para te fazer agrados. Que malvada és, minha filha!

Virgínia não podia contar a verdade à mãe, pois iria feri-la. Sabia que a mãe amava aquele homem, e também sabia que ele a seguiria por onde quer que fosse. No entanto, se livraria dele! Agora, parecia que os deuses a queriam feliz. Tudo vinha ao seu encontro: Salésio e ela, aquela moradia perto dele e longe do padrasto, quando teria oportunidade de livrar-se dele. Sim, os deuses estavam sendo muito bons para com ela, finalmente! À noite, ela dirigiu sua prece a Isis, dizendo que faria uma oferenda, assim que pudesse, em agradecimento. Não para a família que a acolheu, mas à vida que sua deusa estava dando a ela e a atenção que Salésio lhe estava dedicando. Uma tarde, Salésio, vendo-a nos jardins, teve a oportunidade de selar com ela um compromisso nefasto, que tanto desejava. Agora, Virgínia conseguira realmente cumprir com sua promessa, prometendo a si mesma que este homem jamais a deixaria.

O dia da viagem finalmente veio, e Comodus chegou naquele justo dia. Alfeu o atendeu:

– Sim, o que desejais, senhor?

– Venho em nome da mãe de Virgínia, para falar com ela.

– Será difícil a esta hora, senhor, porque a moça, que dizeis ser vossa filha, saiu com Agripa e seu pai.

– Tendes certeza?

– Eu não a vi, mas sei que estavam falando em levá-la à cidade. Porém, posso verificar em um momento. Por favor, aguardai-me.

Virgínia o havia visto chegar e escondera-se, nervosa e angustiada. Por sorte, Petrarcus e Agripa tinham saído, e logo voltariam para apanhar Alfeu e ela. A viagem finalmente começaria, e a jovem estaria livre do padrasto por uns tempos.

O fiel escravo afastou-se, temeroso de que aquele homem saísse à procura de Virgínia pela casa, em desrespeito aos seus patrões que não estavam, mas ele se despreocupou quando notou mais dois auxiliares, capatazes de Petrarcus, que chegaram para resguardar a entrada. O servo voltou dizendo que, realmente, Virgínia não estava, que ele voltasse no dia seguinte, porque ouviu outros servos dali falarem que ela voltaria somente à noite. Comodus resolveu deixar um recado:

– Ordeno que aviseis à jovem Virgínia, que amanhã, ao entardecer, estarei aqui com sua mãe para levá-la para casa. Viria hoje com ela, mas ela ficou presa no trabalho, portanto, deixemos para amanhã esta visita.

Comodus Severus saiu praguejando até o portão. Estava furioso por não poder dar ele mesmo o recado para Virgínia e ver a cara que ela faria ao ver que não lhe escaparia desta vez.

Ao entardecer, Agripa e seu pai chegaram para apanhar todos os que viajariam com eles. A jovem protegida, sorridente, mas angustiada, com medo de que Comodus a visse, partiu com eles até a embarcação que os levaria à cidade tão desejada por ela. Com os cavalos que corriam, Virgínia olhou para trás, vendo o local se distanciar, onde ela fora apanhada com tanto carinho, seu branco palácio iluminado com o fulgor róseo do crepúsculo que chegava. Pensou em Salésio Lupínius, pensou em sua mãe. Talvez um dia retornasse aos braços destes seres que tanto amava. No momento, era preciso fugir. Com dor, sim, mas com o direito de ser livre de seu malfeitor.

Capítulo 3

Em Cartago

Sede, pois, severos para convosco, indulgentes para com os outros. Pensai naquele que julga em última instância, que vê os pensamentos secretos de cada coração, e que, por conseguinte, desculpa as faltas que censurais, ou condena o que desculpais, porque conhece o móvel de todos os atos, e que vós, que proclamais tão alto: anátema! Tenhais talvez cometido faltas mais graves.

(*O Evangelho Segundo o Espiritismo*, cap. X, item 16.)

Os olhos de Virgínia, admiradora da beleza e da arte, estavam extasiados ao ver a grande quantidade de tamareiras e palmeiras existentes naquela terra, em contraste ao azul turquesa daquele mar. O deserto estava presente sempre. Em todos os locais mais altos, ele era avistado, e os beduínos, com suas mulheres de vestimentas supercoloridas, ofereciam certo esplendor àquele local árido e seco.

67

Muitas residências eram cópias das romanas, já que Cartago ressurgia do grande incêndio destruidor executado por Roma, onde as termas, os templos de adoração aos deuses, o teatro e o circo estavam presentes, como em outras cidades conquistadas. Em tudo, "respirava-se" Roma.

Com o intuito de conhecer mais a cidade, a jovem procurava sair sempre acompanhada por Agripa. Ali em Cartago, Virgínia comparava essa cidade com a sua, visto que, desde que se dera por gente, só conhecera Pompeia.

Na realidade, Pompeia, cidade marítma, tinha o solo rico para vinhedos, laranjas e outras frutas. Era bem traçada com seus templos, teatros, termas, onde, além dos banhos, as pessoas se concentravam para fazerem seus negócios. A maioria das casas de Pompeia, com um átrio central aberto, mantinha uma piscina alimentada com água da chuva, que embelezava o ambiente, geralmente com escultura em pedestal no centro, mas também, vez em vez, servia para banhos da família. Pompeia não deixava de ser um núcleo de diversas raças, com transeuntes que aportavam na praia para negociar, movimentando o local. Dessa forma, a cidade era considerada um mercado rico em tecidos, sedas, adereços, objetos decorativos e perfumes, que vinham do oriente para as mulheres, mas também eram usados pelos homens. Entre essa manifestação de mercado e beleza, a peste também aparecia de vez em vez na cidade, pela sujeira dos ratos, cujo remédio, achavam eles, eram somente as doações aos deuses, que o povo lançava ao fogo implorando favores.

Nos anfiteatros, onde a maior parte da população se divertia, participando de lutas entre gladiadores, quase sempre criminosos, também se assistia a jogos e horas de arte como teatro, música e canto. O circo para as corridas de bigas, onde o povo se distraía, era menor que o do Palatino. Em Pompeia, ainda não havia perseguição aos cristãos e matança no circo. Como em toda parte, as pessoas sensitivas que liam a sorte, geralmente chamadas de Pitonisas, o faziam por dinheiro, trabalhando com poções e venenos, muito procuradas, na maior parte pelas mulheres, com a finalidade de vingança, reaverem homens desleais ou obterem riquezas. No templo, como em Roma e na Grécia, havia vestais que moravam no local, para praticar as doações aos deuses. As vestais eram virgens e não poderiam estar com algum homem até saírem do templo, com trinta anos; se fossem pegas com algum deles, eram assassinadas ou enterradas vivas. Muito em Pompeia do que o povo aprendeu se devia aos países conquistados, principalmente a Grécia e o Egito, e de todas as conquistas feitas vinham os escravos, para servir aos romanos.

As prostitutas ficavam à espera dos transeuntes e viajantes, e, na maioria das vezes, eram estes quem as sustentavam. Muitas enriqueciam com a prostituição e mantinham belas casas, com serviçais, pisos de mosaico trabalhado, paredes em pinturas detalhadas, locais com piscinas para banhos. Vestiam-se ricamente, com tecidos trazidos de outros locais pelos seus amantes, e as mulheres mais belas recebiam deles joias em ouro e pedrarias.

A orgia se fazia presente à noite, nos bares noturnos e nas festas, onde o vinho rolava à vontade. Artistas trabalhavam em profusão em Pompeia: pintores, escultores e marmoristas colaboravam com sua arte para a cidade que florescia, cada vez mais bela. Os afrescos eram pintados nas casas dos que tinham mais posses, sempre muito coloridos para decorar as brancas paredes. Os mosaicos eram executados pelos artesãos, muitos de Cartago e outros locais, e colocados nos pátios das residências, nas calçadas e nos átrios. Profusões de estátuas eram usadas em Pompeia, copiando pessoas nobres, ou deuses.

Virgínia amava as artes. Encantava-se com a música de kithara, a harpa atual, usada em muitas ocasiões, e o instrumento preferido do povo romano, substituído pela lira. Diziam eles que esse instrumento era capaz de levar o povo às lágrimas, tamanha paz que lhes transmitia. Uma época, antes de bater com a cabeça e ir para a casa de Petrarcus, esta jovem romana tentara tocar algum instrumento, mas não tivera meios para aprender. "Quem sabe aprenderei agora?" – imaginava ela quando ouvia as músicas tocadas por escravos ou pessoas que viviam disso. E isso aconteceu mais tarde.

Cartago enriquecia com os romanos. Sua riqueza era, naquele momento, trazida pelo comércio e criação de camelos. Também os cavalos árabes eram exportados e, como em toda a África, os animais selvagens, quase sempre destinados aos circos ou a pessoas ricas que gostavam de ter algum animal feroz, como tigres ou panteras, sob sua proteção, para chamar atenção dos amigos.

O alimento em Pompeia se compunha de tâmaras, azeitonas, frutas e legumes, pão e carnes, caracóis, mas os peixes e crustáceos eram os mais usados pela população comum. O mel era utilizado para ser apreciado puro ou nos temperos. Algumas vezes, Virgínia vira colocarem o mel em alimentos misturados com água e temperos, antes de assar a carne nas brasas. Gostava do mel, contudo, o principal tempero, feito de peixes, usado pelos demais apreciadores da boa comida, era odiado por ela.

Pompeia havia obtido alguma cultura com os países conquistados pelos Romanos. Por estar bem localizada e à frente da ilha de Capri, onde o próprio imperador Tibério construíra doze mansões, sendo a maior delas a Villa Jopi, Pompeia era muito valorizada e visitada por diversas raças. Era o local onde os romanos passavam o verão, quase sempre descansando em suas belas Villas, mas também usando o Fórum e as Termas para suas negociações ou seus templos para suas dádivas aos diversos deuses.

Virgínia, em seus tempos de menina, ia com seu amiguinho Paolo para ver as diversas embarcações que chegavam ao porto, próximo dali, trazendo inúmeros rostos e tipos de pessoas com vestimentas diferentes. Ela voltava para casa pensando: *"Este mundo deve ser grande para ter esta diversidade de pessoas e raças.*

Mas nada atraía mais Virgínia que estar em um lugar diferente e ver os hábitos e as danças da população, que a extasiavam. Cartago, agora, estava sendo a ela algo novo e sedutor.

" Sem Comodus, aqui em Cartago tudo será diferente."
– pensava ela

Comodus Severus, no dia seguinte, compareceu com Fedras Serventia ao palácio de Petrarcus Lúcius para apanhar Virgínia. Estava eufórico, seu coração endurecido batia fortemente. Por que esta obsessão por aquela mulher? Ele não saberia responder. Quiçá era levado a querê-la pelos seus dotes femininos? Mas que dotes tão preciosos seriam estes, que ele não a tirava da cabeça? Odiava ou amava aquele ser que o desprezava, enquanto que sempre fora tão admirado pelas cortesãs da época? Comodus, com a fronte erguida, entrou no jardim, entretanto estava angustiado. Havia alguma coisa que dizia a ele que sua enteada o abandonara de vez.

– O que desejais, senhor? – inquiriu-o Efus, o escravo de Petrarcus.

– Vim com minha esposa apanhar minha filha Virgínia.

– A Senhora Virgínia partiu ontem mesmo.

– Partiu?! – os olhos de Comodus se abriram, e ele urrou de ódio – Partiu para onde?

– Partiu para Cartago, e não sei quando voltará.

– E Agripa, Alfeu e Petrarcus Lúcius, eles aqui se encontram?

– Não, senhor. Eles também partiram.

– Então, ela me traiu!

– Não fale assim de minha filha – pediu-lhe Serventia. – Se ela partiu, foi porque teve forte motivo. Eu a conheço bem, não a julgues. Mas por que todo este ódio por ela? Eu é que deveria ficar preocupada, e não tu, que nem seu pai verdadeiro é.

Comodus Severus parecia desfalecer. Sua vibração de ódio era tamanha que não podia mais falar. Só suspirava fortemente como se lhe faltasse o ar e, num ato de furor, empurrou Serventia pelas escadas, dizendo:

– Cala essa boca, mulher! Não serves para nada agora!

Desceu as escadarias sem olhar para trás. Estava possesso. Teria que procurar por Virgínia nem que fosse até o final do mundo, pensava ele, e vingar-se-ia dela assim que a tivesse nas mãos.

Serventia foi auxiliada por um servo de Agripa, que correu para ajudá-la a levantar-se. Assim que ela ficou em pé, perguntou-lhe:

– Senhora, vinde, nós vamos cuidar da senhora. Podeis andar?

– Sim – falou com humildade Serventia, queixando-se de muita dor –, mas seus patrões vão permitir que eu entre?

– Claro que sim. Eles são pessoas diferentes, senhora. São bondosos e nos tratam com respeito.

A mulher não sabia o que pensar de Comodus, mas estava certa agora de que ele amava sua filha de outra forma, não como pai.

"Como voltar para casa? Ele me matará se eu voltar – pensava Serventia.

Ela entrou devagar pelo recinto dos empregados e foi colocada numa cama aos cuidados de Claudine, que ofereceu a ela um pouco de água e verificou, em seu corpo, se havia alguma batida grave. Um corte em sua perna direita deveria ser tratado. Claudine pediu licença a ela e foi falar com Efus, em tom muito baixo:

– Efus, eu acho que teremos que lhe fazer um curativo. O ideal seria que chamássemos o médico cristão que cuida de nós. Ele não nos pedirá soldo nenhum para isso. Ela tem uma certa idade e pode estar muito machucada internamente.

– Talvez seja uma boa ideia. Não seria bom se nosso patrão nos visse sem prestarmos auxílio a alguém que estivesse em sua casa. Sabeis como ele é. Acha que quem entra aqui deve ser muito respeitado, mesmo um inimigo. Depois que sair do portão, poderá ser diferente, mas aqui...

– Tudo bem, Efus, então, não percais mais tempo. Correi para chamar o nosso doutor cristão.

Quando Claudine voltou ao quarto, Serventia tinha adormecido. Apreciara sentir o vento em sua face, balançando a leve cortina do lugar onde estava, e aquilo lhe provocou um sono muito agradável.

Sonhou que entrava no paraíso e viera ao seu encontro uma senhora que ela conhecia, não sabia de onde, e que lhe sorriu e disse:

– Filha, não deves estar lembrada de mim, pois parti muito cedo, deixando-te abandonada. Tem paciência, minha filha. Sei que teu coração está ferido e magoado, porque descobriste sobre aquele em quem confiavas. Tua filha fugiu, mas lembra que ela te ama muito e te respeita. Portanto, acalma teu coração e ora, ora, ora.

O som de sua voz foi distanciando-se... distanciando-se, e Serventia abriu os olhos com aquela visão maravilhosa de sua mãe. Talvez, precisasse mesmo orar. Nunca mais havia feito uma oferenda para os deuses. Eles deviam estar castigando-a por isso.

Ao anoitecer, Fedras Serventia, ainda no leito em que fora colocada, ouvira alguns serviçais de Petrarcus Lúcius. Estavam orando, mas em voz muito baixa, e falavam o nome de Jesus. Serventia levantou-se lentamente e aproximou-se para ouvi-los. Efus comentava:

– Meus amigos, nós vamos orar e pedir a Jesus que possa curar nossa hóspede Serventia, que foi tão tristemente empurrada pela escadaria. Jesus nos ensinou a amarmos todas as pessoas, porque todos nós somos irmãos. Ele nos ensinou também a caridade – "O amor – disse-nos Jesus – cobre multidão de pecados". É difícil seguir Seus passos, nós sabemos disso, mas sempre é hora de podermos auxiliar a quem precise. Amar é o lema que devemos seguir, e precisamos agradecer pela bondade de Deus em sermos aceitos e tão bem tratados nesta casa.

Os escravos oraram a Jesus.

"Com certeza, são todos cristãos. Eu poderia entregá-los e receber recompensa por isso." – pensou Serventia.

Mas recuou com seus pensamentos.

Seria correto receber, em suas mãos, algum valor por eles, que estavam sendo tão amáveis para com ela? Não,

não seria justo. A parte monetária seria a gratificação que poderia receber; no entanto, Virgínia tinha sido salva por um dos servos, e ela não deveria lançá-los na fogueira dos horrores por aquela acusação, ainda mais com a filha sendo tão bem recebida naquela casa.

Aí seus pensamentos se tornaram tristes e desalentados. Como o seu marido poderia ter feito isso com ela? E que cão malvado deveria ser, se amava sua filha de outra forma, na mesma casa em que ela também morava! Agora entendia a repulsa que Virgínia sentia por ele. Tantos elogios, tanto carinho que ele lhe dava. Naquele momento, certificava-se do tipo de homem que ele fora. Uma lágrima rolou em sua face. Ela sempre trabalhara tanto... Queria ver sua filha feliz e bonita, não a deixava trabalhar na taberna com ela, por receio de homens astutos, e Comodus afirmava isso com satisfação, para aborrecê-la com carinhos escondidos. Sim, ela confiara a filha ao seu próprio vilão. Começava a odiá-lo, mas a dor da rejeição gritava mais alto dentro de si. Desejava, agora, vingar-se dele.

Marco Flavius, o modesto curador de pessoas simples, chegou tarde da noite, quando Serventia dormia, mas Claudine acendeu uma lamparina e o levou até a mãe de Virgínia, que, ao vê-lo, sentou-se na cama.

Ele a examinou e receitou-lhe algum calmante, somente de ervas, que existiam no jardim. Saiu sorrindo para Serventia e dizendo-lhe:

– Deus esteja convosco.

A mulher olhou para ele. Como era possível serem todos tão gentis para com ela, que sempre tinha sido maltratada como serviçal? Talvez esse Jesus fosse a causa... Mas seriam eles verdadeiros em suas ações ou desejavam usurpar-lhe algo? Só conhecera a vida desta maneira: "Quando vos dou algo é porque quero algo em troca." – Porém, sentia que não era assim que aquela gente pensava. Todos só queriam lhe dar um pouco de atenção.

"Talvez, por este motivo, sejam tão bem tratados aqui, eles são humildes." – pensava ela

Dois dias depois, Serventia já se sentia melhor e partiu para o local onde trabalhava, a fim de cumprir sua missão diária. Chegando lá recebeu uma severa advertência, pelo dono da taberna.

– Mas quem pensas que és? Deixar teu trabalho somente em minhas mãos? Sabes que fiquei muito mal, atendendo a todos que chegavam para comer?

– Fiquei doente. Perdoai-me, senhor.

– Neste caso, terás que trabalhar por cinco dias, dia e noite.

Serventia ia gritar e brigar com ele, mas isto a deixaria sem trabalho, e resolveu baixar a cabeça e orar:

"Jesus, se existes mesmo, coloca em meu coração a semente da paciência."

Em Cartago, a hóspede de Agripa cantarolava sempre aonde ia. O jovem romano havia dado a ela uma serva que lhe estava sendo muito prestativa, chamada Centurinae, e a acompanhava em todos os lugares, mas era muda. Agripa quis cativar Virgínia com esse presente, conquistando-a, como pensava, cada vez mais. Por diversas vezes, ficava a conversar com ela coisas de seu interesse, e ela lhe retribuía, desejando agradá-lo, com comentários sobre bigas, teatro e comércio. Petrarcus, no entanto, fugia de sua presença, nem durante a ceia ele se apresentava. Virgínia percebia que o motivo era ela mesma, pois, quando a encontrava, desviava-lhe o olhar.

Certo dia, enquanto ela caminhava pelo palácio da família Lúcius, ouviu sussurros. Aproximou-se do local para ver o que estava acontecendo, escondendo-se atrás de uma coluna. Lembrava-se do dia em que tinha feito a mesma coisa na casa de Agripa, em Pompeia, mas, desta vez, viu o futuro noivo com um personagem do mesmo sexo, aos abraços e carinhos. No princípio, gelou, mas, depois, não deu tanta importância ao fato, afinal, ela não o amava. Seria infeliz se casasse com ele, mas essa ocorrência a fazia imaginar o que, realmente, ele desejava dela, já que preferia pessoas do mesmo sexo. Não entendia por que ele a agradava tanto, por que era fascinado por ela. Bem, tudo isso não importava. O que acontecera lhe abrira os olhos e, assim, não teria remorsos pelo que pretendia fazer, afinal, ele não morreria de ciúmes ao vê-la com

Salésio. Ali, atrás da coluna, aguardou que eles saíssem do local, com medo de ser vista, para depois sair a caminhar pelos jardins em reflexão profunda. Ia devagar, olhando a natureza complementada pelas belas palmeiras e arbustos floridos que demarcavam aquele lugar. Mais distante da residência, sentou-se em um banco de pedra, admirando a fonte à sua frente, enriquecida por esculturas gregas de mulheres abraçadas, como que apanhando chuva da água vertente de coluna mais alta. Virgínia mirava tristemente aquela água que caía, ouvindo o ruído da fonte, e relaxava. Como iria ser sua vida daqui para a frente? Sempre fora infeliz. Primeiro, porque, desde criança, tivera a desventura de ter aquele odioso padrasto, depois, porque não conseguira o homem que amava e, agora, porque se prenderia a um homem gentil, mas que não a amaria de fato. Por que a vida deveria ser assim? O que se levava da vida a não ser a felicidade? Sua mãe estava longe dela, e ela, longe da terra que amava, em um local estranho e com pessoas totalmente distintas.

Levantou-se decidida e foi procurar por Alfeu.

– Alfeu – perguntou quando o viu encilhando os cavalos na cavalariça –, podeis falar comigo um instante?

– O que vos aflige, senhora?

– Ah, Alfeu, conto convosco como meu amigo; perdão se vos importuno. Sei que sois um escravo, mas, para mim, isso soa diferente. Para mim, sois um amigo em quem posso confiar. Dizei-me, por que sofremos tanto nesta vida? Sei que de vós virá uma palavra de alento ao meu coração.

– Senhora, por que esta tristeza?

– É porque não sou feliz. Minha vida anda sem destino como pluma ao vento, de um lado para outro, encontrando sempre a infelicidade, onde quer que eu vá.

– Não tenho as palavras exatas para vos dizer, senhora, só o que sei. Aprendi, tempos atrás, que nós traçamos nossos próprios caminhos. Temos, sim, por finalidade encontrarmos outro caminho, que nos dará mais satisfação. Servirmos a Deus.

– E de que maneira isso poderá alegrar meu coração?

– Conhecestes alguém que vos falasse de Jesus?

– Alfeu – pediu ela, relutante –, baixai a voz, por favor. Aqui, tudo se ouve. Ainda não me falastes sobre Ele, vós iríeis fazê-lo outro dia, lembrais? O que sei é que todos que O seguiram foram mortos e considerados inimigos de nossa Roma. Sois um cristão, Alfeu?

Alfeu baixou os olhos. Queria esconder da menina essa verdade, mas encheu-se de coragem. Lembrara-se de que não deveria negar Jesus. Então, respondeu:

– Sim, eu sou cristão.

– Oh, Alfeu, eu sabia. Mas ficai tranquilo; jamais alguém obterá de mim uma palavra que vos denuncie. Eu gostaria de acreditar, como vós, nesse homem, porém, não sei quase nada sobre Ele. Podereis contar-me como Ele foi? O que dizia de mulheres como eu?

– Como vós? Bem, eu não sou ninguém para julgar-vos, nem sei como sois... conheço-vos tão pouco...

O servo de Agripa jamais diria para a jovem Virgínia o que ela deveria melhorar em sua personalidade. Não se achava com esse direito, ele também era cheio de defeitos, e completou:

– Para falar sobre Jesus, preciso de mais tempo; agora tenho de aprontar os cavalos, porque o Senhor Agripa e seu pai têm assuntos a tratar na cidade.

– Oh, mas por que, sempre quando começo esse assunto, não posso saber de mais nada? – indagou Virgínia, entristecida.

– Talvez porque não tenha chegado o momento – respondeu-lhe Alfeu. – Na vida, as coisas acontecem quando estão na hora de acontecerem. No entanto, se eu puder vos dar uma palavra de consolo por vossa tristeza, senhora, eu vos digo somente: Jesus já está em vosso coração. Que possais alegrar-vos por isso.

Ao ouvir Agripa chamar por Alfeu, Virgínia se distanciou pensativa. Seria mesmo verdade o que falavam sobre Jesus? Ah, mas seu coração egoísta e mimado dizia que isso era o que menos importava naquele momento. Não pudera falar e abrir seu coração com Alfeu. O importante era sua infelicidade naquele local, coisa que não falara com ele, mas iria pensar, pensar muito e traçar algum plano. O que faria, não poderia saber agora, contudo, mais tarde obteria respostas que necessitava.

Capítulo 4

A PERSONIFICAÇÃO DE VIRGÍNIA

A porta da perdição é larga, porque as más paixões são numerosas, e o caminho do mal é frequentado pela maioria. A da salvação é estreita, porque o homem que quer transpô-la deve fazer grandes esforços sobre si mesmo para vencer as suas más tendências, e poucos a isso se resignam; é o complemento da máxima: Há muitos chamados e poucos escolhidos.

(*O Evangelho Segundo o Espiritismo,* cap. XVIII, item 5.)

A JOVEM DE POMPEIA TINHA UM SANGUE REBELDE como as jovens de sua idade. Aprendera a buscar o que desejava e correr atrás do seu objetivo, assim como estava fazendo no dia em que a encontraram desmaiada nas proximidades da casa de Salésio Lupínius. Agora, tomaria uma iniciativa; não gostaria de pertencer a Agripa e teria que pensar em nova solução. Pela manhã, entrou no salão, onde Petrarcus Lucius e seu filho conversavam assunto de seus negócios, pedindo licença para Petrarcus, pois gostaria de falar com Agripa.

– Sim, Virgínia, o que desejas?

– Agripa, eu gostaria de sair um pouco para me divertir. Sinto saudade de minha terra... e de minha mãe.

– Ora, não há nada que eu não faça por ti. Queres ir comigo ao anfiteatro hoje à tarde? Eu iria sair com meu pai, mas isso posso deixar para amanhã, não é, meu pai? – falou-lhe, olhando-o complacente.

– Não sei do que se trata, mas sabes o que fazes, filho. Podes ir, pois estás livre para o que quiseres agora. – respondeu-lhe Petrarcus, desviando o olhar de Virgínia.

– Viu? Viu como foi fácil? Vai te aprontar, Virgínia, nós sairemos em alguns minutos.

Virgínia, dirigindo um sedutor olhar para Petrarcus, que lhe virara a face, certificou-se de que, brevemente, ele mudaria para com ela. Depois, afastou-se, ansiosa pelo passeio que faria. Caprichou ao se vestir à moda árabe, porém, com uma das mais belas túnicas, com seus verdes olhos muito pintados, cobrindo a cabeça e os lábios.

– Virgínia! Pareces uma deusa! És, realmente, maravilhosa! Olhai, meu pai, como Virgínia está bonita!

Petrarcus colocou seus olhos sobre a jovem e sentiu,

novamente, sua enorme atração por ela, mas baixou a cabeça e tentou mudar seu pensamento, para distrair-se com a leitura de seus pergaminhos. Seu coração saltava-lhe em arritmia. Estava quase incontrolável diante daquela presença. E Virgínia, cheia de artimanhas, desafiou-o em pensamento:

"Já que Agripa não serve para meu esposo, serás tu, Petrarcus, meu esposo. Senti teu olhar e teu descontrole. Por ora, estou disposta a concretizar o meu primeiro plano."

Na realidade, Virgínia queria livrar-se de Comodus e soltar-se para o mundo. Era fútil, ambiciosa e ardilosamente caprichosa. Estava realmente muito depressiva dentro daquele palácio, sem fazer nada, e sua voz interior dizia que ela devia mudar, assumir outros programas, ir a festas...

Os jovens chegaram ao anfiteatro onde haveria jogos e lutas entre os gladiadores. Durante o esporte, a jovem de Pompeia lançava olhares para um deles, grego e de porte esbelto, e isso não passou despercebido a ele, o gladiador vencedor, que, no final da luta, dirigiu-se sorrindo a ela, sentada nos degraus destinados aos mais ricos, desprezando a presença do companheiro ao seu lado. Atirou sua coroa de louros sobre o colo da bela Virgínia, o que ela agradeceu. Ele não se importava com o que o acompanhante da jovem pensasse, pois sabia das orgias de Agripa na cidade, agora menos ousadas pela presença da noiva. Conscientizava-se de que a jovem não seria feliz com ele, portanto, iria à luta; com menos coragem do que teve no momento em que lutara com seu adversário no campo aberto, mas com toda sua energia. Não deixaria aquela mulher, que lhe despertava anseios.

Com o coração batendo forte, Virgínia sorriu ao vê-lo chegar com o corpo brilhando de suor. Agripa olhou para o desportista de cima a baixo, aplaudindo sua presença:

– Mas que bela surpresa nos proporcionais! – saudou ao jovem. – Sentai-vos, brindemos vossa carreira de vencedor!

Em seguida, apanhou o copo do vinho que estava bebendo e ofereceu-o ao jovem Antenor.

Virgínia notou o olhar que seu noivo lançara ao vitorioso gladiador, mas fez-se despercebida, iniciando uma palestra com o visitante. Neste momento, Agripa foi chamado por um cidadão que estava à sua procura e teve que se afastar. Sua noiva alegrou-se deste feito e teve oportunidade de, mais à vontade, dialogar com Antenor, que a lisonjeava beijando-lhe a mão. No entanto, a jovem divagava. Seria esta a pessoa que iria lhe fazer feliz? Não. Não seria. Este seria um homem que a faria passar muito trabalho na vida, e não era isso que ela desejava para si. Precisava de alguém completo, culto e poderoso. Mas o gladiador, admirado por muitas mulheres, que a olhavam invejosas, era lindo para ser amado, e esta era a oportunidade para conquistá-lo.

Ao terminarem as festividades, Virgínia demonstrou o desejo de voltar para casa, mas onde estaria Agripa? Olhou à sua volta. O circo estava quase vazio; a maior parte das pessoas subia para voltarem a suas casas, sendo que as últimas saíam, descendo pelos degraus de mármore para o próprio teatro. Virgínia não conhecia aquele anfiteatro, mas sabia que, na parte inferior, era o lugar onde os atores se vestiam e os esportistas se ornamentavam, com todos aqueles adereços de prata e ouro, para lutarem ou jogarem. Logo avistou Agripa ao longe, à esquerda, conversando, em pé, com o homem que o chamara e viu que ele não terminaria tão cedo aquele colóquio. Satisfeita, levantou-se. Iria com o gladiador para casa. Agripa não poderia reclamar depois, afinal, fora ele quem a deixara sozinha por tanto tempo...

Antenor, alegre, mostrando, no seu sorriso, sua alva dentadura, pegou-a pela mão e a ajudou a subir a grande quantidade de degraus. Numa certa altura, vendo que Virgínia cansava, demonstrou sua virilidade a ela, pegando-a no colo para colocá-la no topo, ao chão.

– Para onde vos levo?

"Para onde desejardes" – este era o pensamento de Virgínia, mas ela não poderia deixar-se seduzir assim, tão despretensiosamente.

89

– Vamos caminhando – falou-lhe, sorrindo.

Chegaram ao palácio de Agripa em um sol devastador. A jovem romana agradeceu-lhe a companhia, mas ele, ao beijar sua mão, fixou-lhe o olhar, perguntando:

– O que vos impediria de me encontrar outra vez?

Ela, que seguia à frente, voltou-se a fitá-lo; simplesmente sorriu e lançou-lhe o olhar que cativava a todos, respondendo:

– Nada impede Virgínia. Sou livre – falou, lembrando-se de Agripa. Afinal, ele merecia aquilo.

– Mas como poderemos nos ver novamente?

– Amanhã, no mercado. Irei com minha auxiliar. Ela é muda... Portanto, estaremos praticamente resguardados. Nada precisaremos temer.

Antenor aproximou-se dela para abraçá-la, mas ela lhe fugiu. Como prometera a si mesma, ninguém se aproximaria dela se ela não o desejasse.

Agripa chegou em casa cansado. Procurara por Virgínia por todos os lados, e não a encontrara. Onde se teria metido sua pretendida? A jovem, porém, teve o cuidado, ao chegar, de pedir para Alfeu dar um recado a ele, dizendo-lhe que, no final dos jogos, estava com muita dor de cabeça e, não querendo incomodá-lo, pediu a um jovem que a acompanhasse até lá. Assim, estaria livre de um sermão, que, por certo, ele lhe daria.

Ela deitou-se cedo e agradeceu aos Deuses pela tarde e por ter encontrado o jovem Antenor. Agora, Cartago estava ficando mais interessante.

"Ah... o que seria da vida sem o amor?"

O pretendente de Virgínia chegou até o quarto da jovem antes de recostar-se, porém, vendo sua porta fechada, não quis acordá-la. Falaria com ela no dia seguinte. Ele também não deixava de pensar no gladiador e imaginava convidá-lo para uma ceia nos dias que viriam. Para isso, fazia-se importante uma bela mulher ao seu lado.

Na manhã seguinte, Virgínia chamara sua dama de companhia para acompanhá-la ao passeio que havia prometido ao gladiador. Pedira a Alfeu para que avisasse Agripa que desejava conhecer o mercado da cidade, que, até aquele momento, não tivera o privilégio de visitar. Não quis falar pessoalmente com Agripa Lucius, pois ele poderia estar magoado com ela. Também teve medo de que ele fosse prendê-la em casa e, assim, não poderia concretizar seu desejo de rever Antenor.

O mercado de Cartago era muito grande, a ponto de ser difícil, por vezes, encontrar uma pessoa que se buscasse, porém, Antenor, rapaz cheio de experiência nas aventuras com mulheres, adivinhava o gosto de uma jovem como aquela que acabara de conhecer. Virgínia caminhou com Centurinae por muitas tendas, até parar na que vendia sedas. Realmente, enquanto ela, com uma seda nas mãos, admirava sua tonalidade, o gladiador apanhou a mesma seda, perguntando seu valor para o mercador.

– Cinco sestércios – falou o homem.

Ele retirou as moedas guardadas em um pequeno saco de couro e deu-o para o senhor da tenda, envolvendo a cabeça da bela romana e comprando também uma seda vermelha para a serva que a acompanhava. Então, fez um sinal com os dedos nos lábios, para que a serva jamais fizesse alguma referência ao fato. Centurinae sorriu feliz, mostrando sua boca sem dentes com um sinal de que estava tudo bem.

Antenor deu a mão para Virgínia e saiu com ela no meio do povo, fazendo a serva aguardar, em certo local, pela sua patroa, por algum tempo.

Assim, ambos permaneceram juntos durante toda a tarde, até chegar a noitinha e ser providencial a volta de Virgínia ao lar da família Lucius.

– Ah... Como estou feliz por te encontrar... – desabafou Antenor – Quero estar contigo seguidamente, já que pertences a Agripa; mas peço que sejas fiel a mim.

– Vamos pensar neste momento presente, Antenor; e esquecer tudo o que não está aqui, por enquanto.

Os amores da jovem romana, nesta cidade, iniciaram ali a ser secretos, pois, agora, contava com uma aliada, que escondia os fatos de seu protetor. Ela começou com

Antenor e custou a se livrar dele no momento que achou que devia parar. Depois, vieram Prudencius Fransinus e outros; até chegar em Confinius Trato. Todos romanos. Seus amores duravam o tempo que ela decidia. Quando começavam a se prender por ela, ela os abandonava. Recebia deles presentes, alguns de alto valor, que procurava esconder de Agripa, e guardá-los para doá-los, mais tarde, à sua mãe.

Quando estamos encarnados e somos jovens, geralmente não nos detemos em nosso futuro espiritual para verificarmos nossos direitos e limites, ou nossa atitude perante os semelhantes. Virgínia se embrenhava por caminhos tortuosos e conseguia, com seus abusos, fazer com que muitos sofressem, desconhecedora das leis de causa e efeito, ação e reação, que nos ensina que colheremos nesta ou em outra encarnação o que estamos semeando agora, e que tudo que fizermos a outrem, assim também receberemos. Sabemos de inúmeros casos muito tristes, de jovens mulheres e rapazes saudáveis, que se desligaram da vida por terem sido desprezados pelas pessoas que amavam. A rejeição, como muitos de vós já devereis ter sofrido, é imensa quando tanto amamos e, por diversas vezes, leva os indivíduos a matar ou a morrer. A jovem de Pompeia, desta forma, entranhava-se em um mar de dívidas futuras, causadas pelo próprio conceito de vida.

Alfeu sentia o que acontecia com ela e, por muitas

vezes, pensara em aconselhá-la, falar-lhe sobre a verdadeira vida, mas, naqueles dias, sabia que ela não estava preparada para essa mudança e não gostaria de receber conselhos, pois a vida se lhe apresentava muito agradável. Distraía-se naquela cidade de Cartago, imaginando estar sendo amada sem se comprometer com ninguém e de sentir os olhares masculinos admirativos sobre ela. Contudo, quando voltava para casa daqueles encontros fugidios, sentia-se totalmente vazia. Talvez, quisesse chamar a atenção do noivo, talvez, vingar-se dele por ele ter suas atenções voltadas por pessoas do mesmo sexo. Namorar muito só a satisfazia momentaneamente. Não pertenceria a nenhum deles com alma e coração, porque se guardaria para Salésio Lupínius. Para a jovem de Pompeia, não importava o tipo de pessoa que estava à mercê de seus caprichos. O importante seria conquistá-la e detê-la na hora que bem entendesse. Com Confínius Trato, no entanto, homem forte e apaixonado, que não queria dividi-la com ninguém, essa brincadeira fora longe demais. Ele não se convenceu em perdê-la e procurou segui-la para ver onde ela morava. Uma tarde, quando ela voltava do mercado, ele conseguiu alcançá-la, segurando-a pelo braço:

– Por que me rejeitais? – falou-lhe bruscamente

Ao ouvir as palavras do rapaz, Virgínia, naquele momento assustada, acalmou-o, usando sua tática usual de inteligência, marcando com ele um encontro e, nesse, talvez, livrar-se dele para sempre, se ele a importunasse.

– Senti muito tua falta, Confinius, mas meu noivo não me deixou sair todos estes dias.

Confinius Trato olhou-a com desconfiança e colocou seu punhal em sua garganta.

– Virgínia, tu não prestas! Comprei este punhal para usá-lo em ti no momento necessário. Não podes me deixar nunca! – ordenou – És minha mulher, e não permitirei que me deixes.

– Ora, meu amor – dissimulou a jovem, afastando delicadamente a arma de seu pescoço –, não precisarás usar isso comigo. Já não te dei suficientes provas de afeto? Encontremo-nos bem longe, para passarmos alguns dias juntos, talvez na Judeia, que eu não conheço.

Com a perspicácia da bela mulher, Confinius Trato acalmou-se, dizendo:

– Confirmo esse encontro. Mas se não compareceres, irei ter com Agripa e lhe contarei tudo, já que sei onde resides. Esperarei por ti no mercado ainda hoje, sem a tua escrava.

– Não, minha serva terá de ir comigo, afinal, se ela não for, eu não poderei sair de casa.

– Está bem, mas tem de ser hoje ainda.

– Não! Eu preciso arrumar algumas coisas. Amanhã será melhor, depois da segunda refeição.

Confinius aceitou a sugestão, e Virgínia foi para casa

a fim de conversar com Centurinae a sós e conseguir um pouco de veneno, que poderia usar para Confinius Trato se ele fosse violento com ela. Na tarde seguinte, ela procurou por Agripa para avisá-lo que iria visitar Tancinae Polidórus, amiga grega romana da falecida mãe dele, que a havia convidado para passar uns dias com ela.

– Agripa, talvez eu passe alguns dias com Tancinae, mas não te preocupes, porque Centurinae irá comigo.

Agripa aceitou e falou que, dentro de três dias, iria apanhá-la naquela casa.

A filha de Fedras Serventia encontrou-se com Confinius, que, ansioso, a aguardava com três camelos. Ele suspirou aliviado quando a viu, e o grupo viajou por várias horas até chegarem a um vilarejo próximo. Já estava anoitecendo, e Virgínia foi levada diretamente para uma hospedaria para descansar. O centurião tentou abraçá-la, mas Virgínia o empurrou, dizendo:

– Apanha o vinho para bebermos.

Confinius Tratus, rapidamente, levantou-se e serviu duas taças de vinho. Ela disse estar cansada e pediu para degustarem o bom vinho, recostados. O romano, sem lhe tirar os olhos aceitou o convite, mas pediu para ficar ao seu lado. Ela acariciou-lhe os cabelos, pensando:

"Que pena matar um homem tão forte e atraente, mas, se não o fizer, minha vida se tornará um inferno ver-

dadeiro. Seus beijos nunca mais eu terei, mas não importa, acho que este é o remédio para minha libertação."

Naqueles dias, nós, seres indóceis e rebeldes, jamais imaginaríamos as consequências que teríamos com atos desse tipo. Com o Consolador prometido por Jesus, o Espiritismo, nós ficamos cientes dos resultados de nossas ações, quando não seguimos a lei de amor. Jesus, em sua sapiência, governador do Planeta, veio nos confirmar a lei do Redentor, e, através dessas leis, onde o amor impera, é que revolucionaremos com nossas imperfeições, abandonando nossas más tendências e, assim, construindo um novo futuro, mais brilhante e mais feliz. Mas, naquela época, vivia-se totalmente o egoísmo e o orgulho, as más tendências e todas as imperfeições possíveis, conforme a própria vontade.

Virgínia serviu-se de mais um copo de vinho, e mais outro para Confinius, com o intuito de embebedá-lo primeiro, mas ele estava cada vez mais decidido a não beber mais. Centurinae, que aguardava no lado de fora do quarto, deveria colocar o veneno no seu copo, enquanto eles estivessem deitados, e encaminhou-se para fazê-lo. A serva colocou-se próxima ao leito, que estava protegido com uma leve cortina. Confinius estava feliz de estar com Virgínia novamente e dizia-lhe:

– Quero fugir daqui com este ouro que eu trouxe para comprar uma Villa para nós. Será todo teu, se ficares comigo.

– Fugir? Ouro para comprar uma Villa? Oh, eu não posso, Confinius, e não mereço este ouro todo – dissimulou ela, com olhos brilhantes para o invólucro que o jovem atleta lhe mostrava.

Neste momento, a sedutora jovem fez sinal com a mão para Centurinae não colocar o veneno, pois queria aquela fortuna e havia tido uma ideia. Então, sentou-se no leito, abriu a cortina do seu dossel, arrumou-se e puxou lentamente da cama o rapaz, dizendo-lhe:

– Eu estava aflita para ver-te novamente, que bom estarmos juntos.

– Mas, então, por que me evitas?

– Preciso fazer isso. Para dizer-te a verdade, eu já não sou mais noiva de Agripa, sou sua esposa.

– Casada? Não pode ser! Não acredito nisso – redarguiu, empurrando-a.

O romano dirigiu-se para a janela e olhou para baixo, tristemente.

Virgínia aproximou-se novamente dele, o fez reclinar-se no triclínio, apoiando lentamente a cabeça do rapaz em seu colo. Então, acariciou seus cabelos, fez-lhe um agrado, beijou sua testa e falou-lhe com voz acariciante:

– Já não percebeste o tamanho de meu amor por ti?

– Então, fujamos agora.

– Não posso fugir. Espero um filho de Agripa. Mas não fiques preocupado. Pensarei em uma forma para deixar meu marido e partir contigo. No entanto, se eu não conseguir, prometo que serei sempre tua amiga, porque tu és o meu amor. Agora que falei o que sentia, estou pronta para receber o presente que bem mereço.

Confinius Trato, ainda desconfiado, deixou-se levar pelos seus carinhos e respondeu a ela:

– Aqui está – falou, retirando, do invólucro de couro, cinquenta moedas em ouro –, mas preste atenção... Eu te lançarei de um precipício se me deixares. Compro-te agora com este ouro.

Virgínia não levou a sério aquilo que ele lhe dissera, somente olhando para as moedas que ele despejara sobre o triclínio. Aquilo valia uma fortuna e, para ela, significava sua libertação. Se quisesse, compraria uma casa em Pompeia, ao lado de Salésio Lupínius, e ficaria com aquele primeiro amor, levando sua mãe para morar com ela. Isto depois de se livrar de Comodus. Mas o que fazer com Confinius Trato?

Depois de estarem juntos por dois dias, em reconciliação amorosa, eles voltaram a Cartago, combinando reencontrarem-se na semana seguinte para decidirem sobre suas vidas, o que não deu tempo de Agripa saber onde havia andado Virgínia, pois não fora buscá-la na casa da amiga de sua mãe. Ao adentrar na residência, ela caminhou até o jardim e viu Agripa com Alfeu. Tremendo de receio, mas muito sutilmente, ela aproximou-se do noivo, fazendo-lhe pequenas carícias em seu rosto e comentando:

– Agripa, tens estado tão ocupado ultimamente, que nem falas mais comigo, o que desconfio que já não me amas.

– Ora, Virgínia, és tu quem sempre está adoentada, quando chego de meus compromissos. Eu não te vejo com calma há dias! Sinto-te afastada de mim desde que chegaste a Cartago...

– Bem que eu gostaria de me aproximar de ti um pouco mais. Por que não viajamos por um tempo?

– Viajar? Estás louca? Com tantos compromissos aqui, não poderei voltar nem mesmo a Pompeia! Se me desviar deles agora estaremos perdidos! E amanhã é o dia marcado por papai para que o médico Marco Flavius venha ver-te novamente. Meu pai não se conforma que ainda não recuperaste a memória.

– Acho que o que ele deseja mesmo é ver-me longe de ti.

– Não é isso! Nós te queremos aqui. Ele pode parecer estranho, pois te evita, mas não penses que ele não te admire.

– Pois, então, deixemos o médico para depois. Eu estou bem, não é o que importa? Por favor. Eu gostaria de conhecer o Egito e as suas pirâmides. Leva-me, e serei muito boa para ti.

– Ora – indagou Agripa, interessado e sorrindo maliciosamente –, e que tipo de favores me darás? Nada tens a oferecer-me, menina. Anda, fala.

– Bem, já que não tenho nada para oferecer...

– Então, marcaremos nosso casamento para logo, e falarei hoje mesmo com meu pai sobre isto.

– Mas quero viajar agora.

– Está bem, talvez uma viagem agora, depois de quase um ano em que estamos aqui, faça-me descansar um pouco. Vem, vamos comprar alguns belos vestidos para ti.

Alfeu ouvia, entristecido, a modificação moral da jovem senhora e pensava atônito:

"Esta menina, esta menina... talvez esta história não acabe bem... Gostaria tanto que ela visse seus próprios erros, mas o que poderei fazer para que ela se emende? Eu, um escravo, penso que jamais poderei falar a ela das torrentes de paixões em que está se envolvendo e que lhe poderão custar muito caro. Temo por ela como se fosse minha própria filha."

Virgínia olhava para Alfeu sorrindo. O importante era conseguir seu objetivo, o resto não importava. Se fizesse isso com Salésio, isto sim para ela seria alta traição, porque o amava. Onde estaria ele no momento?

Salésio Lupínius caminhava com sua esposa pelos jardins de sua residência em Pompeia, quando avistou um dos servos de Petrarcus Lúcius.

Rapidamente, foi conversar com ele, deixando Mona sozinha, somente para saber notícias da misteriosa Virgínia. Nunca mais a esquecera, e, ao lembrar-se dela, seu coração batia em arritmia.

– Efus, dize-me. Tens notícias dos teus senhores? Sabes quando retornam a Pompeia?

– Ave, Salésio Lupínius! – cumprimentou-o Efus, usando a saudação da época romana. – Não, eu nada sei sobre o retorno deles.

– Não sabes se a Senhora Virgínia voltará ou ficará por lá?

– A Senhora Virgínia está com eles, senhor, e certamente ficará mais algum tempo.

– Sabes como posso chegar até onde se encontram?

– Tenho um documento deixado pelo Senhor Petrarcus com o endereço. Deixou para o caso de eu ter assuntos urgentíssimos a tratar com ele, mas... e se eles estiverem voltando?

– É, talvez não os encontre. Enfim, vou esperar por eles aqui.

Salésio sonhava em ver Virgínia novamente. Não sabia dizer o que o atraíra mais nela, se era a sua maneira de agir ou sua beleza, sua juventude.

Enquanto isso, o padrasto de Virgínia preparava-se para viajar a Cartago em missão, com uma Centúria romana, assessor do centurião Tibérius Graso, quando teria a oportunidade de concluir seu plano. A Centúria era chefiada por um centurião que comandava oitenta soldados. Se um soldado da legião se destacasse perante a tropa, ficava sendo assistente do centurião, o caso de Comodus. O ciúme remoía esse soldado quando pensava em sua "deusa do mal", como tratava, às vezes, Virgínia, ao imaginá-la nos braços de outro homem. Nunca mais dera asilo à mãe da jovem, desde que a derrubara da escadaria do palácio de Agripa. Mas, agora, estava resoluto em dar-lhe o "troco", vingando-se na filha. Enquanto viajava, ele pensava onde encontrá-la.

"Tenho certeza de que a encontrarei. A casa dos Lucius deve ser bem conhecida lá em Cartago, afinal, eles são comerciantes. De outra forma, a procurarei pelo mundo, revirarei todos os locais até trazê-la novamente ao lar, nem que seja sem vida."

Desde o dia em que Comodus partira com o centurião, Fedras Serventia, sabendo do fato, voltara a sua casa para viver mais acomodada do que na cavalariça, entre as palhas da taberna em que trabalhava.

Comodus imaginava como localizar Petrarcus. Encontrá-lo-ia rapidamente, se não através de pessoas influentes, seria por intermédio do mercado de negócios de Cartago. Como o comerciante exportava para Roma, não se esconderia naquela cidade, mas demonstraria elegância no morar, como no vestir, evidenciando grandeza ao povo medíocre daquele lugar. Romano por nascença, Petrarcus era orgulhoso e desejava que seu filho também se honrasse do nome e da raça que tinha. Por esse motivo, o soldado sabia que seria muito fácil chegar até sua moradia e encontrar Virgínia. Talvez, Alfeu fosse o obstáculo mais importante para alcançá-la, mas já estava preparado para isso também.

Chegou a Cartago ao entardecer, com a centúria, oitenta homens, uma equipe militar de dez contubernium, alojando-se nas proximidades. O exército romano era formado dessa forma: um contubernium com oito legionários, que levavam uma tenda bastante espaçosa; um burro ia com eles para carregar a tenda nas batalhas.

Os soldados de folga pediram licença para se alegrarem um pouco e se dirigiram a uma taberna. A noite iniciara-se com músicas e calorosas danças, fato que os atraíra para o divertimento. Alguns patrícios romanos já estavam sentados em suas mesas e convidaram os soldados para se unirem a eles. No local, a luz tênue, o vinho e o calor, misturados com a fumaça dos que usavam o rapé, deixaram Comodus ligado a Virgínia em pensamento. Não tinha nenhuma companhia feminina há meses e necessitava estar com a mulher que considerava sua, por quem demonstrava rancor, ódio e misto de paixão avassaladora. Onde estaria ela, que o prendera tanto com seu desprezo?

Quando a música parou na taberna, outra logo começou, e Comodus viu as dançarinas árabes entrarem, com véus sobre o rosto, balançando os quadris e levantando os braços em formas circulares, sacudindo as pulseiras. Ele, em certa hora, quando já havia bebido demais, saltou do assento querendo apanhar uma delas. O pai da jovem, um dos taberneiros, começou a brigar com ele, defendendo a filha, e os árabes levantaram-se para juntar-se à briga. Comodus foi soqueado, pisado, e, neste tempo, seus colegas levantaram e continuaram a briga, com um fim trágico para determinados soldados, que foram mortos a facadas, e para alguns árabes presentes, que, no alvoroço, foram mutilados no dia seguinte pela força romana da cidade. Comodus foi, então, levado a pontapés por alguns árabes, que exigiram que ele fosse detido na prisão.

O caso espalhou-se pela cidade. Na manhã seguinte, muito cedo, bateram fortemente na casa de Petrarcus, e Alfeu foi abrir o ferrolho da alta porta da entrada.

– Ave! Apresento-me; sou o centurião Tibérius Graso. Preciso falar com o senhor desta Villa. Está Petrarcus Lúcius em casa?

– Sim, ele está se levantando, mas aguardai, vou comunicá-lo.

Alfeu, não desejando despertar o patrão, mas, vendo que o caso era importante, falou-lhe através da cortina:

– Senhor, precisais comparecer em vosso tablino urgentemente. O centurião Tibérius Graso aguarda-vos no átrio e necessita falar-vos.

– Como? Mas o que é que acontece agora? Não consegui dormir a noite toda! Deve ser importante. Está bem, manda-o aguardar naquela sala.

Petrarcus Lucius saiu da cama e se encaminhou, resmungando, até onde sempre recepcionava os visitantes.

– Senhor, algo aconteceu na cidade ontem, com alguns árabes e soldados romanos – redarguiu Tibérius Graso, afoito, quando viu adentrar Petrarcus, ainda com fisionomia sonolenta.

– O que, realmente, ouve, Tibérius Graso?

– Um dos meus soldados, Severus, foi o causador da revolta em uma taberna, o que causou a morte de vários homens, inclusive, hoje na praça, foram mutilados alguns árabes de Cartago que se meteram na revolta. Neste momento, a população na praça grita unida, pedindo justiça. Eles estão nos odiando. O que faremos? Tememos uma revanche. Vós sois neste lugar o mais conhecido pelo povo, pois tendes residência nestas redondezas. Pedimos auxiliardes a abrandarmos essa gente, porque o tribuno Rufius Primo ainda não chegou. Estamos esperando seu retorno para retirar o tal homem de lá.

– Alfeu! Gerusius! Vitorino! – ordenou Petrarcus. – Vamos até lá para vermos o que podemos fazer.

Petrarcus, com a pressa, não havia feito a ligação do nome Severus com o do padrasto de Virgínia.

Virgínia, que já estava acordada há muito, ouvia atenta a conversa, pois passava por lá naquele momento. *"Severus? Só pode ter sido Comodus. Oh! Estarei perdida se ele aqui me encontrar"*.

Virgínia saiu a passos largos, procurando por Agripa, que acabara de levantar-se.

– Agripa, Agripa, quando vamos viajar? Quando vamos?

– O que queres?– indagou Agripa, bocejando e levantando-se lentamente.

– Está um lindo dia para partirmos hoje, meu "senhor" – comentou Virgínia, fazendo-lhe reverência.

O jovem, ainda meio dormindo, abraçou-a e lhe respondeu:

– Queres viajar sem receberes as roupas que mandei fazer para ti?

– Ora, não me importo com as roupas agora, quero estar mais perto de ti.

– Então, iremos amanhã. Prometo.

– Não! Vamos hoje.

– Mas hoje é praticamente impossível, Virgínia! Porém, vejamos o que poderei fazer. Bem... Talvez falando com meu pai, ele possa resolver os negócios por mim.

Comodus, girando como uma bola, procurava se defender dos empurrões que levava na prisão da cidade. Fora levado para lá na noite anterior, depois do grande reboliço que havia causado na taberna, até chegar seu comandante para resgatá-lo.

"Tudo por causa de Virgínia." – concluía.

– Comodus Severus, o que houve? – indagou-lhe Rufius Primo, seu tribuno, quando chegou.

– Só bebi um pouco demais na noite anterior.

– Mas sabes o que aconteceu hoje pela manhã? Não? Pois digo-te que nós tivemos que acabar com todos os que se rebelaram naquele local ontem à noite, para aprenderem a nos respeitar. Acontece que só agora fui avisado que foste tu quem começaste tudo. Está uma grande confusão nas ruas. Pessoas gritando "abaixo os romanos!", gente se batendo à toa, tudo por tua causa. Sabes que não poderíamos ter criado este tumulto todo. Seremos "persona non grata" se continuarmos a causar rebeliões nesta cidade. Recém chegaste e já te colocaste onde não foste chamado. A mulher que quiseste dispor não pode te pertencer, para que fizeste isso, homem? Acaso não sentes no ar a rebeldia dessa gente?

– Perdão, senhor, não voltará a acontecer.

– Vem, vamos sair daqui.

Na rua, pessoas gritavam e atiravam coisas nos romanos, que procuravam detê-los. Petrarcus chegou e subiu em uma murada, onde pôde falar com eles. Conhecendo aquele homem como uma pessoa respeitável do local, os cartaginenses foram se acalmando e pararam de vez, para ouvi-lo:

– Senhores desta cidade – começou Petrarcus –, como fui chamado pelo centurião aqui presente, na falta do tribuno daqueles soldados, venho agora vos pedir que vos acalmeis. Prometo-vos que veremos o que aconteceu, e isso, se me for possível, será resolvido.

– Como? – gritou um homem da multidão. – Como resolverão a matança de homens de nossa família? Como devolverão nossos filhos e amigos? Não! Nós não queremos os romanos aqui em nossa cidade. Fora os romanos!

– Fora! – gritou a multidão em uníssono. – Somos em maior número que vós!

– Um momento! Eu vos prometo que, se ouve

negligência dos nossos soldados, eu mesmo tomarei providências!

– Mas o que podereis fazer? – gritou outro na multidão.

– Justiça! Nero, nosso imperador, será justo. Assim que eu puder, levarei esta notícia a ele. Eu prometo!

– Que tipo de justiça? Nos livraremos desses romanos malditos?

– Não! Isso não será possível, mas prometo que procurarei o causador de toda aquela matança e colocarei uma placa aqui nesta praça no dia em que ele for pego. A maioria de vocês me conhece muito bem e sabe que cumpro aquilo que prometo

A multidão, em murmúrio, conversava entre si, e foram se acalmando e retirando-se do local. Petrarcus olhou à volta e fez sinal para Alfeu, levantando o dedo polegar. Alfeu sorriu, e, quando já não havia quase ninguém lá, chegaram Comodus e seu comandante, que se entreolharam, estupefatos. Onde estava todo aquele povo rebelde?

– Ora, ora – falou Petrarcus –, quem eu vejo aqui se não é Comodus, o que diz ser pai da moça que encontramos.

Comodus sentiu-se sem ar, pela emoção em vê-lo. Veria finalmente Virgínia, e a hora de fazê-la cair a seus pés chegara.

110

– Sorte que os deuses me trouxeram aonde eu quis chegar – comentou o soldado romano. – Vim de Pompeia acompanhando meu centurião, Tibérius Graso, aqui presente, mas me sentiria honrado em ser recebido em vossa residência ainda hoje.

– Então, estão ambos convidados para a ceia com o tribuno Rufius Primo. Veremos se a nossa Virgínia recobrará a memória com vossa presença – e, virando-se para o comandante, falou baixinho:

– Preciso falar-vos, Rufius Primo.

– Mas onde está todo o povo? – perguntou-lhe o comandante da guarda romana.

– Todo o povo retirou-se, como podeis ver. Deveremos conversar sobre o causador desta balbúrdia toda. Tereis que procurar por ele e detê-lo urgentemente. Dizem que escapou da prisão, isto é verdade? Vós estivestes lá, não foi? Prometi dar a eles minha colaboração. Devo isso ao povo de Cartago – comentou Petrarcus.

– Bem... – gaguejou Rufius, não sabendo o que responder já que estava ao lado do culpado, seu primo. Então, respondeu-lhe com outra pergunta: – O que fizestes para eles se apaziguarem?

– Prometi apanhar o culpado. Ainda que sejais um tribuno, devo defender os romanos moradores daqui, para que o povo de Cartago não se rebele contra nós – e saiu sorrindo e fazendo sinal com as mãos para os servos subirem com ele a ladeira que levava à sua moradia.

Rufius Primo olhou para Comodus Severus com um olhar interrogativo.

Na realidade, Petrarcus não se dera conta de quem fora o causador da briga noturna. Havia outros senhores romanos com o nome Severus...

Comodus estava nervoso. Olhara para Rufius como se quisesse perguntar: E agora?

Caía a noite, e a imagem do momento em que veria Virgínia novamente, rebelde e fugidia, vinha-lhe na mente e lhe atiçava os ânimos. Estava muito próxima esta hora.

Mais tarde, já à noite, Rufius Primo, caminhando com Comodus para a casa de Petrarcus, já que o centurião Tibérius Graso teve que permanecer com sua centúria, comentou:

– Como pensas em ir até a casa de Petrarcus Lucius se ele quer tua cabeça?

– Ele não sabe que fui eu quem causou a briga na taberna.

– Mas eu, como um bom tribuno, tenho a obrigação de entregar-te.

– Por que não o faz?

– Bem, eu te tirei agora da prisão e como olharei para meus soldados se te prender novamente? Eu procurei defender-te, Comodus. Se eu fosse tu, saltaria desta murada agora e chegaria à praia, onde apanharia a primeira embarcação. Só porque somos parentes, não deverei me comprometer. Assim, tudo será resolvido.

Comodus continuou caminhando.

– Não – respondeu ele. – Soubeste desde o princípio por que quis vir contigo. Tenho um objetivo que levo a sério. Vou caminhar à tua frente. Quero chegar antes. Sabes por que, não?

Comodus apressou o passo e deixou Rufius Primo pensativo. Ele deveria dar uma explicação a Petrarcus. *"Comodus deveria ter fugido, poderei ficar comprometido quando Petrarcus souber da verdade"* – pensava.

Quando Petrarcus chegou em casa, viu que Virgínia correu para ele pedindo que a ouvisse.

– O que foi, Virgínia? Alguma coisa aconteceu? Vejo-te ansiosa.

– Não sei, estou muito preocupada. Parece-me que algo ruim vai acontecer nesta casa hoje.

– Tens este pressentimento?

– Tenho-o, e é muito forte. Sinto-me mal somente de pensar nas horas vindouras. Porventura, há algo que eu não saiba que acontecerá na hora da ceia?

– Virgínia, tens sensibilidade para saber das coisas. Sim, hoje à noite, virá aqui cear conosco, Comodus, lembra-te dele? Praticamente, ele me pediu para vir.

– Aquele homem, o que diz que sou filha dele? Isso não! Por que vós o convidastes? Oh, eu tenho que fugir.

E, sem mais pensar, Virgínia correu pelo peristilo e atravessou o jardim, para apanhar um manto em seu dormitório. Pedia aos deuses que a protegessem na noite, porque fugiria para bem longe. Procuraria por Confinius Trato.

Petrarcus, preocupado, chamou por Alfeu:

– Segue-a, Alfeu, ela vai fugir! Mas o que essa menina tem contra esse homem? Por que o odeia tanto?

Com grande velocidade, Virgínia havia apanhado seu manto e saído da casa de Petrarcus, alcançando a área externa. Quando estava dobrando a estreita rua, alguém bateu nela. Sem ver de quem se tratava, ela quis se desvencilhar do encontro, mas sentiu dois braços a agarrarem. Olhando para ver de quem se tratava, pois achava que era Confinius que a havia encontrado, chegou a dizer:

– Finalmente...

Mas, ao fixar seu olhar no homem, que com um manto escondia sua vestimenta militar, em seu rosto apareceu estampado o horror, e ela gritou assustada:

– Não! Soltai-me!

Comodus a apanhou com muita força e sorriu para ela, um sorriso de vitória. Virgínia, petrificada, perdeu os sentidos.

Uma luz tênue havia no quarto onde Virgínia se

encontrava, quando ela abriu os olhos. Sentiu-se cheia de amarras, não podia se erguer do leito. Olhou à frente. Uma cortina separava o dormitório da circulação, e, ao virar o rosto para o lado, a jovem romana estremeceu. Comodus, com um punhal e um relho nas mãos, sorrindo sarcasticamente pela vitória que tivera, começou a bater nela com o relho nas pernas, procurando não alcançar o rosto. Desejava vê-la sofrer, porque gritar não poderia... Estava amordaçada...

– Por tudo o que fizeste a mim, desgraçada! Agora não mais poderás fugir. Vou levar-te para bem longe, onde ninguém poderá encontrar-te. E, se tentares fugir, teu rosto será cortado com este punhal, para que nunca mais sejas olhada por ninguém. Os homens que te encontrarem virarão a face com asco. Este será teu castigo.

Dizendo isso, aproximou-se mais dela, procurando seus lábios, mas ela estava amordaçada. Como lhe era importante aquela mulher! Teria coragem para cumprir o que lhe prometera? O que afinal representava aquela obsessão? Sentiu seu perfume e resolveu retirar-lhe a mordaça para concretizar seu desejo, mas Virgínia respondeu-lhe com forte mordida, e ele afastou-se, gritando e batendo nela até ela implorar:

– Clemência, Comodus!

– Dar-te clemência? Agora, eu estou gostando. Assim chegaremos aonde quero chegar. Para que eu te dê clemência, tens que casar-te comigo agora, pelas ordens de Nero. Eu consigo isso, queres ver? Sou agora o soldado mais confiável de nossa centúria e é só chegar até Cesar e pedir que ele te conceda a mim como esposa. Ele te obrigará a isso, e não poderás mais fugir de mim. – falou isso rindo em altos tons.

– Casar-me? Vós nem estais sabendo de minha vida? – inquiriu-o, dissimulando. – Pois eu já sou casada, Comodus, por isso nunca poderei ser vossa novamente.

– Comodus abriu os olhos, demonstrando-lhe ódio voraz, e esbofeteou-a novamente. Libertou-a das amarras, e ela caiu, mas ergueu-a para colocá-la em pé, em um lugar onde pudesse açoitá-la. Virgínia debateu-se e aproveitou para gritar com toda a força que podia, pedindo por socorro.

Alfeu, ansioso, procurava pela menina, como ele a chamava, correndo pelas ruas. Não vira Virgínia ser apanhada por Comodus, pois, no momento em que ela desmaiara nos braços dele, Alfeu estava na esquina anterior, e a iluminação por archotes a óleo, colocados nas fachadas das casas, não lhe era suficiente para ver ao longe. Ele caminhou pelas ruelas, preocupadíssimo. Onde teria ela se escondido? Somente ele sabia o desespero que ela sentiria se se encontrasse com Comodus Severus. Somente ele estava ciente de todo seu drama. Deu giro e voltas até iniciar seu retorno à residência de Petrarcus, quando pensou em Jesus, em Sua bondade, em Seu amor, e pediu:

– Jesus, permiti que eu a encontre, Mestre. Não a deixeis cair naquelas mãos novamente.

Surgiu-lhe, neste momento, uma ideia instantânea de ir até uma hospedaria próxima, que alguns homens mais destacados frequentavam. No momento em que ele estava se aproximando de lá, ouviu o grito de Virgínia e subiu em desabalada fúria as escadarias até o dormitório, de onde vinha o apelo.

Adentrou no espaço. Ao olhar o quadro, ele afastou-se. Vira a arma nas mãos de Comodus.

– Comodus Severus, o que está acontecendo? Mas e a Senhora Virgínia, o que fez para estar desse jeito? Então, ela não é vossa filha? – indagou-lhe, tentando fazer-lhe esta advertência para retirá-la de lá.

E aproximou-se para livrá-la dos laços que a prendiam, mas Comodus, enlouquecido, alertou-o:

– Negro desgraçado, afasta-te desta mulher, porque te posso matar!

– Socorrei-me, Alfeu! – gritou Virgínia – Buscai por socorro!

Alfeu, desarmado, sentindo que iria morrer se ali permanecesse, pensou em buscar reforços. Correu até a porta de saída, gritando:

– Chamarei por vosso comandante.

Comodus Severus, neste momento, não sabia o que fazer. Seu plano não estava dando certo. O que acontecia ele não havia previsto. Como Alfeu o encontrara? Alfeu saiu, e ele pensou em deter o escravo para fazê-lo calar-se. Então, correu pelas ruas. Virgínia, vendo-se só, apelou:

– Alguém me ajude!

Mas os árabes viram que estava acontecendo algo de ruim para a jovem, contudo, achando que era briga de casal, não se intrometeriam.

Virgínia começou a chorar. Como sair dali? Pensou novamente que seus deuses a estavam desprezando.

Comodus quase estava alcançando Alfeu, quando este chegava ao portão da casa de Petrarcus, mas, ao procurar abri-lo, o escravo sentiu um punhal cravar-lhe as costas. Alfeu caiu, e Comodus articulou:

– Morre, desgraçado, já que desprezaste meu pedido – saiu bufando e, lentamente, voltou ao seu futuro "ninho de amor".

Agripa estava na frente do palácio quando viu aquele movimento e chamou seus servos para verificarem o que estava acontecendo. A iluminação era péssima. Os homens de Petrarcus se aproximaram e viram Alfeu ferido, que, com muito esforço, alertou-os:

– Comodus... na hospedaria... salvem... a senhora.

Para a ceia, havia chegado Rufius Primo sozinho. Ele teria que dar algumas notícias concretas para Petrarcus sobre o causador da revolta da noite anterior. Tinha resolvido: entregaria Comodus, pois deveria livrar o seu honroso nome. Petrarcus era uma pessoa benquista naquela cidade e em Roma.

– Por que Comodus não veio convosco? Ah, foi bom lembrar-me, Rufius Primo. O que causou a briga também se chama Severus. Já o prendestes?

Agripa foi avisar o pai e viu que a única maneira era contar-lhe o acontecido, mesmo na frente do visitante. Neste momento, ele se aproximou rapidamente dos senhores, que faziam sua refeição, e, pedindo licença, cochichou ao ouvido de seu pai, que levantou-se rapidamente, falando:

– Rufius Primo, nós temos uma coisa urgente a fazer.

– O que aconteceu?

– Trata-se de meu convidado, Comodus Severus.

Rufius Primo, então, aproveitou para falar:

– Sim, foi ele mesmo. É ele quem devo colocar na prisão para ser julgado.

Capítulo 5

O RAPTO

Tendes aprendido que foi dito: olho por olho e dente por dente. Eu vos digo para não resistirdes ao mal que se vos queiram fazer; mas, se alguém vos bate na face direita, apresentai-lhe também a esquerda; e, se alguém quer demandar convosco para tomar vossa túnica, abandonai-lhe também vossa capa; e se alguém quer vos constranger a fazer mil passos com ele, fazei ainda dois mil. Dai aquele que vos pede e não repilais àquele que quer vos tomar emprestado. (**São Mateus,** cap. V, v. de 38 a 42).

(*O Evangelho Segundo o Espiritismo,* cap. XII, item 7.)

COMODUS APRESSOU-SE, PORQUE SENTIU QUE DEveria raptar Virgínia o quanto antes. Quando Petrarcus percebesse sua ausência, descobriria que Virgínia estaria com ele. Não se preocuparia com Alfeu, pois o achava morto; ele já não poderia mais falar. Sua longa adaga deveria ter perfurado seus pulmões.

Comodus preparou-se para partir, desamarrando a enteada.

– Maldito! – indignada, Virgínia insultou-o, batendo nele. – Soltai-me, maldito!

Comodus não tinha tempo, devia apressar-se. E Virgínia agitava-se, gritando:

– Ajudem, ajudem!

Neste momento, o padrasto esbofeteou-a, e ela começou a chorar:

– O que quereis de mim? Não vedes que nunca poderei ser vossa? Não vedes que já estou casada com Agripa?

Comodus enfureceu-se e deu nela com tanta força, que ela bateu com a cabeça na porta, ficando desacordada. Então, colocou-a nos ombros, para depositá-la na embarcação que roubou no cais do porto. Mas... para onde iria ele com Virgínia? Talvez para as proximidades dali.

"*Não, seria muito viável* – ponderara. – *Iremos para o Egito. Lá ninguém nos encontrará.*"

Mas o soldado sabia que teria que levar alguns mantimentos e muita água. Deixou Virgínia desacordada por alguns minutos no barco, sangrando na cabeça, até conseguir o que precisava. Para onde iria, necessitaria de muitas provisões.

Viajaram por dias e noites. Virgínia, vendo-se em

alto mar, somente chorava e, desiludida, dizia-se amaldiçoada.

Comodus não falava com ela, mas a olhava como se quisesse dizer: "finalmente, estás comigo novamente". Por momentos, ela tivera vontade de atirar-se no oceano, mas a coragem lhe faltara. Só de pensar em não ter fôlego, já se sentia ofegante.

Enquanto isso, em Cartago, Alfeu se recuperava da punhalada que levara, depois de dias entre a vida e a morte. Petrarcus, com o coração dolorido, pois descobrira que amava Virgínia imensamente, deixou Rufius Primo resolver o caso de Comodus, pedindo a ele a maior urgência, pois Comodus poderia estar com ela. Ele e Agripa haviam vasculhado a cidade e voltado desiludidos. Talvez, Comodus a tivesse levado mesmo, mas para onde? Não saberiam dizer, nem procurar e isto seria como procurar uma agulha em vastos celeiros. Porém, Petrarcus, mesmo assim, providenciou em reunir alguns homens, entre eles, Confinius Trato, que soube o que havia acontecido e fazia questão de apanhar o raptor da mulher que amava, levando consigo sua centúria.

Distribuíram-se os homens em varias direções. Nas vilas próximas, seguiram Petrarcus e Agripa com seus servos; para Argélia, Rufius Primo e alguns soldados, e Confinius Trato partiu para o Egito, seguindo sua intuição.

Ao chegar no Egito com Comodus, Virgínia estava bem debilitada. O soldado, já sem seus trajes romanos, muniu-se de túnica simples, arranjada com um beduíno, e carregou-a no colo, até aproximar-se de um oásis, onde havia uma caravana que partiria para a antiga Tebas; contudo, temendo ser reconhecido por lá, onde servira por um ano, resolveu permanecer no deserto, próximo a uma vila. Deu algum dinheiro aos caravaneiros em agradecimento, por acomodarem Virgínia em um camelo, e parou com ela em um local modesto, onde havia alimentação e uma tenda para morar.

Com os dias que se passavam lentamente, Virgínia foi se recuperando, sendo tratada por Comodus, que lhe foi muito gentil e preocupado com sua saúde, a ponto de ela até lhe agradecer e sentir-se penalizada por ele e aquela sua obsessão. Numa manhã de muito sol, a jovem levantou-se e vestiu-se com a túnica simples que viu ao lado do tatame em que dormia. Saiu da tenda, colocou as mãos sobre os olhos para poder ver onde estava. Fitou o grande deserto à frente, viu carneiros e galinhas, alguns homens e mulheres próximos. Uma suja menina lhe sorria. Como poderia fugir daquele local? E quem a encontraria lá? Desistiu de ficar fora da tenda e entrou, sentando-se desolada em uma banqueta, colocando a cabeça entre as mãos. Assim ficou por alguns momentos, quando entrou Comodus.

– Ah, estás melhor? Que bom.

– Pelos deuses, por que me trouxestes para tão longe? Onde estamos?

– Estamos no Egito.

– Tanto sonhei em conhecer este país, mas nunca nestas circunstâncias! Não posso admitir o que pretendeis, vindo tão longe comigo.

– Não tenho resposta que não saibas; sabes por quê.

– Mas o que faremos aqui? Por favor, deixai-me ir para casa.

O padrasto de Virgínia a olhou.

– Olha para mim, querida. Retirei minha roupa de soldado e agora me visto como egípcio – desconversou Comodus, para não voltar ao assunto. – Nunca te permitiste me conhecer melhor, na realidade. Esse tempo será bom para ambos. Verás que não sou mau como pensas.

– O quê? E no que tornastes esta mulher que aqui está? Não vedes isso?

– Não voltemos ao assunto de minha suposta perversidade.

– E o que pretendeis fazer para sobrevivermos? Nós teremos que sobreviver, não teremos?

– Bem, estou tomando conta de ovelhas e camelos. Ganho alguns tostões, o que dá para nos mantermos. Pelo menos, não morreremos de fome – falou, aproximando-se dela e querendo beijá-la.

Virgínia afastou-se e se levantou, dizendo:

– Não tenho mais forças para lutar contra vós, Comodus Severus.

– Era isso que eu queria ouvir. Não quero que digas mais nada, além de que, finalmente, me aceitaste. De agora em diante, viveremos como marido e mulher. Esta foi minha meta desde que te conheci ainda criança e quase adolescente.

– Como é que podeis pensar em uma infâmia destas? E minha mãe, onde é que ela fica em nossa vida?

– Ei, vamos parar com lamúrias. Existe somente uma verdade, fica sabendo. Agora somos somente nós dois. Casei-me com Fedras por tua, somente tua, causa. Jamais poderia te ter nos braços de outra forma. Esta foi a fórmula que usei... E deu certo – completou, já com um sorriso nos lábios.

– Então, para abusar de mim, deixastes minha mãe atirada sem lhe dar satisfações? Mas que tipo de homem sois vós, Comodus? Será que, até agora, não percebestes que isto é ilícito fazer, e que jamais poderíamos ser um do outro, visto que, entre a vossa pessoa e a minha, existe o ser que mais amo na vida?

Comodus sorriu com sarcasmo e resolveu não dizer mais nada, somente tentou abraçá-la, o que ela relutou.

– Deixe estar, Virgínia, agora que não podes mais

fugir, digo-te que eu não terei mais pressa. Virás arrastando-te a me pedir clemência, deixar-te-ei sem comer e sem beber, até o dia, que não tardará, que te colocarás aos meus pés, implorando para ser minha.

Virgínia recolheu-se a um canto, chorando. Olhou à sua volta. Fugir? Jamais sairia dali. Tinha fome e tinha sede, desejava um banho, como estava acostumada, mas preferiu acocar-se, colocando as mãos em sua face, cobrindo-a, para que Comodus não percebesse seu desespero.

Com os pensamentos em ebulição, ela pensou em uma maneira de escapar, mas, no momento, não havia saída. A coisa mais importante a fazer agora era orar. Mas para que deus? Nenhum deus lhe ouvia, todos eram surdos às suas súplicas. E se pedisse ao Deus de Alfeu, e a Jesus? Mas não sabia como rezar sem fazer oferendas. Relutava entre a crença de seus deuses e o Deus de Alfeu, bem como Jesus. Alfeu acreditava tanto Nele... Alfeu..., mas onde teria se metido aquele homem? Por que não lhe levou reforços para salvá-la do maldito?

Virgínia adormeceu cansada pela desilusão de sua vida. Era agora escrava de Comodus. No dia seguinte, muito enfraquecida, pediu a ele algo para comer.

– Então, beija-me e peças perdão.

Virgínia levantou-se e depositou um beijo no rosto de Comodus, dizendo:

– Desculpai-me.

– Agora, abraça-me e dize-me que serás minha mulher.

– Não, isso não.

– Estás vendo este pão? Não comerás dele se não repetires isso.

A jovem romana não tinha mais forças para continuar, e desmaiou. Comodus tratou dela, deu-lhe água e leite de cabra. Depois, colocou-a na cama. Faltava pouco para ela ser totalmente submissa a ele. E ele tinha razão em pensar assim, pois, a partir daí, ela não mais se revoltou e consentiu viver como sua esposa verdadeira, no entanto, estaria pensando em um plano para livrar-se dele.

Longos e quentes dias passaram no Egito, até que Virgínia notou que estava enjoando muito.

"Um filho de Comodus era só o que faltava para enegrecer mais minha vida." – dizia a si mesma.

Não sabendo falar a língua local, ela começou a fazer amizade, através de mímicas, com uma vizinha, moradora a cem metros de sua tenda, para ver se ela sabia de alguma erva para abortar. A mulher deu-lhe um chá, e Virgínia perdeu a criança, com muitas dores; chegava a urrar, tamanho o sofrimento. Comodus não sabia o que ela estava sentindo, qual doença a atacava, e, com medo de perdê-la, vendo sair dela tanto sangue, resolveu levá-la para um vilarejo maior, onde ela teria cuidados médicos.

Depois de uma semana, quando Virgínia já havia

melhorado, o soldado romano já estava com tudo arranjado para viajarem. Abraçou-a feliz, dizendo-lhe:

– Agora, meu amor, nós vamos para outro lugar. Com certeza prezarás mais, visto que lá há mais movimento e até coisas para comprares. Comprarei um lindo vestido para ti e ficarás mais feliz.

Colocou-a no lombo de um camelo e iniciou a viagem, primeiramente caminhando ao seu lado, para depois montar também no camelo à sua traseira, segurando-a, para que ela não tentasse a fuga. Virgínia obedeceu, conscientemente satisfeita, pois, indo para um lugar maior, teria a oportunidade de fugir.

Tendas em profusão e casas acima de morros foram vistas por Virgínia, que ficara mais viçosa e alegre só de pensar na oportunidade de liberdade que poderia ter.

Aproximou-se de Comodus e perguntou:

– Que lugar é este? Tanto movimento...

– Disse-me um beduíno que este lugar onde tão majestosas construções de templos se deterioram, quase enterrados na areia, no passado foi a principal cidade do Egito e se chamava Tebas. Hoje, vemos que há movimento aqui, talvez pelo fato de que os antigos mantivessem o desejo de que esse lugar fosse novamente habitado. Esse povo acredita em vidas passadas e é muito ligado nas almas de seus ancestrais milenares, que precisam ser respeitadas.

Virgínia aliou-se em pensamento ao sonho que teve

na noite anterior e que não validara. Teria ela vivido nestas paragens? Aqueles imensos blocos de pedra e as enormes colunas com as escritas que não entendia ofereciam, à sua alma, saudade e remorsos. Por quê? Imaginando estar mentalmente cansada, procurou esquecer o sonho "louco" que tivera, para entrar na realidade, e a realidade era o desconforto que sentia ao lado daquele homem e a vontade enorme de fugir. Naquele lugar, talvez recebesse a bênção dos deuses para conseguir a liberdade tão almejada. Mas como seria o retorno a Cartago? Não compreendia a língua que falavam, mas pensaria em uma fórmula pacificadora, e mais confortante, do que aprendera, a violência. Comodus, desperto para as eventuais probabilidades de fuga de Virgínia, propôs-lhe algo que a interessasse e a agradasse momentaneamente. Sabia que presentes a deixariam feliz e quiçá a conquistasse de vez. Achava que essa seria a sagrada fórmula de ser benquisto por ela.

— Virgínia — indagou-lhe —, és interessada em ficar sempre mais bonita?

— Sim — respondeu a jovem, olhando à sua volta, preocupada em desprender-se dele logo.

— Então, desce logo do camelo, que vamos procurar algo belo para usares.

Curiosa, ela o seguiu pelas ruas da vila, admirando os tecidos coloridos, inclusive, a maneira como as mulheres os usavam, que não se diferenciava muito de Cartago. Comprou um belo traje dourado, olhando fixamente para um rapaz que não lhe tirava os olhos, sorrindo-lhe sempre. Dispersou-se entre as sedas para sorrir para o jovem beduíno de tez morena, que usava traje e turbante preto, sem deixar de observar Comodus entre as pessoas, mas este, notando sua atitude, completamente irado, puxou-a fortemente pelo braço e levou-a à procura de um abrigo.

Encontraram uma taberna com paredes alvas, mas de má aparência. Lá, Comodus deu-lhe uma lição, esbofeteando-a, porque vira seu sorriso ao rapaz.

– Levarás o que precisas até aprenderes a me respeitar – dizia-lhe.

O beduíno havia seguido o casal e, vendo-os na taberna, se satisfez. Pensaria alguma forma de atuar, retirando o empecilho do caminho para raptar a mulher.

Em Cartago, Petrarcus estava pensativo e triste. Afinal, até aquela data não se certificara da natureza e filiação de Virgínia. Quem era aquele homem que dizia ser seu pai? Se assim fosse, por que a teria raptado e a levado para longe? Por que não voltara para Pompeia, que era seu lugar? Em Pompeia, ele não estivera, pois havia muitos homens procurando-o por lá, inclusive o próprio Tibérius Graso, cuja centúria Comodus abandonara de uma forma muito estranha. Petrarcus havia contado a Agripa que Comodus fora o responsável por toda aquela confusão na taberna, da noite anterior ao desaparecimento de Virgínia, e, por este motivo, exigia que o tribuno Rufius Primo mandasse percorrer lugares distantes à procura do soldado romano. Mas seria mesmo por Comodus, ou pela noiva do filho, que seu pai tanto temia? Agripa via-o preocupado, sem dormir à noite, e, entristecido, olhando ao léu, e seus pensamentos debatiam-se entre insinuações dolorosas.

Não – certificava-se resoluto –, *há alguma outra coisa. É o amor que faz meu pai agir assim, mas não o amor de um pai para filha, mas a paixão avassaladora de um homem para uma mulher.*

Desta forma, procuraria por Virgínia em todos os lugares até encontrá-la. Onde e como estaria ela, que saíra daquele jeito, sem suas roupas e sem seus pertences?

Alfeu se recuperava lentamente da vingança de Comodus e estava muito preocupado com Virgínia. Iria aonde Deus e Jesus o intuíssem a procurá-la e, quando a encontrasse, iria lhe ensinar o que tinha prometido em Pompeia, a conhecer os ensinamentos de Jesus.

Enquanto todos se movimentavam nos arredores de Cartago, Confinius Trato chegou com sua centúria ao Egito, à procura de um romano com uma mulher, cuja descrição dava a todos.

Desembarcou no local onde avistou a primeira vila egípcia, pensando que Comodus não se alojaria em uma cidade muito grande para não ser logo reconhecido.

Falando bem aquela língua, Confinius iria até onde seu amor permitisse.

Realmente, ele chegou ao primeiro local onde estiveram os fugitivos e soube notícias deles pelos moradores de lá, que lhe comunicaram que a moça não estava bem de saúde e o homem partiu para conseguir auxílio médico, a fim de que ela recebesse os cuidados necessários. Eles só poderiam ter ido para um lugar maior e mais protegido.

No exílio, Virgínia, ao se deitar naquela noite, teve outro sonho estranho. Sonhou que estava entrando em um templo em Luxor. Caminhava por entre as colunas para fazer uma oferenda à deusa Isis. Estava escurecendo. Ela tinha, nos cabelos, um diadema dourado, que se estendia até as orelhas em forma de asas. Sua veste era em tecido branco à maneira grega e estava muito preocupada com o futuro do filho que tinha. Chegou ao templo sozinha e, depois de acender incensos num recipiente à frente da estátua da deusa, colocou os braços cruzados sobre o peito, dizendo: "Salve-o, Isis, salve-o pelo bem do Egito". O que seria aquele sonho? A percepção de uma vida como acreditavam os egípcios? Perguntaria a Alfeu logo que conseguisse escapar de Comodus. Abriu os olhos intuitivamente e, com a luz da pequena lamparina a óleo que estava ao seu lado, viu a figura do egípcio que vira à tarde, olhando-a pausadamente. Deu um pulo do tatame em que se deitava, e ele lhe tapou a boca para que não gritasse. Ela, então, olhou para o lado e viu Comodus adormecido. Adormecido ou morto? Não poderia afirmar. Sem saber como agir, livrou-se do pulso do rapaz e levantou-se assustada. Meter-se com um bandido no deserto seria mais perigoso que estar com Comodus. Pelo menos este ela conhecia e sabia que, apesar de lhe fazer ameaças, não seria capaz de matá-la.

Como um homem perspicaz como Comodus não havia visto o beduíno? Como não acordara?

Num impulso, deu alguns passos para trás, tentando livrar-se do árabe.

– Deixai-me! Não vos quero aqui! – E gritou: – Matastes Comodus, não foi?

Comodus não acordava com todo aquele barulho.

– O que fizestes com ele? – perguntou ainda Virgínia, assustada.

O rapaz não entendia o que ela falava. Franziu o cenho e a puxou, fazendo-a segui-lo. Desceram as escadas da taberna escura e chegaram ao pátio onde um cavalo o aguardava. Ele montou e apanhou-a pela cintura, elevando-a para seguir com ele. Assustada, Virgínia, sentindo que poderia vir a desfalecer, segurou-se no egípcio para não cair do cavalo, que saiu a toda disparada. Depois de muito cavalgar, chegaram a um templo abandonado, onde, ao lado, havia uma tenda estendida sobre a areia. Lá aguardavam quatro homens do deserto. Virgínia temeu. Amarraram-na e a colocaram em um canto da tenda. Ofereceram algumas moedas para Xandre, o beduíno que a levara, que saiu satisfeito.

A jovem romana, com os olhos esbugalhados de terror, não sabia o que estava acontecendo, até se dar conta de que seria vendida por aquela gente; talvez como escrava, como faziam os patrícios seus, em suas conquistas.

Os bandidos comentaram algo, olhando-a de cima a baixo, analisando seus cabelos e dentes.

– Não será possível a tocarmos, pois poderemos perder este negócio – dizia um deles. – Deixemos a moça dormir. Na certa, faremos bom dinheiro vendendo-a para o xeique Alk Amoud, na Argélia, que aprecia novos rostos de mulheres claras e estrangeiras.

"Eles sabem que sou romana – imaginava Virgínia –, *e querem vender-me como escrava, como os nossos o fazem com os vencidos."*

Confinius Trato e seus homens chegaram à taberna naquele dia do rapto, seguindo as palavras dos moradores do local. Ele subiu só até o dormitório de Comodus, encontrando-o adormecido. Como viu que ele não se mexia, voltou-lhe o corpo, notando que ele pairava sobre uma poça de sangue. Achando que Virgínia o tinha matado, ele até vangloriou-se por um lado, mas sabia que, para uma mulher sozinha, muito perigoso tornar-se-ia aquele lugar. Tratou de informar a morte do centurião ao taberneiro e perguntar sobre o paradeiro da jovem romana, no entanto, ninguém a tinha visto. Partiu à sua procura com o cavalo, que tinha comprado na primeira vila, e mais um homem, seguido por suas intuições e os únicos rastros de cascos ali existentes, em direção ao deserto.

A noiva de Agripa estava desolada e muito nervosa. Sentia-se impotente perante aqueles homens, que tinham a aparência de bandidos do Saara.

"O que fiz eu, deuses de minha terra, para merecer tanto castigo? – falava consigo mesma a jovem romana. – Estou sendo jogada de um lado para outro, nas mãos de loucos e bandidos, à mercê deste povo que desconheço. Não sou uma mercadoria que se possa vender. Está bem que não nasci em berço de ouro, mas sou de alma nobre, como todos me dizem, e não fui educada para estar nestas condições. Ah, Comodus Severus! Que Júpiter vos aguarde para colocar-vos onde bem o mereceis: no calabouço ou nas galeras, soldado romano!"

Confinius Trato chegara ao acampamento bem na hora em que os homens decidiam, na parte externa da tenda, como retirariam a jovem de lá.

– Al Xeráz – dizia um deles –, eu acho melhor levarmos a mulher amarrada, mas capaz de falar. Poderá ela ter lá suas necessidades e querer se comunicar conosco para fazê-las.

– Não – respondeu-lhe o interpelado. – Seria perigoso tal feito, visto que ela poderá gritar e pedir por socorro, chamando a atenção dos transeuntes enquanto estivermos andando até o barco.

– Mas, Al Xeráz, todos a verão amordaçada e será muito pior. Chamaria maior atenção.

– Sou eu quem dá as ordens aqui, Mahom Salam, e quero aquela grande oferta que o xeique oferece a mulheres estrangeiras para seu harém. O manto cobrirá sua face. E, por falar nisso, eu notei que não tiras os olhos dela, por isso digo-te o seguinte, se tocares em um fio de cabelo desta jovem, eu tenho minhas armas para deter-te. Cuidado!

– Sei que ela será levada para o xeique, mas sinto pena dela, que deve ter família. Eu também tenho filhas, Al Xeráz, tu também tens... Ela é muito bonita, é também muito jovem, mas não te preocupes, não sou como tu.

– Eu acho bom que penses assim, porque minha lamina é afiada, e, se queres receber algum dinheiro, é melhor obedecer-me. E vocês também aí, Almahem e Ruihs. Todos fiquem bem avisados. Vejo seus olhos nesta mulher. Exprimam seus desejos para suas mulheres, quando voltarem. Agora, o ouro nos chama.

Confinius Trato ouviu a conversa. Ele se escondeu atrás das grandes colunas do templo abandonado com o soldado que levara com ele e foi rastejando só, até poder passar por debaixo da tenda e chegar em Virgínia, que dormia ainda acocorada ao chão. Fez um leve movimento com as mãos em seus braços, vendo que estava amordaçada, e cochichou-lhe o que eles estavam planejando:

137

– Virgínia, entendeste o que eles disseram? Vamos fugir daqui – falou baixinho ao seu ouvido, desamarrando-a. – Eles querem te vender para um xeique.

Ela abriu os olhos e, vendo o centurião, deu um suspiro de alívio. Mas um dos bandidos estava próximo à tenda, ouviu o ruído e procurou averiguar para ver o que estava acontecendo. Ao ver Confinius, apanhou um bastão e bateu-lhe com força na cabeça, fazendo-o cair desacordado. Virgínia, já com as mãos livres, procurou bater no bandido, mas sentiu sua esperança de liberdade esvair-se. Almahem, no entanto, apertou-a para livrar-se dos socos de tal forma, que ela ficou sem ar e perdeu os sentidos. Al Xeráz entrou correndo com o barulho e gritou:

– O que fizeste a ela, Almahem? E quem é este homem? O mataste?

– Não foi nada, não a machuquei, apenas tentei impedir que fugisse do cativeiro – respondeu-lhe o beduíno. – Este homem veio buscá-la, vamos matá-lo!

– Acho melhor sairmos logo daqui antes que venham mais alguns soldados romanos para salvá-la. Se o matarmos, virão em grupo atrás de nós. Ela deve ser preciosa, o que aumenta o valor que pediremos por ela. Vamos! Desacampemos urgentemente! – ordenou Al Xeráz.

Virgínia nem imaginava que estaria sendo levada novamente de volta a Cartago.

A viagem foi difícil, quase o barco foi levado pela

tempestade que houve. Ao chegar na Argélia, os homens se dividiram, e, enquanto Almahen e Al Xeráz foram tratar com o xeique a venda da bela jovem, Ruihz e Mahom Salam trataram de chegar até a taberna da mulher Salina, para vesti-la de acordo, a fim de mostrá-la bela e perfumada com óleo ao xeique Alk Amoud.

Salina, que também ganhava com isso, ajeitou a jovem o melhor que pôde. Banhou Virgínia com pétalas de rosas e colocou óleo egípcio de um odor forte e doce, feito de amêndoas e narcisos, em seus cabelos. Vestiu-a com uma roupa de tecido leve cor de laranja com dourado, comprada por Al Xeráz no mercado, e colocou, em seus braços e pescoço, pulseiras e colares dourados também adquiridos. Seus cabelos foram arrumados com belo adereço em sua testa, seus olhos, pintados com Kohl, e os lábios, cobertos pelo véu transparente.

Salina, sorridente, apresentou a nova imagem da mulher aos companheiros de Al Xeráz, mas levou-a novamente para dentro para que ela aguardasse lá o árabe que viria buscá-la.

– Ruhiz – comentou Mahom Salam –, vê que bela é a moça. Seu olhar me parece conhecido de muitas eras atrás. Será a encarnação de alguém que conheci um dia? Sei que esta mulher não é uma estranha para mim.

Realmente, em outras eras no Egito, esse homem fora um dos soldados de Virgínia.

– Dizes isto porque a desejas, como eu também.

– Não, Ruhiz, ao contrário, eu quero protegê-la. Mas não saberia dizer o porquê. No momento em que ela entrar para o harém do Xeique, estará perdida, jamais sairá de lá. E deve ser uma pessoa importante. Não viste que procuraram salvá-la tão rapidamente? E sabes o que acontecerá se os romanos souberem que nós a sequestramos? Nos esmagarão como víboras.

– Será que eles podem nos descobrir?

– Se eles chegaram até nosso acampamento sem terem seguido Xandre, imagine que logo estarão aqui à nossa procura. Nós deveríamos entregá-la à sua família e lá apanharmos uma quantia só para nós, bem maior do que a que vamos receber de Al Xeráz.

– Mas não será maior o castigo que Al Xeráz nos dará, se fizermos isso?

– Olha, Ruhiz. Já estou cansado de ser mandado e espezinhado por aquele homem. Bem que eu gostaria de matá-lo e fugir para bem longe, mas, sem dinheiro, não será possível. Estou com ele porque preciso sobreviver.

– Então, quem sabe falamos com a moça para ver de onde ela é e depois a levamos de volta para casa? Ah... Mas lembrei-me de que ela não vai nos entender – continuou Mahom Salam.

140

– E Salina? O que diríamos a ela? Sabes que ela é amante de Al Xeráz e o defenderá sempre. Não se compra, com poucas moedas como temos nós, a palavra de uma mulher que ama um homem.

– Nosso barco está à nossa espera; é só corrermos até o mar, que está bem próximo daqui, e navegarmos de volta até o Egito – contestou Mahom Salam.

– Não! É perigoso. Não vês que esta mulher é estrangeira? Precisamos saber de onde ela é. Al Xeráz demorará a voltar para apanhá-la, a audiência deverá demorar. O Xeique não está à disposição das pessoas; é necessário avisá-lo primeiro e, talvez, Al Xeráz volte somente à noite. Quem sabe chamemos Salina aqui, e, enquanto ficas falando com ela, eu finjo que saio, mas subo os degraus que me levarão à jovem para ver se consigo saber onde mora. Não sei se ela vai me entender, mas farei mímicas até que ela compreenda.

– Está certo. Vamos ao que combinamos. Pede para Salina vir aqui que falarei alguma coisa para ela.

Ruhiz falou algo para Salina, que desceu para ver o que Mahom Salam queria conversar com ela; depois, foi ao seu quarto e adentrou no recinto. Virgínia estava sentada e, ao ver o bandido, levantou-se. Ele fez um sinal para ela não ter medo. Aproximou-se de Virgínia, cochichando e gesticulando, fazendo-a entender o que queria dizer. Virgínia aproveitou a presença dele lá e disse:

– Cartago... Muito ouro – disse Virgínia, complementando suas palavras com mímicas. Falando Cartago, ela sabia que ele entenderia, e, quando fez um sinal com as mãos de um saco grande, ele ficou sabendo que seria muito ouro.

– Nós vos levaremos de volta a vossa casa, senhora.

Ruhiz desceu os degraus com Virgínia, dizendo para Salina que Al Xeráz havia mandado um mensageiro, avisando que Virgínia deveria apresentar-se no palácio, naquele momento. Salina, conhecendo os companheiros de Al Xeráz, acreditou neles e deixou-os partir com a jovem, colocando uma túnica sobre os ombros para que não fosse vista na rua com aqueles trajes. Partiram os três até a praia a fim de navegarem a Cartago, por onde pensavam que Al Xeráz jamais os seguiria.

Virgínia ficou muito agradecida aos dois homens por poder voltar para a casa de Petrarcus. Chegou exausta e adoentada. Agripa, Petrarcus e Alfeu, este já recuperado, não tendo mais esperanças em encontrá-la, festejaram sua volta com alegria. Os senhores da casa ofereceram aos egípcios um saco com cinquenta "aureus", moedas de ouro romanas, e eles voltaram satisfeitos para o Egito.

Al Xeráz não seguiu aqueles companheiros a Cartago, mas os encontrou mais tarde no Egito, e os decapitou.

Nossos caminhos são traçados com tal rigor no

plano espiritual, que, quando planejamos viver no bem, entregando-nos com fé nas mãos de Deus, somos sempre orientados para a concretização de nossas promessas e projetos anteriores à encarnação. Virgínia não era má. Tinha amor e carência afetiva em seu coração. Na realidade, assim como Maria Madalena, que um dia dissera a Jesus ter sede do verdadeiro amor, ela também tinha sede. No entanto, levava a vida que aprendera na época, e julgava normal ludibriar as pessoas para conseguir realizar suas aspirações, até aos extremos, como se isso fosse algo comum.

Por inúmeras vezes, não nos damos conta de como somos abençoados por Deus. Virgínia, apesar de todo o sofrimento por que passou, não sabia orar, mas havia pedido muito aos Céus e a Alfeu, em pensamento, que a ajudasse naquele trâmite infeliz. Às vezes, a dor nos é necessária para que enxerguemos o que não está certo em nossas vidas, dirigindo-nos à reformulação de nosso interior, tornando-nos pessoas melhores. Os caminhos estavam marcados para que Virgínia crescesse espiritualmente, conhecendo Jesus e as leis morais de Deus, no contato com o escravo ao qual se afeiçoara. Assim, foi devolvida ao lar de Petrarcus.

Por vinte dias, a jovem de Pompeia esteve se tratando dos desvarios que a ela foram projetados, conscientemente, por mentes dominadoras e criminosas. Agripa não esperava, porém, que, cansada de dissimular sobre sua falta de memória, no vigésimo dia pedisse ela uma reunião com Petrarcus Lúcius e com ele próprio, para lhes contar toda a verdade sobre sua descendência. Assim, naquela tarde, saindo do leito, Virgínia vestiu-se moderadamente e encaminhou-se até o átrio onde se encontravam pai e filho. A dor, às vezes, é necessária para polir o nosso Espírito.

– Olá, Virgínia, sentimos muito o que te fizeram passar. Te sentes melhor? – perguntou-lhe Agripa.

– Ficamos preocupados, mas, finalmente, vejo-te bem – aludiu Petrarcus.

– Sim. Já estou recuperada de todos os temores que me afetaram nesse tempo todo. Mas, agora, eu preciso falar-vos, podeis me ouvir?

– Sim. Fala o que temes. Vejo que algo te preocupa – aludiu o pai de Agripa.

– Na verdade, quero expor meu interior pecador a vós, Senhor Petrarcus, e a ti, Agripa. Não sei como começar, mas, nestes dias, que tanto sofri com as decepções e as agressões físicas, pude encontrar-me comigo mesma, sofrida e amargurada. Minha vida, desde que bati com a cabeça, tem sido estranha, pois teve dois lados. O da alegria por ter-vos encontrado, pois aqui me deparei com um lar abençoado com todo o carinho que nunca tive antes, e o da minha astúcia e depravação pessoal, por ter-vos ocultado

minha fatal história: a verdadeira Virgínia que não conheceis – expressou-se, baixando os olhos.

Agripa e Petrarcus trocaram olhares interrogativos,
mas fizeram um sinal a ela para sentar-se com eles, nos
bancos de pedra ali existentes.

– Fala, Virgínia – pediu-lhe Petrarcus. – Talvez, tenhas algo para dizer-nos, mas não nos parece que possa
ser algo tão sério, como queres mostrar-nos.

– Sim – respondeu-lhe Virgínia –, é sério e, com
certeza, terei de partir daqui depois que souberem de toda
a verdade.

Neste ínterim, Alfeu entrou no recinto, o que fez Virgínia se calar e olhar fixamente para ele. Ele sabia de toda
sua trajetória, mas submeter-se, dizer a verdade na frente
de um escravo, ela se sentiria humilhada e constrangida.
Petrarcus Lúcius notou, em sua face, a desaprovação da
presença do seu servo e fez um sinal com a mão para Alfeu
afastar-se, o que ele obedeceu prontamente.

O entardecer pintava de róseo as colunas do átrio, e
Virgínia ficara iluminada por uma luz que lá adentrava e
refletia somente sobre ela.

– Ficaste bonita assim, Virgínia – comentou Agripa.
– Não deves te mexer, pois perderás essa luz rosada que
reflete em ti o entardecer.

Virgínia não respondeu nada, somente continuou
seu relatório infeliz:

– Eu perdi a memória nos dias em que fui encontrada em Pompeia e, como sabeis, fui muito bem tratada por Alfeu, ao qual serei eternamente grata. Contudo, não me permiti admitir a vós que a recuperei no dia em que meu padrasto lá esteve. Tudo o que fiz foi porque não queria voltar a minha casa, onde aquele homem me humilhava e me fazia sofrer. Eu o odiei todo esse tempo e jamais desejei conviver com ele novamente, mesmo deixando minha mãe, pobre coitada, que ele tanto enganou. Comodus, ele... bem, sinto-me envergonhada em falar de toda a minha miséria...

Virgínia baixou a cabeça e derramou algumas lágrimas. Petrarcus e Agripa a olhavam franzindo a testa, como se não entendessem o porquê de tudo aquilo. E ela, então, continuou:

– Sei que não sou digna de estar neste lugar, Petrarcus Lúcius e caro Agripa. Vós, pai e filho, são criaturas benditas e decentes. Eu vos levarei em meu coração com o maior respeito, quando eu tiver que ir embora. Mas ficarei mais tranquila se continuar esta narração. Jamais me verão enganar-vos novamente. Sinto-me envergonhada e diminuída aos extremos, neste momento. Não me considero mais alguém digna de vós e nada tenho a oferecer-vos pelo bem que fizeram a minha pessoa, a não ser levar-vos em meu coração para Pompeia. Talvez, o miserável Comodus ainda apareça em minha vida, mas terei de lutar sozinha para não permitir que ele me prejudique novamente.

– Não precisas dizer mais nada, Virgínia – pediu-lhe Petrarcus. – Sei que deves estar altamente ferida em teus sentimentos, seja lá o que aconteceu contigo e com teu padrasto, mas nós imaginamos o que seja, não é Agripa? Tu foste atraída a mentir, para defender-te de todos os males, que deve ter feito esse homem para ti, e isso é um direito teu. Não confiaste em nós, bem o sabemos, porque não nos comunicaste tua verdade. Nós teríamos lutado por ti e não te atiraríamos àquela fera, como o chamas. Agora que tudo já está esclarecido, penso que deveremos voltar a Pompeia dentro de alguns meses e, seguindo viagem, esquecer as maledicências em nossa Villa, para voltarmos a falar sobre isso e resolvermos tua vida, depois de estarmos acomodados. Também tua mãe deve estar apreensiva contigo. Nós mesmos já estamos terminando nosso tempo aqui com os negócios e logo estaremos prontos a voltar. Teu médico esteve aqui para ver se havias recuperado a memória, mas acho que agora, contando-nos isso, já te sentes melhor, não?

– Abençoados sejais – falou Virgínia, ajoelhando-se ao chão e beijando a mão do pai de Agripa. – Obrigada.

Depois, ela levantou-se e foi diretamente aos seus aposentos. Sentou-se em um divã e chorou amargamente, envergonhada por toda a vida suja que levara com seu padrasto, até adormecer. Quando dormiu, sonhou que estava em um local árido e deserto, mas dentro de um esplêndido palácio. Entravam e saíam dele inúmeras pessoas a lhe pedirem atenções para papiros, que deveriam ser assinados. Vestia-se ricamente com traje de cor azul turquesa, usando belas pulseiras e colares em ouro ricamente elaborados. Depois, no próprio sonho, via-se dormindo tranquilamente, quando entrou, sorrateiramente, em seus aposentos, um árabe que a atacou, envolvendo-a em uma das sedas do dossel de sua cama, para que ela não conseguisse libertar-se, a fim de seduzi-la. Ela debateu-se muito e desvencilhou-se do abraço, gritando por socorro. Os guardas que dormiam ao lado externo do quarto, ouvindo seus gritos, rapidamente conseguiram prender o infrator. Este homem foi julgado rudemente sem poder ser ouvido e colocado na prisão a ferros. Depois, foram-lhe retirados os olhos, sendo atirado aos leões. Havia uma coisa que ela não podia esquecer no sonho. O suposto beduíno era o único herdeiro de um califa, o qual se dispôs a matá-la para vingar seu filho. No momento da morte do jovem que a amava, o califa gritou:

– Vingar-me-ei um dia, eu juro! Vossos próprios deuses, Osíris e Anúbis, me permitirão isso. Se existe justiça, sereis como minha escrava até que a morte venha buscar-vos brutalmente, assim como fizestes hoje ao filho meu! Eu vos seguirei pelo mundo dos mortos onde estiverdes! Vereis, infame! Eu vos prometo, vos prometo!

Virgínia sentia-se temerosa; olhava para suas mãos e as via sujas de sangue. Acordou assustada, pois, na face do califa, vira o próprio Comodus. Levantou-se para procurar Alfeu, ainda ouvindo o som da voz do egípcio em sua mente. Premonição ou relatos de um passado remoto no Egito?

— Alfeu, talvez estejais ocupado, mas poderíeis dar-me um minuto de vossa atenção?

— Sim, minha senhora. Estou tão feliz por tantas coisas a vosso respeito... O que fizestes, relatando a verdade a vossos protetores, como imagino, já foi um passo que destes para vossa melhora interior. Deus deve ter ficado feliz com isso.

— Alfeu, eu tive um sonho muito estranho e tenho muitas coisas a falar-vos.

— O que é, senhora?

— Gostaria de contar-vos meu sonho, e que vos certificasses de todos seus detalhes, a fim de que eu o entenda.

Virgínia relatou seus sonhos a Alfeu, que sorria para ela.

— E, então, Alfeu, que me dizeis deste sonho, e do outro, que eu tive no Egito?

— Senhora, eu penso que estes sonhos dizem alguma coisa, quiçá uma volta ao passado. Nós, cristãos, acreditamos na vida imortal e em voltar a viver. Talvez, este personagem tenha sido vosso desafeto de um passado. Jesus ensinou-nos que tudo o que quisermos para nós mesmos, devemos desejar para nosso próximo. Se erramos com nosso semelhante, aqui mesmo resgataremos estes erros. Não nos ensinou Jesus, que devemos, em primeiro lugar, amar a Deus e depois amar o nosso próximo como a nós mesmos? Assim será cada vez que agirmos consciente ou inconscientemente em desfavor daquele que está próximo a nós. Este é o princípio cristão. Nunca desejar o mal para alguém, sempre o bem de todos.

– Achais, então, que Comodus foi esse homem do meu sonho?

– Bem provável, minha senhora, mas penso que não deveis atormentar-vos. Ele já vos fez sofrer bastante. Agora, vamos confiar em Deus, ter esperança e aprender a perdoar. Esse sonho aconteceu para compreenderdes vosso passado.

– Alfeu, não é difícil perdoar? Acho que nunca poderei ser cristã. Olhai ao vosso lado, vede quantos inocentes que morrem nas mãos de pessoas desqualificadas, que matam por qualquer coisa que lhe façam, sem querer saber se estas pessoas podem ter família. Vede quanta maldade está à nossa volta. Eu mesma não fui vítima daquele homem, que deve odiar-me tanto quanto eu a ele? O amor que ele admite ter por mim não pode ser amor. É algo mais forte, deve ser ódio, para querer prender-me junto a ele sempre. Será mesmo Comodus, o meu algoz, o homem que eu fiz sofrer, se é verdade que vivemos novamente como dizeis?

– Senhora, os caminhos que nos levam a Deus são

150

caminhos que devemos trilhar com coragem e fé. Deus não permite que ninguém sofra pelo que não fez, portanto, que sejais grata a Ele por estardes aqui conosco novamente. Vede, vosso sofrimento permitiu que vós analisásseis vossos atos e tentásseis resgatar a confiança de vossos protetores. Isso não foi bom? Jesus vos está abençoando, como vos abençoou no dia em que a encontramos perdida e sem memória. Ele pensou em vós naquele momento. Foi por este merecimento que estais aqui agora. Agradecei sempre a bondade do nosso Pai, o Deus único, Pai de todos nós.

– Pensando dessa forma, sinto que tendes razão. Eu não havia percebido todas essas coisas. E quanto ao meu sonho, vejo que o meu algoz é Comodus Severus. Vendo-o dessa forma, até lhe tenho pena. Se aquela do sonho era realmente eu em outra vida, mereci tudo o que passei. Pensais assim, Alfeu?

– Penso que tudo já passou e que finalmente Jesus vos devolveu a nós de uma maneira extraordinária, por bandidos egípcios. Não foi esta uma forma de vos revelar que tendes algum merecimento? Fiz muitas preces por vós, senhora.

– Eu pedi muito para isso também. Tendes razão, Alfeu. Eu gostaria de mudar, de ser digna de Agripa e ser digna da família Lucius. Mesmo voltando a ter minha vida simples em Pompeia, gostaria de trabalhar para manter-me sempre ocupada, mas nunca deixá-los a distância. Eles me perdoaram, mas penso que gostarão que eu retorne a minha casa e siga meu caminho. Porém, sinto que não me encontro preparada para esta mudança. Reconheço meus erros, Alfeu, penso que nunca os abandonarei, gostaria de ser mais simples, estar de acordo convosco para seguir vossos conhecimentos, mas o que será de minha vida? Devo lutar para ser alguém e para ser feliz! Serei grata a esta família, se me perdoarem, e pedirei aos deuses, ou ao vosso Deus, Alfeu, que, em outras encarnações, eles possam acompanhar-me, para tornar minha vida mais gratificante. Quero que estejais comigo também, ensinando-me os passos e o caminho para melhorar minha alma. Sou muito má, não é, Alfeu?

– Não. Não sois má. Somente não conheceis a verdade da vida. A vida na Terra é muito breve, Senhora Virgínia, e nada de material levamos dela; vedes quantos morrem tão cedo. Porém, nossa riqueza está dentro de nosso ser, com o amor ao próximo, nossa caridade e humildade.

– Jamais poderei ser humilde, Alfeu. Vedes? Essa seita não é para mim. Tentarei ser melhor, prometo-vos, mas não sei se conseguirei. Quanto a perdoar Comodus, eu penso que me será muito difícil, mas tentarei não pensar em matá-lo, como antes. Isto já é um começo, não é?

– Jesus foi o mais humilde entre todos, não obstante sua realeza espiritual. Ele nasceu em lugar muito pobre e muito humilde.

– E mesmo assim acreditaram Nele?

– Sim, Ele nos trouxe o amor e a verdade, nunca escolheu somente os bons para dialogar com Ele, mas todos. Ladrões e assassinos também estavam com Ele quando desejavam, pois amou a todos sem exceção.

– Psiu... Falai mais baixo, receio por vós; é perigoso falar sobre Jesus em voz mais alta, Alfeu. Sinto que muitas vezes descuidais disso. Quase todos os romanos pensam que os cristãos estão contra as nossas leis e que são rebeldes, pois não querem adorar nossos deuses.

– Sim, reforço vossas palavras, senhora, é perigoso. Devíes ter ouvido Deoclécio em Herculanum, mas, por favor, tende cuidado e não pronuncieis este nome para ninguém, porque correríamos grande perigo se isso acontecesse, mesmo que, em Pompeia, ainda não houve crucificações nem cristãos atirados aos animais selvagens. Penso, porém, que um dia isso acontecerá se a notícia sobre Deoclécio vazar...

– Obrigada, Alfeu. Gostei muito de conversar convosco. Procurastes me abrir os olhos para uma realidade que nunca pensei existir. Falaremos outra vez. Gosto de falar convosco sobre essas coisas. Talvez daqui a alguns dias, está bem?

– Que à noite tenhais lindos sonhos desta vez, senhora.

Virgínia adentrou ao vestíbulo com grande esperança no coração e os pensamentos repletos de mil ideias e restrições. Havia agido não muito bem com muita gente, mas achava que o pior foi ter fingido, no caso de sua memória. No entanto, decidir a ser como Alfeu... Isso seria difícil.

"Voltar a Pompeia. Que bom. Eu já estava com saudades" – pensou Virgínia.

Nas noites que se seguiram, Virgínia reuniu-se com Alfeu para conversar mais um pouco. Aquelas conversas a deixavam tranquila e esperançosa.

No momento em que Alfeu contava sobre Jesus, seu olhar seguia distante e sua voz ficava mais bela, como se estivesse recebendo alguma luz do Alto. O escravo falava sobre Ele e Suas pregações, conforme ouvira de Deoclécio. Contou sobre os pescadores de Cafarnaum e os caminhos de Jesus na Galileia, indicando os locais por onde passou, curando cegos, atrofiados, e ressuscitando um morto de nome Lázaro.

Virgínia escutava admirada, achando que o homem de quem Alfeu estava falando devia ser um mago, como tantos do Egito. Não podia ser um homem assim tão desprendido dos bens materiais. Ninguém, nesta vida, poderia deixar de amar o luxo e o belo. Quem seria tão desprendido, a ponto de deixar tudo que tinha para seguir Jesus? Não, ela jamais O seguiria se tivesse que ser desventurada e sem bens, como antes.

154

Mas o escravo continuava a contar-lhe, que somente de amor Jesus vivera:

– Jesus veio ao mundo com essa missão, senhora, de mostrar-nos os caminhos para nossa felicidade. Ele sente amor por todos nós e quer que nos amemos uns aos outros, mas não da maneira como vós achais. Quer que nos amemos como irmãos – relatava ele a Virgínia.

– Impossível – respondia Virgínia. – Isso foi feito para deuses que são perfeitos. Eu jamais poderei amar Comodus, mesmo como irmão, ou Confinius Trato, pobre homem. É, ele deve me amar muito, mas somente sinto muita pena dele; ele me sufoca, não me deixa em paz quando está próximo. Tem necessidade de se afirmar com minha pessoa ao seu lado, é justo isso? Como poderei conviver com alguém assim? Mas não deixeis Agripa saber destas minhas lamúrias. Preciso esconder dele esta verdade cruel.

– Estejais tranquila quanto a isso, senhora.

– Pensando nos homens que conheci aqui em Cartago, todos romanos, acho que o que fiz foi uma traição aos amigos que cuidaram de mim e só me fizeram bem. E Agripa jamais me perdoará se souber, Alfeu.

– Sobre uma adúltera, que iria ser apedrejada pelo povo, Jesus falou: "Quem não tiver nenhum pecado que atire a primeira pedra". Isto quer dizer que todos nós pecamos, mas sempre chega o momento em que abrimos nossos olhos e vemos que precisamos mudar. Sabemos que isso não será fácil, senhora, mas não é impossível.

Virgínia ouvia com atenção e ternura em seu olhar as conversas de Alfeu sobre o que ouvira de Deoclécio. Compreendia ali, naquele momento, que havia encontrado em sua vida, não um servo, mas um amigo que sabia muito respeitá-la. Alfeu vira, conversando com Virgínia, que ela não seguiria o Cristo de imediato. Mas a semente se espalhava e, por certo, um dia brotaria para crescer dentro dela como árvore portadora de bons frutos.

– Alfeu, falai-me, fostes sempre assim, tão correto e tão bom?

– Não. Eu não sou como pensais; tenho muitas coisas más sobre minha vida, porém, o que passou não importa. O importante, Deoclécio sempre fala, é a melhora que almejamos ao nosso Espírito e a força que fazemos para obtê-la. Eu fui perverso, vingativo e sádico, durante muito tempo, com minha família.

– Mas agora vos modificastes, não é?

– A dor é uma bênção para nosso Espírito. Bendita dor que nos abre os olhos e espanta o mal que está dentro de nós. Ela nos transforma em seres mais compreensivos e melhores.

– Só mais uma pergunta, Alfeu, antes de adentrardes para vosso aposento: alguns ricos mercadores, como Petrarcus e Agripa, e senhores que fazem parte do Império Romano, acreditam secretamente no Carpinteiro? Pergunto isso porque é proibido terminantemente admitir o

Cristianismo. Vós, por ventura, não tendes medo de ser perseguido?

– Nem todos acreditam no Cristianismo, mas muitos já são mais espiritualizados a ponto de saberem o que é certo e o que está errado. Há senadores importantes que são boas pessoas e vejo bondade até em soldados romanos.

– Muitos dos que fazem parte do governo têm propriedades em Pompeia. Uma cidade com um fórum romano compara-se a Roma.

– Mas não são estas coisas que nos fazem importantes, senhora, sabeis disso, não?

– Pode ser, no entanto, somente as pessoas com dinheiro que demonstram ser belas e ter lindos palácios são louvadas pelo povo. Os outros... bem, os outros a própria população despreza. Eu quero ser muito conhecida, ser rica e elogiada por todos os romanos e desejo que tereis olhos para ver-me, Alfeu. Eu serei ainda respeitável perante os grandes de Roma. Participarei de festas no palácio do imperador, vereis! Conviverei com os nobres de Roma. Bem... – falou ainda – quero dizer-vos que apreciei muito vossas palavras desta noite. Vede quando Deoclécio irá novamente a Herculanum, porque desejo também ouvi-lo.

– Fico feliz com isso, senhora. Que tenhais lindos sonhos.

Alfeu suspirou. *"Essa menina tem suas paixões desenfreadas. Teria que domá-las a pulso firme, para não se arrepender mais tarde. Mas, algum dia, ela "crescerá". Tudo tem seu tempo na eternidade da alma".*

Na manhã seguinte, todos começaram a preparar-se para a viagem de volta a Pompeia. Virgínia foi ter com Petrarcus. A jovem precisava saber do chefe da casa se sua serva, a quem ela tanto estimava e que lhe permitiu abafar seus romances secretos, poderia partir com eles.

– Pai – chamou-o a fim de agradá-lo, o que Petrarcus, entrosado em seus pergaminhos, olhou-a um pouco espantado –, poderei levar minha serva Centurinae, para voltar a Pompeia conosco? Gosto muito dela.

– Não haverá motivo para que eu possa desaconselhar-te em levá-la. Possivelmente, ela te será útil lá também – e continuou a verificar seus documentos.

Virgínia, sentindo a frieza do comerciante romano, aproximou-se dele lentamente e lançou seus braços à volta de seu pescoço, depositando-lhe, pela primeira vez, um beijo terno e carinhoso em sua face. E, olhando-o nos olhos, agradeceu:

– Obrigada.

Deixando-o só, ele caiu em si. Há anos não sentia uma emoção tão forte com a aproximação de uma mulher, depois que sua esposa se fora; aquilo o pegara desprevenido, e não imaginava acontecer com ele. O beijo terno de jovem tão bela o deixara transtornado. Seu coração batera descompassado. Que mistério havia naquela criatura doce e atraente, que o dividia com seu filho? Mas logo abandonou esse pensamento e voltou a trabalhar naquilo que estava fazendo antes, sentindo volta e meia os envolventes braços e o beijo terno, permitindo que seu coração batesse mais ritmado. Não deveria imaginá-la como mulher, mas como filha, afinal, ela poderia casar-se com Agripa. Até agora, desviou-se dela, mas até quando?

Virgínia sentiu a emoção que causara ao patrício e saiu de lá sorrindo.

À noite, Petrarcus Lúcius sentou-se ao relento para ver a Lua e colocar suas ideias em ordem. A brisa refrescante que vinha do mar, assim como o perfume dos jasmins, inspiravam-lhe os sentimentos. Seus pensamentos rebeldes encontravam-se em ebulição fantástica e alucinante. Há quanto tempo não tinha ninguém com ele e não sentia a ternura de uma mulher? Contudo, jamais iria desejar a pretendente de seu único filho. Perdera a sua filha, menina ainda, e pensara substituí-la no coração por Virgínia, mas, na realidade, crescia dentro dele outro tipo de sentimento, uma paixão avassaladora que mexia com todo seu ser. Por que fora atraído por Virgínia desta forma? O que a envolvia se não uma força totalmente expressiva, a ponto de mexer tanto com seu íntimo, desejando trair seu próprio filho? O modo com que ela o beijou... a maneira como o olhou... Vira em seu olhar o sentimento que bem conhecia nas mulheres. Mas o que fazer? Seu filho estava entre eles. O jeito era não pensar mais nela e afastá-la de uma vez, quando chegassem a Pompeia. Teria de dizer para ela procurar sua família, mas sentia a necessidade urgente de primeiro conversar com Agripa, seu filho. Pô-lo-ia a par da situação, e ele saberia como agir para com ela.

Tarde da noite, verificou um vulto de mulher vestindo uma túnica leve de linho, que caminhava por entre as árvores do jardim, e percebeu ser Virgínia.

"Fatalmente, ela se encontra aqui agora. Amanhã talvez eu resistisse a ela, mas hoje... se me aproximar dela, não terei forças para resistir".

Chegando-se próximo a ela, perguntou com voz muito baixa para não acordar ninguém:

– Quem está aí? Virgínia?

Foi como se não tivesse dito nada. O vulto de mulher seguiu adiante até um caramanchão de rosas e sentou-se em um banco ao lado da escultura de Vênus. Petrarcus aproximou-se dela lentamente. Viu-a à luz do luar, tão bela, com seus longos cabelos até quase a cintura, cobrindo-lhe parte do porte esbelto. Virgínia fingiu não reconhecê-lo, indagando:

– Agripa, és tu?

Petrarcus achou melhor que ela assim pensasse. Com isso, fingiria, no dia seguinte, não saber de nada. Mas, naquele momento, precisava desabafar seu coração sedento de carinhos nos braços da mulher desejada. Sentou-se no banco ao seu lado e procurou seus lábios.

Virgínia enlaçou-o com seus abraços, sabendo ser o pai, pelo qual sentia tanta atração, e não o filho, a estar ali, pois acreditava que, daquela forma, estaria conseguindo seu intento; seduziria aquele homem, que, com certeza, assim como os outros, não teria forças para deixá-la. E ela seria a Senhora Lúcius, rica moradora da Villa de Pompeia. Porém, Petrarcus amava seu filho e dificilmente cederia à sua fascinação. Somente amando-a muito, conseguiria admiti-la em sua vida. Assim como chegou, ele saiu sem dizer nenhuma palavra, para não se entregar. Amou--a e foi amado, sentindo-se, naquele momento, o homem mais feliz da face da Terra.

Depois, encontrando-se em seu leito, pensou:

"Terei de admitir que esta mulher deverá partir da Villa Olivo urgentemente. Tratarei de afastá-la de Agripa e de mim, se possível. Foi ela quem permitiu que isso acontecesse. Ela terá agora que aceitar minha resolução. Eu não poderei vê-la na mesma casa e nos braços de meu filho. Terei ciúmes, sentirei ódio, e este ódio pode levar-me à loucura, a agir como não pretendo contra o único ser que ainda me resta nesta vida."

Virgínia saiu do jardim com um sorriso malicioso nos lábios e adentrou em seus aposentos, atirando-se ao leito assim como estava, dormindo tranquilamente.

Capítulo **6**

DE VOLTA AO LAR

À medida que a alma, empenhada no mau caminho, avança na vida espiritual, se esclarece e se despoja, pouco a pouco, de suas imperfeições, segundo a maior ou menor boa vontade que emprega em virtude do seu livre-arbítrio. Todo mau pensamento, pois, resulta da imperfeição da alma; mas, de acordo com o desejo que concebeu de se depurar, mesmo esse mau pensamento torna-se para ela uma ocasião de adiantamento, porque o repele com energia; é o indício de uma mancha que se esforça por apagar; e não cederá se se apresentar ocasião para satisfazer um mau desejo; e depois que tiver resistido, sentir-se-á mais forte e alegre com a sua vitória.

(*O Evangelho Segundo o Espiritismo*, cap. VIII, item 7.)

NA EMBARCAÇÃO, QUE TAMBÉM LEVAVA A EXPORtação dos grãos, oliva, frutas e outros produtos comerciais de Petrarcus, Virgínia não dirigia o olhar para o pai de Agripa. Agradava seu filho, muito sorridente, fazendo-lhe carinhos em seu rosto, permitindo que o ciúme viesse a instalar-se no coração do velho homem. Petrarcus fixava nela seu olhar e conjecturava silenciosamente. Pretendera casar seu filho com ela, quando a vira bela, meiga e dócil, mas só e desamparada. No entanto, conhecendo-a melhor, percebera que, além de dissimulada, a jovem era dominadora e, na intimidade, sábia. Esse tipo de mulher não era nada apreciado por ele, nem para ser sua esposa, ou mesmo a esposa de Agripa, seu filho. Não permitiria. Agora que conhecia a outra face da jovem, mudara totalmente seu parecer sobre ela. Mas esse seu raciocínio era para acobertar o que realmente sentia, isso porque estava perdidamente apaixonado. Desejava-a, mas não só de uma forma carnal, queria-a em todos os momentos ao seu lado, em todas as horas de seu lazer.

A viagem para Pompeia parecia não ter fim para Petrarcus, que procurava distrair-se, mas, como não tinha muito a fazer, dava vazão a seus pensamentos ardentes. Sentira-se moço novamente, depois que estivera com ela. A vida agora tinha-lhe outro sabor, depois de longas décadas sozinho, nas quais infiltrara sua mente somente no trabalho. No entanto, uma esposa precisaria ser fidelíssima, dócil, submissa e quase insensível, conforme a esposa romana da época, mas Virgínia se adaptaria a isso? E, com esses pensamentos, Petrarcus, angustiado e ensimesmado, calava-se.

Em um anoitecer, quando estavam próximos do destino, Pompeia, Petrarcus, sabendo que seu filho já estava recolhido, aproximou-se da jovem romana, dizendo:

– Agripa, antes de se recolher, pediu-me que a avisasse que irá vê-la mais tarde.

– Não – respondeu a bela jovem, sorrindo e sabendo do que se tratava. – Mais tarde, estarei dormindo e não é direito uma jovem honesta receber na alcova um homem que não é seu esposo; falarei com ele amanhã.

Petrarcus detestou-se por sua maneira vil de agir e pela resposta negativa da jovem. Ele, homem importante, implorando pelo amor de quem não se importava com ele. Teria de esquecer essa mulher misteriosa.

As razões pelas quais Virgínia assim agia eram exatamente as anteriores, a conquista de seu paraíso, vivendo com opulência, distante de Comodus, e agora com este homem que a atraía muito, a ponto de abandonar o antigo amor Salésio Lupinus. Mas raciocinava nas palavras ditas por Alfeu, que a incentivava a modificar-se, agindo corretamente. No entanto, não sentia estar errada, porque era forte o terror que a envolvia, quanto a pensamentos sobre a mendicância e a convivência anterior, que abominava. O receio de ser expulsa da Villa Olivo fazia-a lutar para conquistar esse objetivo. Estava agora acostumada à vida luxuosa, o que fazer? Tinha algumas habilidades manuais, tanto que recebera muitos louvores de Petrarcus e também de Agripa, enquanto, numa tarde, desenhou Alfeu cuidando dos cavalos; poderia arrumar um trabalho, mas teria uma existência difícil se convivesse novamente com sua mãe, uma simples mulher de taberna. Estava próximo o momento em que seu caminho se decidiria, por isso, sentia-se frágil e temerosa em enfrentar a verdade, pois tinha quase certeza de que Petrarcus a mandaria embora. Não a aceitaria depois de tudo que ela fora obrigada, por sua consciência, a contar-lhes, assim que chegara do Egito.

Alfeu, que espreitava suas atitudes, estava próximo sempre para lhe dar alguns conselhos salutares e morais, se ela os pedisse, porém, agora, com a preocupação de Virgínia em perder o teto e a proteção que obtivera naquele lar, ele sabia que ela não lhe daria ouvidos.

Pompeia estava radiante de beleza ao calor do sol de verão. Pleno mês de julho, a brisa do mar, carregada do perfume das flores em profusão e girassóis em flor, acariciava as mentes e as abundava de orgias e beleza. Petrarcus, já decidido, esbelto, sentindo-se como um jovem, descia da embarcação com outro porte, mais elegante, mais saudável. Não podia mais esconder: estava apaixonado, mas também infeliz. Sabia que teria que armar uma mentira para que Agripa não descobrisse tudo entre ele e Virgínia, apesar de não estar ciente se ela se dera conta de que fora ele quem a amara no jardim. Naquela noite, a jovem dirigia palavras a Agripa e não a ele. O próprio Petrarcus não abrira a boca para esconder quem estava com ela. Falaria com seu filho, se tivesse coragem, quando a jovem já

166

estivesse com sua mãe, em casa. Quanto a Comodus, com sua possibilidade de persuasão conduzida aos dirigentes de Roma, ele teria o poder de exilá-lo para longe de sua pátria. Comodus que não se aproximasse da jovem, pois ele o faria desaparecer sem piedade. Pensara em dar a Virgínia o suficiente para ela viver bem. Acomodá-la-ia em uma casa elegante e colocaria, às suas ordens, Centurinae e mais duas ou três servas, além de dois eunucos para guardar a fachada da sua nova residência, a fim de que homem nenhum se aproximasse novamente dela, sua amante, a não ser ele próprio.

Ao chegarem à Villa Olivo, Petrarcus recolheu-se aos seus aposentos e sentou-se num divã para coordenar as ideias. Não conseguia pensar em mais nada. Aquela jovem, chegada em sua casa pelo destino, o havia deixado completamente desnorteado. Era como se o tivesse enfeitiçado. E seu desprezo o enlouquecia.

Virgínia, ansiosa e elétrica, chamou logo a serva Claudine, pedindo a ela que fosse até a residência onde morava Salésio Lupínius, para dar-lhe o recado que estava de volta. Somente depois de vê-lo, iria até sua mãe. Claudine saiu rapidamente para cumprir sua tarefa. Caminhou até a casa ao lado, encontrando a esposa de Salésio Lupínius sentada no terraço. Esta olhou de cima a baixo para a serva, vendo que não a conhecia, perguntou-lhe:

– O que viestes fazer aqui? Quem sois vós?

– Ave, senhora! Sou a serva do Senhor Petrarcus

Lúcius. Vim trazer um recado de meus patrões para o Senhor Salésio Lupínius.

– Mas meu esposo não está em casa. Dizei o que é, que falarei com ele. Sabeis se Virgínia também veio?

A serva baixou os olhos. Por que ela perguntaria sobre Virgínia? Havia alguma coisa que a importunava quanto à chegada de sua patroa? Saberia ela a verdade sobre os dois? E, tentando dissimular, Claudine respondeu:

– Senhora, todos eles chegaram de viagem e, logicamente, a Senhora Virgínia também.

Neste momento, apareceu a distância a figura de Salésio Lupínius, que, vendo a serva, apressou-se em chegar até ela, com um sorriso nos lábios, sabendo que ela trazia notícias da mulher que o envolvera sentimentalmente.

– Claudine, o que vos traz aqui? Vinde ao meu gabinete, com certeza trazeis notícias dos Lúcius.

– Sim, senhor. Trago-vos notícias deles.

Em casa de Agripa, Petrarcus mandou chamar por Virgínia, que se chegou devagar e receosa, mas com um sorriso deslumbrante nos lábios e um olhar fixo em seus olhos. Petrarcus estremeceu ao vê-la.

– Senta-te, Virgínia, preciso falar-te. O que vou dizer é simples.

Mas ela não se sentou. Ficou em pé, como que petrificada, para ouvir o que seu protetor tinha a lhe dizer. Sempre admirara aquele homem correto e atraente, de quem agora estava gostando de outra forma. Talvez, fosse o verdadeiro amor que lhe nascia.

O pai de Agripa respirou fundo. Não poderia imaginar a reação que a moça, ali à sua frente, teria diante do que ele iria lhe falar, pois aparentava, apesar do que lhe acontecera, ainda ser dócil e inocente. Seria grosseira, dizendo-lhe que ele era muito velho para querê-la? Insultá-lo-ia, chamando Agripa para mostrar-lhe o pai traidor que ele tinha? Estes pensamentos vinham em ondas gigantescas na mente de Petrarcus, mas ele precisava resolver aquela situação. Virgínia não poderia permanecer mais naquela casa com ele e seu filho, então continuou:

– Virgínia, terás de voltar para tua casa.

A jovem colocou suas mãos na boca para sufocar o grito que estava por sair, suspirou profundamente e tentou sair correndo, no que Petrarcus, de um salto, apanhou-a e, virando-a, olhou em seus olhos, relatando-lhe a verdade:

– Eu te quero, Virgínia. Chamaste a minha atenção pela tua beleza e doçura. Perdoa-me, não tens culpa de nada, mas terás de ir. Aqui não permanecerás, porque eu jamais poderei ver-te sem desejar-te, e isso, perante o meu filho, seria ignóbil traição.

Virgínia, porém, começou a chorar. Não entendia como tudo que havia planejado estava dando errado. Perdera os dois homens, nem Agripa nem Petrarcus seriam mais seus protetores.

– Virgínia – continuou o homem, dirigindo-se a ela novamente, enquanto ela o mirava com olhos lacrimosos e assustados –, não há necessidade de desespero. Estou te oferecendo uma casa no centro desta cidade, com servos e escravos. Terás tudo o que precisares, mantendo o luxo que mereces. Irei sempre para estar contigo, enquanto eu estiver em Pompeia.

– Nunca! Nunca me submeterei a ser vossa concubina!

E saiu rapidamente, soluçando amargurada, todavia, Petrarcus a alcançou e, puxando-a em seus braços, beijou-a apaixonadamente. Queria, com aquele carinho, que ela reconhecesse quem realmente esteve com ela nos jardins de Cartago. Virgínia achou que ele iria agora lhe pedir para ficar e olhou-o seriamente para ouvir de sua boca alguma palavra de conforto, mas Petrarcus somente lhe disse:

– Agora já sabes quem te amou naquela noite.

Ela deu as costas e saiu, remoendo-se em seus pensamentos, sentindo-se fútil e vazia. Ele a queria como amante somente, e, se ela permitisse isso, jamais seria uma mulher de classe na sociedade como desejava ser. Transformar-se-ia em pessoa vulgar, sustentada por um homem rico. Não. Se ela lhe aceitasse, um dia acabaria sozinha e na solidão. A velhice chegaria para ela também, e Petrarcus a abandonaria, quando ela não mais tivesse a pele jovem e macia.

Virgínia chegou aos seus aposentos e, antes mesmo de desarrumar seu baú de roupas, chamou Alfeu, escondendo, com vergonha de si mesma, a fraqueza que tivera, pertencendo a Petrarcus.

– Alfeu, Petrarcus, vosso senhor, não quer que eu permaneça mais aqui. Devo partir agora mesmo.

– Mas por que, senhora? Estais chorando? Por que tereis que partir?

– Sou ignóbil pecadora, Alfeu. Tenho sido toda minha vida uma pessoa disposta a vencer; tenho, dentro de mim, essa ânsia. Quero ser alguém, tornar-me conhecida, ser bela e abastada, tendo um homem para amar. Mas não consigo nada. Sempre há uma pedra em meu caminho!

Virgínia chorava muito. Atirou-se em seu leito, dizendo:

– Minhas ilusões são todas inalcançáveis. Perdi todos vocês, eu perdi meus protetores, como perdi Salésio Lupinius.

– Salésio não é livre, senhora.

– Mas ele era meu, sei que sim. Ah, quanto tempo esperei por ele... Ele não me queria, porque eu era uma menina. Agora estou só!

– Bem, eu não tenho o direito de vos dizer nada, mas

creio que sempre poderemos conversar. Sou vosso servo também, para toda vida.

– Obrigada, sei que sois fiel a mim e a todos daqui – choramingando, continuou –, mas eu sou uma mulher desgraçada pela vida. O que será de mim, afinal? Eu, às vezes, odeio-me tanto, que tenho vontade de lavar-me com meu próprio sangue, para me sentir pura e retirar de mim os restos largados por Comodus Severus.

– Minha senhora, não vos subestimeis tanto... É razoável que vós agis desta forma, visto toda vossa situação. Por favor, tenhais calma e dormi um pouco. Amanhã, o sol brilhará com um novo dia, e novas esperanças renascerão em vosso coração, ainda infantil. Isto tudo é como um temporal. Às vezes, ele vem com tanta força, que nos mete medo, mas, depois, quando o Sol aparece, vê-se que a terra recebeu o alimento para as árvores, e a natureza fica como se estivesse limpa, inclusive o ar que respiramos nos parece mais puro. As dores são as bênçãos de Deus, que nos renovam a alma. Cabe a nós levantarmos e seguirmos corretamente nosso caminho...

Sentando-se na cama e enxugando as lágrimas com a roupa, a hóspede de Petrarcus comentou:

– É fácil falar, Alfeu. Não sei o que me aguarda e terei que trabalhar muito para sustentar-me. Ah... Irei ter com Agripa para contar a ele.

– Ele não vai gostar nada disso, senhora, tenho certeza.

172

– Chamai-o, Alfeu. Pedi para vir ver-me.

– Sim, mas colocai um sorriso em vossos lábios, senhora, que, com isso, vossa beleza aflora.

Virgínia forçou um sorriso e continuou:

– Está bem, estou sorrindo agora. Podei ir.

Poucos minutos depois, adentrava ao recinto Agripa, sempre sem entusiasmo.

– Virgínia, tu me chamaste?

– Estou partindo, Agripa, e quero agradecer-te por toda esta tua maravilhosa amizade e por ter me acolhido aqui em tua casa.

– Partindo? Como?

– Volto para casa de minha mãe.

– Mas com aquele homem que te poderá machucar novamente? Por que, Virgínia?

– Se quiseres mesmo saber, vá falar com teu pai. Ele te responderá.

Agripa saiu rapidamente à procura de Petrarcus em seu gabinete.

– Pai, por que Virgínia tem que ir embora?

– É melhor assim, meu filho. Afinal, ela não é a moça que pensas ser. Ela é uma mulher muita bem vivida, apesar de sua idade.

– Como podeis dizer isso de Virgínia? Acaso tendes algum segredo que não podeis me contar? O que soubestes desta infeliz criança?

– Criança? Não, ela não é uma criança. É uma mulher feita – explanou Petrarcus, imaginando que desculpa daria ao filho para que ele a deixasse ir. – Virgínia tem sua família, filho. Não é direito deixá-la conosco, quando tudo transcorre para que a deixemos em sua própria casa. Deixa-a ir e peço-te que esqueças dela, meu filho. Digo-te, mais uma vez, por fonte segura: ela não serve para ti.

– Não serve? Por que não serve? Dizei-me, papai. Por acaso, ela é uma mulher sem moral? Só seria isso que me faria esquecê-la.

– Não, Agripa – redarguiu Petrarcus, já perdendo a paciência e querendo falar toda a verdade para o filho –, ela não é uma prostituta, mas uma mulher experiente em viver!

– O que quereis dizer com isso? Explicai-me antes que eu perca a razão! – gritou Agripa, batendo com força na mesa que apoiava os pergaminhos de Petrarcus.

– Já que insistes, vamos à verdade! – também elevou a voz o pai, perdendo a paciência e contando ao filho seu caso com ela – Ela me pertence. Entendes agora? É minha amante, pois assim tornou-se quando estivemos juntos, ainda em Cartago! Entendes agora?

Vendo a expressão de horror que o filho lhe fez, Petrarcus concluiu:

174

– Mas por todos os deuses! Eu não queria te contar estas coisas! Foste tu quem me obrigaste, Agripa!

– Não pode ser! Estais mentindo, meu pai. Como isso foi acontecer?

– Difícil será explicar, meu filho, mas, vê, como poderemos viver aqui todos juntos em harmonia? – aludiu Petrarcus, já mais tranquilo por ter demonstrado a sua verdade ao filho querido.

– Sim, seria impossível, mas eu não posso acreditar que isso seja verdade.

"Quiçá seja uma mentira de meu pai, ele pode estar apaixonado por Virgínia. Vou ter com ela para saber a verdade" – pensou Agripa.

Ele saiu desnorteado. Nunca tivera desejos em amar Virgínia como mulher, mas pretendia casar-se com ela. Precisava disso para mostrar à sociedade que ele não era o que as pessoas falavam dele aos sussurros. Precisava mostrar que era homem, na expressão da palavra. Além do mais, tinha um carinho muito grande por ela. Nunca alguma outra mulher o aceitaria como era, somente Virgínia.

Chegando aos aposentos da jovem, que estava reclinada a um divã, Agripa ajoelhou-se ao seu lado e falou:

– Minha Virgínia, dizes o que tens a me falar. Meu pai contou-me algumas coisas em que não acreditei. Portanto, venho saber por ti toda a verdade. Por que não permite meu pai o nosso casamento?

– Nada tenho a te esconder agora, Agripa. Sou uma mulher inocente, que somente quer estar ao teu lado. Mas, dize-me, o que Petrarcus disse a meu respeito?

Virgínia tinha que sabê-lo, para ver como seria o "jogo" que jogaria daqui para a frente. De uma coisa ela tinha certeza, não queria passar fome nem voltar à sua vida anterior; gostava de Petrarcus agora como mulher, mas, se ele não a quisesse, tentaria casar-se com Agripa.

– Meu pai falou que pertences a ele.

– Jamais do jeito que ele me quer! Jamais!

– E que farás agora, Virgínia?

– Pelo que ouvi falar de teus servos, minha mãe está morando sozinha. Comodus não voltou para atormentá-la. Durmo ainda esta noite aqui, mas parto, pela manhã, para minha casa.

– Mas não podes fazer isso! Vamos nos casar!

– Agripa, não é verdade. Não queres casar comigo. Vamos jogar um jogo limpo. Teu pai quer me mandar embora para não sofreres. Também ele acha que eu não seria boa demais para ele. Ele somente quer meu corpo, jamais meu coração.

Nos pensamentos de Virgínia, em ebulição, ela não se importaria se o pai ou o filho fosse o escolhido. Agora, ela estava admitindo que Petrarcus era arrogante como todos os nobres que conhecera. Porém, precisava conseguir o que desejava, contanto que permanecesse naquela casa.

A ambição nos leva a caminhos difíceis, pois nele poderemos perecer sob angustiosas aflições. Mas Virgínia não estava preocupada com os sentimentos de outras pessoas. Seu egoísmo era grande e, na realidade, se ficasse com Petrarcus, seria difícil tornar a visitar Salésio, porque ele a seguiria e descobriria tudo sobre eles; já com Agripa, teria mais liberdade em não lhe ocultar nada. Mas admitiria ainda amar o vizinho de seus protetores? Estava relutante. Já não sabia se, de fato, ainda havia algum sentimento por Salésio Lupínius a não ser amizade.

– Meu pai falou-me coisas horríveis, Virgínia. Acho que ele te quer mesmo fora desta casa, mas prometo que não vou te deixar. És muito importante aqui. Já não sei se poderia viver sem tua pessoa alegre e sedutora ao meu lado. Responde-me, papai te fez algum mal?

– Algum mal? Oh, não. Jamais teu pai me faria mal algum. Por que esta pergunta?

Então ele mentiu – falou consigo mesmo Agripa, com o pensamento a distância. – *Papai deve amá-la, pobre homem, mas lhe direi por que não abrirei mão de Virgínia de maneira nenhuma. Ele, se não quiser vê-la comigo, que arru-me uma maneira de mudar-se para Cartago.*

Virgínia olhou para Agripa e receou o que ele devia estar pensando, e, continuando seu jogo, conversou longamente com o ex-noivo, a fim de fazer-se de vítima do destino e convencê-lo a implorar a seu pai para deixá-la permanecer na Villa Olivo.

Na manhã seguinte, a mando de Petrarcus, Alfeu foi apanhar Virgínia para levá-la à casa de sua mãe. Virgínia baixou os olhos, deu um beijo suave na face de Agripa, despedindo-se:

– Adeus, Agripa. Já estou partindo. Espero que possas visitar-me um dia. Amar-te-ei sempre, meu amigo.

Agripa sentou-se no divã em que Virgínia estava até aquele momento, perdido em seus pensamentos e de cabeça baixa. Ele a amava como amiga, e ela o compreendia.

Quando Petrarcus Lucius ficou sabendo da partida de Virgínia, aqueceu o coração, falando a si mesmo:

"Prepara-te, Petrarcus, agora o caminho está livre para ti."

A manhã estava quente e sombria. Havia previsão de chuva com temporais na cidade. Na liteira em que seguia, Virgínia, acompanhada por Alfeu ao lado e mais quatro servos que a sustentavam, entre o ruído dos transeuntes, ela pensava:

"Terá que dar certo. O pai virá oferecer-me muitas coisas, mas jamais deverei aceitar um sestércio que seja para que ele obtenha o que deseja de mim. Só aceitarei se for uma aliança, ou jamais voltarei a pertencer a ele novamente. Quanto a Agripa... bem, este virá, tenho certeza. Ele é fraco, e sei que me quer, mas para conseguir o que deseja realmente."

– Chegamos, senhora. Podereis descer da liteira. Ofereço-vos meu braço. Tendes a certeza de que ficareis bem, Senhora Virgínia? Vejo-vos pálida como a neve... Mas vejamos primeiro se vossa mãe encontra-se em casa.

Alfeu bateu à porta, mas ninguém atendeu. Teria a mãe de Virgínia mudado de moradia? Quem sabe ele iria até a taberna onde ela trabalhava. Mas, de repente, alguém abriu a porta lentamente e espiou para fora. Era Fedras. Quando ela viu a liteira, assustou-se, achando que fosse Comodus, mas, ao ver os traços de Virgínia, correu para fora com os braços abertos, exclamando:

– Minha filhinha! Pelos deuses, voltaste!

– Sim, mamãe, eu voltei, e trouxe minhas roupas. Vou morar convosco daqui por diante. Comodus não mora mais aqui, não é? Porque, se ele estiver, eu partirei novamente.

– Não, minha filha, faz muito tempo que Comodus não aparece. Não sei o que houve com ele. Mas entremos. Vinde também e trazei as coisas de minha filha, por favor – pediu a Alfeu.

– Assim será melhor, mamãe.

– Conta-me tudo sobre tua pessoa. Como foste neste tempo todo em que estivemos separadas?

Virgínia despediu-se de Alfeu com um abraço, dizendo baixinho:

– Alfeu, vireis visitar-me? Poderíeis contar-me mais algumas passagens sobre Jesus, gostaria que minha mãe também ouvisse – pediu-lhe sussurrando.

– Farei o possível. Até amanhã.

– Até amanhã – despediu-se Virgínia, oferecendo a Alfeu, com o olhar, todo o carinho de uma grande amizade. – Esperar-vos-ei para acabardes com minha angústia. Então, sei que terei respostas às minhas insólitas perguntas. Ide antes que o temporal vos apanhe, meu amigo.

A única pessoa pela qual Virgínia tinha o maior respeito e carinho fiel era o próprio Alfeu. Jamais o esqueceria, mesmo que a vida os separasse. Alfeu era seu consolo. O amigo das horas difíceis. E onde estaria a filha que ele perdera? *"Gostaria de ajudá-lo a encontrá-la, para que ele fosse mais feliz"*– pensou Virgínia.

Petrarcus caminhava de um lado para o outro. Afinal, sua Virgínia tinha se mudado, e, agora, ambos poderiam viver a maior parte do tempo juntos, fazer viagens e viver mais a vida, sem a interrupção de quem quer que fosse.

Pensava ele: *"Agripa, com as suas opções masculinas, seguirá seu rumo e arrumará alguém para ele, mas eu... eu estou na idade de ter a última mulher, e será esta".*

Ao cair da noite, Petrarcus saiu de mansinho para que ninguém desse por sua falta e chegou à casa de Fedras para ver Virgínia. Sua mãe mandou-o entrar e saiu, deixando-o a sós com ela.

– Virgínia querida – cumprimentou-a, apanhando suas mãos.

Virgínia desviou seu olhar, mostrando que estava constrangida com sua presença.

– Olha para mim, bela mulher. Escuta o que tenho a te oferecer, depois, com certeza, farás as pazes comigo e me agradecerás. Escuta, não precisarás trabalhar para sustentar-te. Darei tudo o que desejares, inclusive tuas antigas servas, mas vem, vem aos meus braços.

Virgínia olhou-o bem nos olhos, respondendo:

– Não serei jamais vossa presa. Não obtereis de mim nada, comprando-me. Peço-vos irdes daqui. Não quero nada do que é vosso. Sou uma jovem decente e somente alguém me levará daqui se casar-se comigo.

– Ora, querida, tu não estás compreendendo. Terás uma bela casa, servos, riqueza... Não será este teu real objetivo, ser rica?

Virgínia vira que ele a conhecia melhor do que Agripa. Petrarcus era um homem inteligente e perspicaz.

– Não faleis mais nada! Eu já disse o que precisava ser dito. Tendes uma boa noite.

Petrarcus ficou sozinho na peça, vendo Virgínia retirar-se. Vivendo com toda aquela miséria, como poderia ela recusar o que ele lhe estava oferecendo? Será que teria que lhe pedir em casamento? Jamais faria isso com um tipo de mulher vivida como ela. Ela seria sua, mas somente daquela forma.

"Bem, amanhã eu voltarei. Talvez a fome a faça refletir melhor" – pensou ele.

Na manhã seguinte, Virgínia colocou uma roupa simples e um manto escuro de sua mãe sobre os ombros e foi procurar trabalho com os pintores de murais. Caminhou um bocado em Pompeia, passando pelo fórum romano, onde liteiras vinham e saíam da praça, repletas de transeuntes. Parecia que todo o povo encontrava-se lá. Eram nobres conversando, mercadores de frutas, vendedores de sedas, dançarinos ambulantes, patrões em liteiras, acompanhados por seus escravos, homens e mulheres dirigindo-se às termas, homens levando animais ao templo para oferendas, e alguns soldados e centuriões levando prisioneiros. A jovem não queria ser reconhecida, por isso, vestira-se daquele jeito. Tinha seu orgulho próprio e achava uma humilhação procurar aquele tipo de trabalho; sujeitar-se-ia a isso para sustentar-se pelo menos por uma semana. Fedras Serventia não a teria deixado ir, mas ela amava a mãe e não queria lhe ser pesada, além do mais, gostava de especiarias na mesa, e isso sua mãe não lhe poderia comprar.

Procurou os trabalhadores de uma edificação próxima ao fórum e adentrou no átrio, para falar com o responsável:

– Ofereço uma mão de obra de pintura excelente.

– Mas o trabalho aqui é pesado. Pega-se logo cedo pela manhã e somente se termina quando o dia escurece.

– Não importa, eu aceito. Ainda mais, digo-vos que é somente por alguns dias, porque estou a passeio na cidade e quero mesmo é distrair-me trabalhando.

Lidonis Pupilus, o engenheiro da obra, olhou-a de cima a baixo e pensou:

"Esta tem o reinado dentro de si, coitada. Imagine se vou acreditar em uma coisa destas. Ela deve é estar muitíssimo necessitada." Depois, respondeu-lhe:

– Tendes sorte, porque nosso melhor pintor deverá vir somente no final de quatro dias. Assim, quando ele chegar, o trabalho já estará começado, e ele, inclusive, poderá consertar o vosso, se for preciso. Vinde comigo ver os espaços que devem ser pintados.

Mostrou-lhe melhor o átrio, onde haveria uma piscina que servia também para banhos:

– Olhai, aqui tereis que pintar, nas paredes, ramos de flores, pássaros e animais selvagens. Toda a natureza ao nosso redor. O piso de mosaico está sendo feito com figuras de leões atacando-se.

– Por que a violência numa coisa tão bonita como pisos de mosaico em mármore?

– Porque esta é a nossa vida de hoje, é a nossa história. Aqui, pinta-se pedaços de nossas existências. – E continuou: – Na sala, à direita, será um local de encontros. Devereis pintar cenas de amor entre casais.

– Isto eu deixarei, se me for possível, é claro, para o pintor que virá.

– Senhora, vós não podereis escolher as cenas que devem ser pintadas. O serviço é este, se não quiserdes fazê-lo, há inúmeros pintores de murais para isso. Estou vos dando uma chance de trabalho.

Voltou-se para ela, continuando a mostrar todos os espaços e ambientes onde ela teria a oportunidade de trabalhar.

– E quanto eu receberei por todo este trabalho? *"O prédio será totalmente decorado. Deve ser de uma pessoa altamente rica."* – pensava Virgínia.

– Não muito, mas dará para vos sustentardes enquanto estiverdes trabalhando aqui.

Virgínia foi para casa preocupada pelo trabalho que obtivera; se ficasse enfastiada, desistiria e teria de descobrir outros afazeres para sobreviver.

Comodus, atingido por Xandre na cabeça com uma pedra, permanecia caído no piso do dormitório, na estalagem das terras quentes do Egito, quando Abdul, o proprietário, recebeu a notícia de Confinius Trato e foi vê-lo.

Chamou-o, tentando acordá-lo, e, como isso não aconteceu, certificou-se de que ele estava mesmo ferido. Empurrou a porta com força, abrindo-a. Ao vê-lo deitado ao piso, ensanguentado, pediu por socorro ao curador que estava hospedado em sua taberna. Assim, Comodus foi salvo, permanecendo por mais alguns meses naquele lugar a fim de recuperar-se totalmente.

– Quem vos fez isso? Vossa esposa? – perguntou-lhe Abdul quando Comodus parecia já estar raciocinando.

– Provavelmente deve ter sido a infeliz; não sei como ela conseguiu me atingir, pensei que não teria forças para isso. Eu estava dormindo pesadamente quando tudo aconteceu, mas ela pagará caro por seu ato criminoso. Sabeis aonde terá ela ido?

– Não vimos nada. Não sabemos dela.

– Mas eu a encontrarei, como o fiz várias vezes.

No que ele se recuperou, trabalhou na estalagem por mais um tempo, para pagar as atenções que tinha recebido de Abdul. Assim permaneceu por três anos. Mais tarde, juntou algum dinheiro e partiu de volta a Cartago para vingar-se de Virgínia. Não a encontrando lá, viajou a Pompeia na esperança de concluir seu propósito.

Quanto a Confinius Tratus, este voltou com seus soldados à sua terra, depois de ter percorrido parte da imensidão do Saara sem descobrir o paradeiro da mulher que amava. Procurando por Petrarcus em sua casa e vendo que lá somente estavam alguns de seus escravos, indagou por Virgínia e ficou ciente do seu retorno feliz à terra natal, com Agripa. Abençoando seus deuses, resolveu desistir dela; ele não a veria tão cedo, e nada poderia fazer para trazê-la de volta.

"Levou todo o meu ouro, a danada. Mas se um dia ela voltar... Ah... Esse dia ainda eu verei" – rememorou o centurião.

Em Pompeia, Petrarcus estava preocupado. Anoitecia. Virgínia o tinha rejeitado, e ele começara a ficar ansioso. Caminhava de um lado a outro em sua residência.

– O que tanto vos aflige, senhor? – perguntou Alfeu.

– Preocupo-me com a Senhora Virgínia. Deve estar passando necessidades. Fiquei de ir até lá, mas estive deveras ocupado. Já faz algumas semanas que ela saiu daqui e ainda não nos deu um retorno. Temo que ficará por lá ou... – iria dizer, pode estar nos braços de qualquer pessoa, mas pensou melhor em não empregar estes termos em relação a ela, então continuou:

– Vou até lá hoje para vê-la.

Mandou arrumar a liteira para descer até a cidade.

Virgínia descansava, vestida singelamente com uma túnica de leve tecido branco, atirada a um divã. Fazia pequenos anéis nos longos e crespos cabelos, enrolando-os com os dedos, pensativa e distante, iluminada somente por algumas lamparinas de cerâmica. Via que nada havia acontecido em três semanas e já estava preocupando-se com sua vida. Tivera alguns dias fazendo testes de pintura nas paredes daquela residência que fora ver, mas o pintor que chegara era muito exigente, e ela não estava lá para ser sempre repreendida. Seu orgulho não permitia tal coisa. O que faria, então? Estava alimentando-se somente com peixes, que seu amigo de infância levava para ela. Não aguentava mais ficar naquela casa tão pobre, pequena e sem banhos. Às vezes, saía para ver a praia e imaginar o futuro que teria, se assim sua vida continuasse. Não poderia permanecer mais naquela odiosa vida, talvez devesse se dobrar e procurar por Petrarcus, aceitando o que ele lhe prometera. De uma coisa tinha certeza: não gostava de trabalhar. Não fora acostumada a esse tipo de vida sacrificante. Muitas vezes, fora ao templo de Isis atirar-se aos pés da deusa e implorar-lhe auxílio, mas receava em não receber alguma dádiva pedida, porque não tinha nada para lhe doar. Esquecera-se de Jesus, que Alfeu fizera questão que Nele confiasse. Então, voltava para casa, passando pelo templo de Apolo e as termas romanas, cabisbaixa e com o véu na cabeça, para que ninguém a reconhecesse em trajes tão simples. Para ela, a humilhação havia chegado ao seu limite.

Naquele momento, bloqueando seus pensamentos, ela ouviu batidas na porta. Seu coração disparou. Seria Agripa? Ou seria seu pai para lhe pedir em casamento?

– Quem está aí? Estou recolhida.

– Sou Petrarcus Lúcius. Abre a porta.

Virgínia levantou-se e abriu-a somente um pouco, para colocar a cabeça para fora e perguntar-lhe friamente:

– O que desejais, senhor?

– Então é assim que se recebe um benfeitor?

– Desculpai-me, estou com trajes muito simples. Mamãe não está, e pensei que poderíamos falar aqui na porta mesmo.

Petrarcus empurrou a porta, e ela quase caiu. Ele entrou e sentou-se na ponta de um banco de pedra.

– Perdoa-me, Virgínia, mas estás terminando com a paciência que tanto tive contigo. Quero-te, já te falei sobre isso, e não me deste a tua resposta até agora. Há quase três semanas que te espero.

– Eu já vos dei a resposta, senhor. Minha resposta é não. Entendeis o que seja, por acaso, um não?

– Não sejas sarcástica comigo, Virgínia. Tenho direito sobre tua pessoa, depois que me pertenceste. Bem sabes, e não negues isso para mim. Estou te fazendo uma proposta, a melhor que já fiz a alguém. Legarei a ti parte de meus bens, se me aceitares.

– O quê? – respondeu Virgínia. – Pensais que podereis comprar-me?

Depois, imaginando que não deveria colocar fora uma boa proposta financeira, que a tiraria do árduo trabalho para conseguir denários para seu sustento, complementou:

– O quanto de vossos bens me legaríeis?

– Tudo o que receberias por herança se fosses minha mulher.

Virgínia imaginou-se dona de tudo aquilo e, de ansiedade, quase se atirou aos braços de Petrarcus. Mas relutou, pois o pensamento de ser abandonada na velhice lhe veio novamente em mente. Não. Se aceitasse a proposta, seria sua amante, nunca sua esposa. Portanto, não aceitaria sua proposta.

– Senhor Petrarcus...

– Não me chame por senhor e não me deixes nesta ânsia. Quero-te, Virgínia – insistiu o senhor da Villa Olivo, carinhosamente, aproximando-se dela e afagando seus cabelos.

– Senhor Petrarcus, creio que não estejais compreendendo. Eu não quero ser vossa por dinheiro nenhum no mundo.

– Ora, me enlouqueces, Virgínia! – gritou Petrarcus, afastando-se dela. – O que queres, então? Meu filho? Pois digo que não o terás!

– Bem... – falou Virgínia, distanciando-se e erguendo o nariz. – Isto quem vai decidir será ele.

Nisto, bateram à porta. Virgínia abriu-a pensando ser sua mãe, mas adentrou Agripa.

– Pai, vós por aqui? Que viestes fazer aqui? Pedir para Virgínia voltar? É bom que ouçais o que tenho a dizer a ela.

Petrarcus gelou. O que viera fazer Agripa ali? E o que diria a seu filho, quanto à sua presença na casa da jovem? Ele era seu único filho, não poderia dar esta desilusão a ele e dizer-lhe o que estava propondo a Virgínia. Então, calou-se.

– Virgínia – pediu Agripa sob o olhar petrificado do pai –, estou solicitando que cases comigo. Não quero viver longe de ti, por favor, aceita. Tu foste minha noiva e quero afirmar que, para mim, nada mudou, continuarás sendo a noiva que eu sempre quis, portanto, prepara-te, casaremos ainda neste mês.

Ajoelhou-se aos pés da jovem e beijou-lhe as mãos.

Virgínia sorriu e atirou-se aos seus braços, com os olhos virados a Petrarcus. Pronto. Tudo saíra como ela havia planejado.

Petrarcus saiu, batendo a porta fortemente.

– Ora, o que deu no papai? Afinal, ele deve aceitar-te. Sou maior de idade e já me comando – abraçou-a, elevando-a do piso, e ambos deram gargalhadas de alegria.

– E mamãe? Ela não pode ficar nesta vida de trabalho tão pesado.

– Ora, tua mãe virá conosco, é claro, e nunca mais deverá trabalhar. Satisfeita?

– Agripa! Estou muito feliz. Leva-me agora mesmo.

No caminho, apanharemos mamãe. E estas coisas, nossas coisas, móveis, roupas... Deixemos aqui para quem quiser apanhá-las.

Petrarcus chegou em sua casa arrasado. Entrou em seu gabinete e permaneceu pensativo. Ah... Sua vida estava se tornando um inferno. Tudo por causa da mulher que lhe tirava o sossego. O que ele faria agora? Aquela não era a esposa que desejaria para seu filho, e ele também jamais casaria com uma mulher como ela, perigosamente bela e astuciosa. Então, lembrou-se:

Em Cartago, alguns anos antes, passando na praça onde acontecia venda de escravos, vira uma mulher jovem e bela sendo vendida por romanos. Achou que era uma ocasião de libertá-la, fazendo dela sua serva. A mulher de nome Serpia, sedutora, com fisionomia árabe, tez morena, serviu-o durante algum tempo, sempre dedicada e agradecida, naquela cidade. Naquela época, os senhores deitavam-se com as escravas que queriam, mas isso não acontecera ainda com Petrarcus. Serpia, agora, fora chamada para servi-lo em Pompeia. Talvez Virgínia se enciumasse se fosse visto com a serva.

Quando Petrarcus chegou em sua casa, após ter visitado Virgínia, Serpia chegou-se a ele e, vendo-o tão desolado, falou-lhe:

– Senhor, por que estais tão amargurado? Perdão se vos pergunto.

– Temo por meu filho. Ele não pode se casar com Virgínia, mas esteve lá, pedindo-a em casamento.

– Ah, é esta jovem novamente que vos amargura?

– Sim, é ela que inferniza minha vida, antes tão tranquila.

– Senhor, posso dar-vos uma ideia? Conheço bem Agripa e suas tendências em relação a... Se me permitirdes dizer... a sua apreciação pelos rapazes, como deveis saber. Sugiro-vos que se ofereça uma festa pelo casamento dos jovens para toda a sociedade de Pompeia, inclusive cônsules, senadores e tribunos, convidando também os rapazes mais belos, mas, entre eles, Terêncio, o jovem de Cartago, por quem Agripa, de certa forma, sente grande afeição. Tudo poderá acabar como vós pretendeis, se o que penso acontecer, senhor. E vós... bem... podereis ter Virgínia somente para vós. Não esqueçais de convidar vosso vizinho Salésio Lupinius e, se possível, sem a esposa – continuou ela, sorrindo indiscreta. – Também será interessante não irdes contra a vontade de vosso filho. Quanto mais ficardes contra este casamento, mais Agripa poderá revoltar-se convosco e, no final, acabar vos odiando. Tudo deverá seguir um plano muito bem traçado.

Petrarcus não entendeu sua insinuação. Por que convidar Salésio Lupínius sem a esposa? Teria algum motivo mais sério? Será que Agripa teria algum relacionamento com o seu vizinho? Em todo caso, ele ficou pensando que aquela mulher sabia muitos detalhes sobre suas vidas. Escutaria atrás das portas? Teria visto Agripa e o jovem em Cartago? E como sabia ela de sua paixão por Virgínia? Pensou em cuidar-se melhor dela, porque uma pessoa assim, fiel como estava sendo, também poderia ser perigosa. No entanto, achou a ideia de Serpia admirável para conseguir seu intento; Agripa teria uma surpresa quanto aos convidados.

O dia já estava raiando quando Agripa chegou trazendo Virgínia e sua mãe, que viera sorridente, sem saber o que dizer, de tão feliz. Ele acomodou-as em dois quartos distintos. Virgínia sabia como Petrarcus deveria estar furioso. Na realidade, estava amando aquele homem forte e pretensioso, que não a conseguira dominar.

No mesmo dia, Petrarcus, não mais se contendo, esteve com o filho:

– Agripa, o que te aconteceu ontem? Por que desobedeceste minhas ordens? Trouxeste, afinal, Virgínia para esta casa?

– Sim, meu pai. Ela está aqui. Como não tenho outra residência, ficarei aqui permanentemente.

– Eu não quero permanecer aqui com esta mulher, sob o mesmo teto.

– Peço-vos, então, com todo o respeito que tenho por vós, que me aprecieis com o dote que me cabe por herança, pois me mudarei daqui com ela, para outra Villa, se este for o caso.

– Não te darei um sestércio que seja, se continuares com esta farsa. Será uma farsa esse casamento!

– Farsa? Mas por quê? Amo Virgínia.

– Ora, meu filho, bem sabes que tuas preferências não são por mulheres.

– Estou ficando irritado, meu pai. Se não quereis me dar dinheiro algum para eu me afastar daqui com Virgínia, digo-vos que não permitirei que ela saia. E espero que não coloqueis o vosso único filho na rua, não é, meu pai?

Petrarcus deixou Agripa sozinho e retirou-se para o jardim. Precisava respirar ar puro. Pensara no que lhe dissera a serva na noite anterior. Vira que não teria paciência para aguardar até o casamento ser realizado. Ele viveria um inferno, sabendo que aquela fascinante mulher estaria tão próxima a ele, mas também tão distante. Foi até o jardim e sentou-se em um banco que havia. Ficou mirando a natureza graciosa a embelezar os prados verdejantes e o céu, que se tornava mais azul nesta época do ano. Como morar com ela sem vê-la? E deixar Pompeia neste momento não era possível, porque os negócios o exigiam aqui.

Nisto, ele ouviu um movimento atrás de um arbusto. Uma jovem caminhava acariciando as flores após a alameda de ciprestes e cheirando as coloridas rosas. Seu coração bateu mais forte. Agora que ela lhe era proibida, mais seu amor se evidenciava. Como lutar por um querer tão grande? Que feitiçaria teria ela lançado sobre ele, para que sua razão desaparecesse? Onde estava a paz que havia naquela casa? Havia desaparecido com sua paixão.

Virgínia agora caminhava sob uma pérgula, próxima a um pequeno templo dedicado a Júpiter, Mercúrio e outros deuses em marfim. Petrarcus aproximou-se sem que ela visse e vendou-lhe os olhos, fazendo-a entrar no templo. Depois, moveu-se sem retirar dela a venda e envolveu-a com seus beijos ardentes. Virgínia conheceu-o primeiro pelas mãos, depois pelo seu perfume, mas, como estava sedenta de carinhos, por um momento deixou-se envolver por ele e elevou-se ao sentimento iluminado do amor real e verdadeiro, que estava gravado como em brasa dentro de si, totalmente entranhado, cuja natureza nem ela saberia definir. Amava Petrarcus. Então, afastou-o:

– Deixai-me. Sei quem sois.

Ao largá-la, Petrarcus Lucius ponderou:

– Virgínia, eu sinto que me amas. Senti teu coração bater apressado quando te beijei. Não é justo que se cases com meu filho. Serei o mais ditoso dos homens se aceitares a oferta que te fiz ontem. O que será de mim, já nesta idade, sem teu carinho? Pobre homem carregado pela angústia de ver seu próprio filho estar com sua mais preciosa joia e não poder tocá-la?

Virgínia afastou-se e falou:

– Então, casai comigo.

– Não. Não poderei. Porque eu serei o traidor de meu próprio filho. Entenda isso, pelos deuses!

– Podeis ter até razão sobre isso, mas quero dizer-vos uma coisa. Não serei vossa concubina.

– Mas te contentarás com um homem que não te fará feliz? E, por favor, não me trate com tanta distância...

Petrarcus não quis abrir o jogo sobre Agripa e seus romances.

– Sim, pelo menos serei respeitada perante o povo. E vou tratar-vos sempre da mesma forma, meu... senhor.

– E se eu te disser que não darei dinheiro algum a Agripa se ele se casar contigo? O que farás?

Virgínia ficou imóvel. O que fazer agora? Estaria perdida se Petrarcus deserdasse Agripa. Isto não poderia acontecer. De qualquer maneira, um dos dois seria seu, isto ela jurava. Jamais ficaria à mercê da vida novamente.

A jovem, então, aproximou-se de Petrarcus odiando-o neste momento. Teria que ser inteligente e, usando sua tática de mulher perspicaz, revelou a ele um grande afeto e fez-lhe um agrado do qual ele muito gostava, o elogio:

– Agora sabeis o quanto vos amo, senhor. Sabeis que eu desespero se ficar longe de vós. Sois um homem de fato, em toda a extensão desta obsoleta palavra, porque sois mais que isto; sois um homem sedutor, digno, agradável, alegre e repleto de boas qualidades. Quem vos tiver para esposo, terá uma sorte deveras grandiosa. Amai-me, então, agora; é tudo que posso vos oferecer, e, depois, abandonai-me e deixai-me a chorar minha sorte cruel! Jamais serei de mais alguém, porque continuarei com a maldição que me acompanha desde que nasci. Direi a Agripa que não o quero, porque amo seu pai.

– Ora, querida... Não digas isso – pediu-lhe Petrarcus, confiante de seu amor. – Agiremos de comum acordo, com tática, conforme minha serva Serpia falou-me. Deixemos a festa acontecer, e o próprio Agripa perderá a vontade de casar-se contigo. Vem, meu amor, eu sabia de teu sentimento, e vamos combinar como faremos. Ele até me agradecerá no futuro. Se isso der certo, então, serás minha... esposa.

Virgínia pareceu não ouvir bem. Seria mesmo possível ele ter dito aquelas palavras? Então, ela perguntou novamente:

– O que dissestes?

– Eu disse que, não podendo mais viver longe de ti, casar-me-ei contigo, e serás minha esposa.

Virgínia não cabia em si de contentamento. Afinal, fechara-se com fecho de ouro seu destino. Agripa, pobre homem, ela sabia que ele só sentia amizade por ela, que ficaria feliz se reencontrasse seu verdadeiro destino com Terêncio, aquele rapaz que vira com ele em Cartago. E, depois, ele não seria mais deserdado, o que seria sua ventura. Este pensamento permitia que sua consciência não pesasse.

Nas semanas que se seguiram, Virgínia dava pulinhos de alegria e satisfação. Petrarcus, risonho e até mais jovem, encontrava-se com ela todos os dias, às escondidas e à tardinha, sempre no templo erguido a seus deuses, para jurar-lhe amor.

Lá traçavam seus planos futuros para a nova vida que deveria vir. Nestes dias, Virgínia até esquecera Salésio Lupínius, o seu vizinho e antigo amor, que lhe pedia uma aproximação, através de sua serva, mas ela respondia-lhe que não podia falar com ele, por estar sempre muito ocupada com a cerimônia do casamento.

O relacionamento dela com Petrarcus estava cada vez mais íntimo, além do que, agora, ela se entregara com toda sua alma para esta futura união. Petrarcus renovara-se fisicamente e tratava seu filho com o maior carinho, sabendo que ele o agradeceria mais tarde. Porém, Virgínia dissera a si mesmo que não o deixaria tocá-la e que só se entregaria a ele na noite de núpcias.

Quando chegou o dia da cerimônia, lanternas a óleo foram colocadas por todo o jardim, até a entrada do portão. Flores em quantidade foram expostas em grandes vasos de alabastro, depositados acima de pedestais, por toda a residência. A maior parte da sociedade romana estava lá, inclusive muitos cidadãos vindos da Grécia e lugares próximos. De Cartago, chegou Terêncio um pouco mais cedo e, amuado, acolhera-se a um canto da casa, para ver Agripa passar.

Petrarcus recebeu o amigo de seu filho e lhe falou:

– Saudações, caro Terêncio! Prezo em ver-te aqui. Mas por que estás incomodado desta forma? – perguntou Petrarcus, dissimulando não saber o motivo íntimo do rapaz.

– Bem... Eu penso que não deveria ter vindo. Isto para mim é muito difícil, Senhor Petrarcus.

– Não fiques assim, filho, nada ainda está perdido. Vem a meu gabinete, e vamos conversar a respeito.

Terêncio acompanhou Petrarcus, e ficaram lá por um tempo. Quando o jovem saiu, já estava refeito da desilusão que poderia ter, porque agora sabia que Agripa não pudera esquecê-lo e não amava a jovem com quem iria casar-se. O plano egoístico de Petrarcus estava causando efeito satisfatório. Não que ele desejasse que seu filho ficasse eternamente com o amigo, mas porque esta seria a melhor forma de afastá-lo de Virgínia. Ele queria para seu filho um casamento digno de seu nome, com uma jovem rica e da nobreza romana.

– Agripa, Agripa! – chamou o jovem romano, quando o viu sair do dormitório.

– O quê? Vieste também? – aludiu Agripa, pasmo ao ver o amigo – Pensei que não querias mais me ver, desde o dia em que fiquei noivo de Virgínia e disseste que jamais me perdoarias.

– Sim, mas, pelo amor que te dedico, eu cheguei para não concluíres este ato – comentou, olhando-o fixamente.

199

– Não sabia que virias, Terêncio. Pensei até que estivesses comprometido; pena que seja tão tarde.

– O comprometimento de um homem somente pode ser feito pelo coração, marcado e sentido. O amor é o elo que deve nos prender, Agripa.

– Sim, mas ainda me amas?

– Vim até aqui, o que achas? Senti tristeza profunda com o teu convite e queria ver-te frente a frente, para ter certeza de que me esqueceste.

Agripa aproximou-se de Terêncio, e se abraçaram.

– Partamos daqui para bem longe, Agripa – convidou o cartaginense. – Vivamos nossa vida, não mais separadamente, não mais nos escondendo dos demais. Vamos vivê-la abertamente.

– Sinto, mas não posso.

– Por quê? Por Virgínia? Oh, não sabes tu que farás um bem a ela, que ama teu pai, e ele a corresponde?

– O quê? Meu pai? Ora, isto não pode ser verdade. Meu pai diz que a quer somente para não permitir que eu me case com ela.

– Esta não é a verdade. Estive com teu pai, que quase chorava a perda da mulher que ama. Deixa-os serem felizes, Agripa. Volta comigo a Cartago.

– Inacreditável. Por isso que ele não queria ver-me casado com Virgínia. Queres que eu vá contigo agora? E como ficam os convidados? E Virgínia... Ora, quem sabe... eu vou falar com ela.

– Deixa-a com seu destino – pediu-lhe Terêncio, puxando-o pela mão –, e tenho a certeza de que ela até te agradecerá por isso.

– Está certo – complementou Agripa, alegre e sorridente. – Vou contigo.

Agripa apanhou alguns pertences seus, e os dois saíram às escondidas para a viagem, mas foram seguidos pela serva Serpia, que escutara tudo atrás do pesado reposteiro e fora contar ao seu senhor.

Na realidade, Serpia tinha os mesmos anseios de Virgínia. Desejava Petrarcus, este homem ainda belo e muito rico, e faria tudo para obtê-lo. Seu plano de mulher ardilosa viria em tempo, para que tudo acontecesse como estava planejando.

Neste momento, a casa estava cheia de convidados, e Petrarcus mandou chamar a noiva de Agripa. Virgínia entrou com sua túnica branca bordada em ouro e prata, usando na cabeça uma coroa de flores brancas. Os cabelos escuros, apanhados à moda romana, realçavam-lhe a tez clara. Mostrava-se com nobreza de gestos e portava o caminhar de uma rainha.

Petrarcus, boquiaberto, fitou-a sem lhe dizer nada.

– Onde está Agripa? – indagou ela, preocupada. – O que acontecerá nesta festa? Petrarcus, tens certeza de que tudo dará certo, e ficarei contigo?

201

Petrarcus pegou-a pela mão e levou-a ao centro da sala, onde seus convidados aguardavam:

– Senhores senadores, senhores tribunos, meus convidados, "dominae romanae", patrícias romanas. Peço-vos um momento de atenção. Venho-vos dizer que este casamento não será realizado por meu filho e a Senhora Virgínia.

Grande murmúrio ouviu-se. Pessoas comentando o que teria acontecido com os noivos. Teriam desistido? E Petrarcus continuou:

– Digo-vos que Virgínia, esta graciosa donzela, foi abandonada por ele. Porém, para reparar este fato, casar-me-ei com ela, defendendo sua honra.

Os convidados bateram palmas.

Virgínia dava gritos internos de ódio. Ele tinha que arrasá-la na frente de todos. Aos olhos dos convidados, ele seria o homem de caráter que estava assumindo um papel exatamente para resguardar sua imagem de noiva abandonada. Sim, ele devia sentir vergonha dela e de sua posição, de sua mãe e sua pobreza. Oh, homem orgulhoso! Oh! Ela não o perdoaria nunca. Fora monstruosamente ferida.

A festa foi esplêndida, com danças, ao som de pandeiros, alaúdes e flautas, jogos com gladiadores e mágicas. O vinho foi servido com manjares estupendos. Os convidados, no meio da noite, já estavam animados, e orgias aconteciam nos jardins da residência, como em todas as festas da Roma antiga. Virgínia estava sendo paparicada por Petrarcus, mas resolvera flertar com Salésio, colocando um frígido olhar em seu marido, que adivinhava que ela deveria estar como "uma fera".

Salésio, surpreso, por sua vez, admirava-a. Conforme dizia o convite, fora somente ele convidado. Não sabia o porquê disso e, mesmo com os resmungos de sua mulher, que achava que ele também não deveria ir à cerimônia, compareceu, deixando-a chorosa, somente para verificar se Virgínia ainda teria algum afeto por ele.

Aproveitando-se deste acaso, em um momento, após todos terem bebido muito vinho, a jovem, muito amuada, convidou-o para ir com ela até o templo onde todos os dias se encontrava com Petrarcus, com a finalidade de desabafar com o vizinho sobre os acontecimentos atuais.

Serpia analisava todos os passos da jovem esposa e seguiu-os, avisando Petrarcus Lucius:

– Vinde, meu senhor, quero mostrar-vos algo. Não me repilais, se me achais alcoviteira, mas... É melhor que vejais com vossos próprios olhos.

Petrarcus não queria ir, então, ela continuou:

– Trata-se de vossa nova esposa, meu senhor.

Ora o que estaria acontecendo com ela? E que megera era aquela que o tirava da maior conversação com os ilustres convidados, e na presença de um dos mais altos funcionários do governo? Pensando tratar-se de Agripa, com a insistência da serva, que não saía de perto dele, esperando-o para mostrar-lhe o fato, o esposo de Virgínia pediu licença aos companheiros e seguiu a serva.

Virgínia chorava, queixava-se da vida para Salésio Lupínius, que a acalmava, abraçando-a.

– Sou uma infeliz, Salésio. Agora, que eu estaria prestes a ser feliz, recebo esta punhalada de meu marido. Ele deve envergonhar-se de mim. Mostrou-me isso perante os convidados, humilhando-me.

– Não fiqueis assim, Virgínia. Talvez, ele não tenha feito isso por mal. Vê-se que, ao olhar-vos, lança-vos os maiores sorrisos e olhares admirativos.

– Não. Ele me humilhou perante todos os romanos nobres e ricos desta e de outras paragens. Não poderei esquecer nunca este fato.

Salésio Lupínius, no íntimo, ficou satisfeito, porque notou que, com este gesto do marido, não perderia Virgínia e, para acalmá-la, levantou sua face com sua mão, abraçando-a com a outra, dizendo-lhe:

– Tudo passará, minha querida. Lembrai-vos de que estarei sempre ao vosso lado. Fiquei sabendo, por Agripa, que sois aquela querida pequena, que me olhava seriamente, ainda com tenra idade. Tive muita alegria ao saber desse fato. Serei vosso protetor, se ninguém o for.

Petrarcus chegou com Serpia bem neste momento. Viu Salésio levantando seu queixo e falando que seria seu protetor. O ciúme percorreu-lhe os sentidos e cresceu nele um ódio voraz.

– Infame! Pagareis com a vida, Salésio. E tu, mulher, tu...

Num instante, ele a empurrou, deixando-a caída no piso dos degraus, enquanto apanhava o homem pelo braço e o trancava no templo. Depois, veria o que faria com ele.

Alfeu fora chamado por Centurinae, que fazia a ele sinais com as mãos, querendo afirmar que algo ruim estava acontecendo no templo. Rapidamente, o servo se locomoveu até o local e, quando viu Serpia, sentiu que tudo o que estava ocorrendo era causado por sua crueldade. Não gostara dela desde o dia em que a conhecera em Cartago, pois a sabia ardilosa e alcoviteira, mas teve que aturá-la. Mais tarde, porém, chegou até o templo e livrou Salésio, temendo que seu patrão, por ter bebido muito, cometesse um crime ao vizinho inocente.

O recém-casado puxou a esposa e jogou-a sobre seu leito, mas, antes, bateu nela pela primeira vez, totalmente possuído pelo ciúme, que não conseguira dominar.

– Bem eu sabia que não deverias ser mulher para meu filho, nem para ninguém. Casei-me contigo, mulher; o que queres mais? Por acaso, um homem mais jovem tem maiores qualidades que eu? Um homem só não serve para ti?

205

– Me ofendes, Petrarcus! Nada aconteceu, meu esposo – redarguiu Virgínia, defendendo-se.

Porém, o ciúme doentio não permitia que Petrarcus raciocinasse. Virgínia, por sua vez, sentia-se satisfeita, em parte, por vê-lo com tamanho ciúme, mas, por outro lado, entristeceu-se pelo fato de estar sendo sincera, e ele não ter confiado em suas palavras.

– Eu estava triste por me colocares em uma situação desfavorável com os nossos convidados. Salésio prometeu-me que cuidaria de mim. Foi somente isso que falamos no templo – continuou a jovem esposa, cabisbaixa.

– Não mente! Eu vi vocês dois em colóquio amoroso!

– Se tens certeza disso, que não é verdade, digo-te que foste tu quem me empurraste para chorar nos braços do vizinho. Sozinho comigo me amas e não desejas perder-me, mas, perante a sociedade, estás comigo por orgulho, para demonstrar a todos teu caráter firme! É isso, não é? Tens vergonha do que pensem e falem de ti, ó grande Petrarcus Lúcius. Por que não disseste que casaste comigo porque me amas? Por acaso te envergonho perante os nobres? Eu te odiei por isso, fica sabendo e agora...

– Agora me deste o troco, não foi? Pois saibas que, de agora em diante, eu não te quero mais. Que passes a noite sozinha! – e afastou-se.

Petrarcus pediu para os servos pararem de servir bebidas, a fim de que todos se retirassem. Entrou em seu gabinete e ficou em solidão por uma parte da noite, enquanto Virgínia analisava a situação e dizia para si mesma: *"A vingança é um prato que se come frio, Petrarcus".*

Serpia andava de um lado para outro, ansiosa para concluir seu plano, até entrar sorrateiramente no gabinete. Na penumbra do local, somente iluminado pela luz do luar, lentamente ela se acomodou, sentando-se aos pés de seu senhor. Chegou-se devagar e apanhou lentamente sua mão, beijando-a.

– Senhor, perdoai a minha intromissão a vossos tristes pensamentos. Quando se tem um amor desfeito e um coração despedaçado, basta que se olhe ao lado – levantou seus grandes olhos implorativos para ele, que a mirou admirado, e continuou: – Eu vos amo, senhor.

Petrarcus Lucius, decepcionado e desejoso de vingar-se de Virgínia com a mesma moeda, disse para a serva:

– Então, vem comigo. Que sejas minha esposa por esta noite e tantas outras que virão, deitando-te comigo no leito preparado a Virgínia.

Serpia sorriu, procurando dissimular seu contentamento. Enfim, todos haviam caído em sua rede, e o importante acontecera, seu objetivo estava sendo alcançado. Agora, Petrarcus abandonaria a má esposa para dedicar-se somente a ela e seu sonho. Teria tudo o que sempre almejara.

Virgínia esperava ser chamada, depois de passadas algumas horas, porém Petrarcus não fora ter com ela.

Centurinae abriu um pouco o reposteiro olhando para dentro, fazendo sinais com a mão, aflitivamente, a Virgínia, que não podia entender o que ela lhe tentava dizer. Centurinae saiu e voltou com Claudine.

– Perdão, senhora. Centurinae está aflita – comentou a outra serva.

– O que houve?

– O senhor foi para o leito nupcial com...

– Com quem? Fala, mulher!

– Com a serva Serpia.

– Como pôde? Oh! Mas isso não vai ficar assim – ergueu-se a noiva.

Virgínia dirigiu-se rapidamente ao dormitório que seria seu, adentrou e os pegou em colóquio amoroso. Começou a derrubar tudo o que via em frente e, apanhando a serva pelos cabelos, batia-lhe, dizendo:

– Sai deste leito, miserável! E prepara tuas coisas, que partirás daqui ainda hoje!

Petrarcus, reclinado no leito, somente sorria sem nada dizer. Ah, como estava gostando de ver o ciúme em Virgínia. Aquela jovem linda o amava realmente. Mas não entendia por que sempre estavam irritados um com o outro, e por que os momentos de felicidade e paz entre eles eram tão ínfimos. Depois de acalmar-se, ele chamou Virgínia para o leito.

208

– Não – disse ela, olhando-o enfurecida. – Eu não estarei contigo hoje e talvez nunca mais!

Saiu, fechando a cortina do ambiente e deixando Petrarcus cair em pesado sono, tomado pela bebida.

Petrarcus acordou na manhã seguinte pensando:

"Estaria eu sonhando? Virgínia estava realmente em colóquio amoroso com nosso vizinho Salésio Lupínius, que tanto admiro? Não, só pode ser um pesadelo que tive."

Mas por que Virgínia não estava com ele ali, no leito nupcial?

O recém-casado lavou os olhos no vasilhame ao lado da cabeceira da cama, para melhor coordenar as ideias. Sua cabeça estava dolorida e pesada, pela grande quantidade de bebida que absorvera. Achou que deveria ser tarde, porque o sol estava alto. Colocou uma toga e encaminhou-se para procurar por sua esposa. Estava, enfim, unido àquela mulher admirável!

"Ah, teria sido um bom casamento se algo não tivesse acontecido, mas o que foi que aconteceu? Onde estará a minha amada agora?"

Virgínia estava no jardim, a cantarolar e imaginar como agiria com seu marido daqui para a frente. Na cidade, lomba abaixo, via-se o movimento do trânsito de liteiras, cavalos e transeuntes a dirigirem-se a diversos locais. Sua mãe programara dar uma olhada na antiga moradia da cidade, por não ter o que fazer na Villa Olivo. Agora,

Fedras Serventia sentia-se como uma princesa. Não trabalhava mais, aproveitando somente o enlevo da ternura filial. Ela colocou-se na liteira, acenando para a filha, que cheirava uma rosa vermelha e sorria para ela. Virgínia mostrava-se plena de felicidade, por poder oferecer à sua mãe aquele prazer de sentir-se zelada e muito amada. Os servos da casa que foram utilizados para levá-la ficariam lá, à sua espera, até que ela falasse com os vizinhos e se mostrasse a todos. Queria que a vissem como estava bem, elegante e rica.

Petrarcus chegou-se até Virgínia e abraçou-a, dando-lhe um beijo na nuca. Ela sentiu um arrepio percorrer-lhe todo o corpo e notou seu coração bater descompassado. Estava amando aquele homem, mas teria de lhe dar uma lição pela noite de núpcias. Ele a traíra descaradamente, e ela não poderia consentir. Se deixasse como estava, ele tornaria a traí-la.

"Oh! Só em pensar naquela serva peçonhenta, tenho acessos de ódio" – imaginava a jovem esposa de Petrarcus.

– Minha amada esposa, por que deixas teu marido tão só?

– Peço-te para saires de perto de mim!

– Mas o que houve? Já não me queres?

– Não depois do que aconteceu ontem à noite. Deixa-me em paz.

– Mas, querida, estamos casados. E o que foi de tão

grave que aconteceu ontem à noite? Não consigo me lembrar – perguntou Petrarcus, abraçando-a novamente.

– Deves estar brincando comigo, Petrarcus Lucius. Então, não te lembras?

Virgínia usou de sua inteligência e altivez. Era de fato uma mulher perspicaz. Já que ele não se lembrava de nada, por que despertar sua atenção sobre a serva? Se isso acontecera, quem sabe se não fora para seu bem? Era sinal de que a serva não lhe significava nada. Não poderia conviver com o inimigo assim de tão perto.

"Eu tenho que inventar alguma coisa para mandar aquela mulher embora daqui".

Virgínia não conseguia parar de pensar. *"Trocar a mulher que dizia amar por uma ordinária e idiota serva, é muito para mim!"*

Mas, na realidade, esse ciúme dizia a ela que estava amando de fato seu marido e não deixaria partir seu coração, dividindo-o com a outra.

– O que aconteceu ontem, querida? Fala-me... fala-me, senão... – Petrarcus iniciou a puxar-lhe os cabelos de leve, fazendo-a rir e a correr pelo peristilo para fugir do esposo. Depois, a jovem jogou-se na água rasa da piscina do átrio, e Petrarcus jogou-se com ela. Rindo muito, beijaram-se e abraçaram-se em um amplexo repleto de ternura, que jamais Virgínia conhecera.

Os dias estavam passando plenos de felicidade

entre os esposos. Numa tarde, o marido, feliz, perguntou a ela.

– Não tenho visto Serpia. O que ouve com ela, Virgínia?

– Mandei-a embora. Alfeu está providenciando sua venda.

– Como fizeste isso sem consultar-me?

– Por acaso, não disseste que esta casa é minha e as serviçais também me pertencem?

– Sim, mas o fato de tomares esta atitude com uma serva que eu comprei no mercado de Cartago não está certo; eu deveria ter sido consultado. Vou mandar buscá-la. Pobre mulher, tão bela, atirada na vida para ser vendida, e sabe-se para quem...

– Não! Não farás isso. Não permitirei!

– Se não a queres aqui, ela me servirá em Cartago. Ora, querida, Cartago é longe daqui. Eu a encontrarei, verás, e não deverás mais ter este tipo de ciúme, afinal, é a ti quem eu amo e és minha esposa. Nada, então, deverás temer.

– Está bem. Busca-a, mas manda-a de volta de onde veio. Quero ser como desejas que eu seja; perfeita para ti.

Virgínia falara isso, todavia, pensaria uma fórmula de evitar que isso acontecesse. Talvez se a matasse, dando-lhe uma poção venenosa... Sim, teria que dar um fim naquela víbora; ela não deveria chegar perto de Petrarcus novamente.

– Sabes, Virgínia? Acho que sonhei com aquela serva – comentou-lhe Petrarcus, fazendo-lhe um carinho na cabeça.

– Conta-me esse sonho.

– Bem, parecia ter sido na noite do nosso casamento. Sonhei que ela estava no leito nupcial em teu lugar.

– Ora, mas que disparate. Jamais pensarias nisso, não é? – redarguiu Virgínia, dissimulando. – Mas falemos de outra coisa, conversemos sobre nossa viagem.

– Quanto à nossa viagem, digo-te que te levarei até o fim do mundo, meu amor. O mundo te pertence, minha querida.

– Está bem, Petrarcus, eu já falei que te amo muito? Jamais pensei apaixonar-me assim por alguém. És o homem que sempre sonhei ter ao meu lado. Jamais deixarei que alguém se aproxime de ti, meu querido. Serás sempre somente meu.

Capítulo 7

A FESTA DE VIRGÍNIA

Reconciliai-vos o mais depressa com o vosso adversário, enquanto estais com ele no caminho, a fim de que vosso adversário não vos entregue ao juiz, e que o juiz não vos entregue ao ministro da justiça, e que não sejais aprisionado. Eu vos digo em verdade, que não saireis de lá enquanto não houverdes pago até o último ceitil. (**São Mateus,** cap. V, v. 25, 26).

(*O Evangelho Segundo o Espiritismo,* cap. X, item 5.)

VIRGÍNIA E PETRARCUS VIVERAM COM EXTREMA felicidade durante seis meses. Ela já não pensava em Salésio ou em qualquer outro homem. Encontrou, em seu esposo, a pessoa que ela sempre desejou, correto, de caráter e com as posses necessárias, que não a fariam, jamais, voltar a sofrer as necessidades dos dias anteriores. O casal festejava com jantares aos amigos, divertia-se nos circos de Pompeia e fazia parte de uma reunião dedicada aos deuses, onde lhes oferecia animais, em agradecimento ao grande amor que os unia. Formavam o par perfeito.

Petrarcus ficou todo esse tempo descuidando de seu trabalho, com o pensamento tão somente em estar nos braços de sua amada, como se estivesse sempre em lua de mel. Ele ainda não havia feito a vontade de Virgínia, que era a de visitar outros lugares. Esperava que, mesmo com a ausência de Agripa, seus negócios se acomodariam de uma tal forma, que caminhariam por si só. Explodia de felicidade.

Serpia havia voltado à Villa Olivo, pois Petrarcus a encontrara trabalhando como serviçal de um amigo seu e a comprara de volta. Ao chegar à Villa Olivo, a antiga serva lançou a Virgínia um olhar de vitória, erguendo a face e sorrindo. Desde seu retorno a Pompeia, Virgínia começara a odiar a árabe, por sua beleza e sedução, com um ciúme arrebatador, mas, naquele momento, fez com que não notasse sua presença, e, para lhe dar o troco, mais tarde fixou nela seu olhar de animosidade, dizendo-lhe:

– Mandei procurar-te para que voltes a Cartago. Dentro de duas semanas, partirás e permanecerás por lá.

Serpia sentiu-se humilhada ao extremo, pois planejava, no caminho, o que faria para que Petrarcus abandonasse a esposa. Seu primeiro plano não tinha dado resultado, mas estava pronta para um outro, mais audacioso que aquele. Pensou em Salésio Lupinius. Ele ainda deveria desejar Virgínia, era lógico, e, quem sabe, se o atraísse ao seu leito, enquanto esta estivesse dormindo... Mas precisava de mais tempo, pois, em duas semanas somente, talvez não conseguisse seu intento. Então, falou entre os dentes:

– *"Eu pensarei em algum modo de destruí-la."*

O Universo todo se movimenta pela lei da atração, da afinidade. Assim sucede com amigos que temos, cuja presença nos enleva e nos faz bem quando deles nos aproximamos. Porém, há outras pessoas às quais nossas vibrações se chocam. Sentimos uma grande antipatia por elas e nos repulsa sua presença. Quando experimentamos esse sentimento e vibramos de modo muito diferente em relação a elas, avaliamos, quase sempre, que, com elas, já tivemos atritos em vidas passadas. Tudo é sintonia, todavia, precisamos lutar conosco mesmo para repelirmos de nós essa animosidade, tornando-nos agradáveis a elas, a fim de que se quebre essa corrente de vibrações inadequadas e desfavoráveis a nós mesmos, assim continuando até conquistarmos nossa própria libertação.

Depois de duas semanas, o dono da Villa Olivo já estava pronto para partir com Virgínia para Alexandria, e Serpia resolveu acalmar-se para que ninguém desconfiasse de seu plano. Servia calmamente seu amo e sua senhora, sem demonstrar qualquer sentimento de rancor, enquanto não decidia sua vingança. Sempre com a cabeça baixa, sem olhar ninguém nos olhos, ela lembrava o ser mais humilde de toda a Villa Olivo.

Na noite da véspera da viagem, Petrarcus soube que Agripa voltara e estava na cidade. Temeroso de o filho ter se arrependido de ter abandonado Virgínia no dia do casamento, recolheu-se em seus aposentos, deixando a esposa em seu leito, depois de estar com ela por muitas horas, planejando os dias que viriam. Precisava descansar para a longa viagem que fariam e prezaria, apesar de estar muito saudoso, não rever o filho até aquele momento, mandando-o buscar assim que estivessem prontos para se despedirem. Deixariam Serpia em Cartago com Alfeu e seguiriam viagem ao destino desejado.

A serva se afastara, escondendo-se entre as colunas; observara o casal e, quando viu que Petrarcus recolhera-se sozinho, foi procurar por Claudine. Poria a efeito seu plano hediondo.

– Claudine – disse-lhe –, teu senhor pede de ti que chame tua patroa mais tarde, para fazer-lhe companhia. Deves aguardar um tempo, enquanto ele descansa.

Claudine acreditou nela e comentou a Alfeu, indo aguardar em seu quarto até o momento preciso. Era uma noite escura, e Serpia, pensando em agir o mais rápido possível, para que seu plano desse resultado, e ela não fosse banida para longe do homem que desejava, teve o cuidado de apagar a lamparina que ficava sempre acesa à entrada do dormitório de seu senhor. Como víbora peçonhenta, aconchegou-se ao leito de seu patrão, aguardando a vez de se evidenciar. Lembrava-se de como ele a levara ao seu leito em sua noite de núpcias. Naquela noite, Virgínia estragara seu plano, mas agora estava preparada. Estando fértil, engravidaria dele e não se esqueceria das ervas que trouxera da pitonisa.

Achando que Virgínia não quisera ficar distante dele durante a noite, Petrarcus, adormecido, abraçou a mulher ao seu lado carinhosamente:

– Querida, não me deixas descansar... mas, vem, aproxima-te daquele que muito te ama.

Sentiu na mulher os traços delicados e a fragilidade de sua esposa. Acariciou os longos cabelos, crendo ser Virgínia; somente estranhou o perfume oriental, mas não deu atenção a este fato. Só não imaginou que a serva seria capaz de um ato daqueles, sem sua permissão.

– Não consegues ficar longe de teu esposo? Mas por que está tão escuro? Apagaste, por ventura, a lamparina?

Serpia nada respondeu, somente aconchegou-se ainda mais a ele, cobrindo-o de beijos.

No dia anterior, a escrava tivera a oportunidade de frequentar a casa de uma pitonisa, com a finalidade de retirar Virgínia de seu caminho. Ofereceu à bruxa dois denários em prata e conseguiu ervas para uma poção que deveria ser bebida por Virgínia. Colocou ao lado da cabeceira da cama de Petrarcus, antes de ele deitar-se, um cálice de vinho, preparado com ervas, ditas milagrosas, para seduzi-lo e, do outro lado, o veneno. O plano seria este: sua senhora, ao entrar e vê-la nos braços de seu marido, certamente começaria a gritar e a puxaria pelos cabelos, querendo-a fora do leito, como na noite do casamento. Logo, entraria Claudine, que, na ânsia de acalmar sua patroa, daria a ela a suposta água, como sempre fazia, do cálice perto da porta. Claudine seria a responsável pela morte da esposa de Petrarcus. Depois, ela própria serviria o cálice de vinho ao nobre dono da Villa para que ele se acalmasse e, futuramente, tratá-lo-ia com tanta dedicação, que ele não resistiria a ela e a tornaria sua nova esposa, assim como ele fez com Virgínia, a jovem que não era escrava, mas que não tivera, na época, um sestércio sequer.

Alfeu, ouvindo Claudine, franziu o cenho preocupado, sentindo que alguma coisa estranha estava ali acontecendo. Por que mandaria o patrão um recado através de Serpia para Claudine?

Como soubera do que havia acontecido na noite do casamento, achou que algo grave iria ocorrer ali e dirigiu-se aos aposentos de Virgínia, batendo levemente à sua porta.

– Perdoai a este escravo, senhora, mas preciso falar-vos.

– Podeis entrar, Alfeu.

– Senhora, sinto que algo negativo está por ocorrer aqui esta noite. Se Claudine vier chamar-vos, não vades ao seu encontro.

– Chamar-me? Para quê? O que sabeis? Dizei-me.

– Não seria bom vos dizer. Mas... estejais atenta. Vosso marido vos ama, eu sei disso.

– Mas o que está acontecendo?

– Nada ainda, somente vos peço que fiqueis aqui.

O coração de Virgínia ficou angustiado. Havia sonhado na véspera que estava caída sobre Petrarcus, chorando desesperadamente. Então, deixou Alfeu e correu para chamar por seu marido. Ao chegar lá, viu que a lamparina estava apagada e, vendo que Alfeu a seguia, pediu-lhe para reacendê-la. Com a luminosidade devida, entrou lentamente no quarto e notou não estar Petrarcus a sós.

Levantou a fraca luz para perto do leito e notou a serva beijando-o. Então, atirou-se sobre ela.

– Tu novamente? És tu, miserável?

Petrarcus, não entendendo nada, sentou-se no leito e, vendo Serpia, mandou-a retirar-se. A serva, forçando serenidade, desceu do leito, moendo-se internamente e foi caminhando até a porta, ajeitando a veste que caía de seu ombro. Sentiu-se traída. Como é que Virgínia fora até lá antes de ela concretizar seu plano? Só Alfeu, com suas intuições, poderia ter descoberto tudo. Aproveitou para deixar o quarto passo a passo, no momento em que a esposa, agora rebelde e gritando com fúria, colocava sua dor para fora, mas foi barrada na saída por Alfeu. Serpia temia pelo veneno, mas Petrarcus, achando-se à direita do leito, decerto não faria a volta para beber daquele cálice, próximo a Virgínia. Talvez, ninguém tomasse dele, mas, se descobrissem, iam saber que fora ela quem o colocara lá. Estaria perdida, então... Como fazer para tirá-lo de lá?

– Mas o que está acontecendo? – perguntou Petrarcus. – O que esta serva está fazendo aqui, Alfeu?

Alfeu nada respondeu.

– Então, não sabias? Mas que homem és tu, que não notas quem se deita em teu leito? – indagou-lhe Virgínia.

– Achei que fosses tu, minha querida. A lamparina estava apagada, e tudo tão escuro...

– Alfeu, deixai-me entrar novamente, deixai-me voltar para apanhar minhas sandálias ao lado do leito – pediu-lhe Serpia.

– Não! Aguardeis aí.

– Mas nada fiz, a não ser deitar-me ao lado do homem que amo; a Senhora Virgínia gritou porque tem ciúmes de mim.

– Não vos deixarei movimentar-vos, sem que tudo seja esclarecido – afirmou Alfeu –, portanto, Serpia, vós tereis que aguardar.

Serpia teve que aceitar a ordem e ficou aguardando o resultado de sua desforra; talvez, tudo desse certo, afinal.

Virgínia continuava nervosa, mas o esposo a acariciava, dizendo-lhe que nada acontecera, que a amava e castigaria a serva indolente. E, nesse tempo, entregou o conteúdo do cálice perto dele para que ela bebesse.

– Vem perto de mim, minha querida. Não fiques assim, bebe um pouco deste vinho que te sentirás melhor.

Acariciando seus cabelos, continuou:

– Tenta acalmar-te. Viste que, diante de ti, eu a mandei embora? Amanhã, esta escrava será vendida em praça pública. Verás.

Serpia, olhos esbugalhados de ódio, presa nos pulsos por Alfeu, ansiosa, não tirava os olhos do casal, desejando que Virgínia bebesse a água. Se pudesse, correria até ela e a faria deglutir todo seu conteúdo.

Petrarcus aprendera como tratar com a esposa. Precisava ser dócil para com ela e cobri-la de carinhos. Estas eram suas armas, este era o melhor remédio para fazê-la acalmar-se, cada vez que Virgínia, nervosa, discutia com ele.

– Vem, querida, e toma alguma coisa. Olha, aqui está o cálice que te ofereço; eu tenho sede, se não beberes, eu beberei, meu amor.

Porém, Virgínia, soluçando, aconchegou-se ao seu abraço e, deitando sua cabeça em seu ombro, falou:

– Acredito em ti já que dizes a verdade, que não estiveste com ela e que não sabias da presença dela aqui. Eu acredito... Tudo porque a venderás amanhã.

– Sim, meu amor. Estamos tão felizes que jamais alguém poderia quebrar este laço. Nenhuma mulher e nenhum homem.

Serpia ouviu aquela conversa remoendo-se de ódio. Então, não se importaria se ele ou ela bebessem o veneno que havia colocado lá.

"Que desapareçam os dois" – praguejou, consigo mesma, a serva e foi, então, levada por Alfeu.

Petrarcus, ao lado de Virgínia, olhou a serva sair. Vendo-a tão bonita, pensou: *"Que pena vender tão bela mulher, mas devo fazê-lo; ela é perigosa"*. Então, foi atrás de Alfeu para ordenar o que fazer com a serva.

– Alfeu – ordenou-lhe Petrarcus, aproximando-se dele –, deves levar agora esta mulher ao local destinado aos encarcerados. Coloca-a amarrada lá, até que saia o Sol. Depois a levaremos para vendê-la.

Alfeu obedeceu, e Petrarcus retornou aos seus aposentos, falando à Virgínia:

– Agora, minha esposa, ninguém mais nos perturbará. Dormirás comigo esta noite. Venha aninhar-te em meus braços.

Virgínia não cabia em si de contentamento. Os deuses estavam todos abençoando-a. As bênçãos que ela estava recebendo, através desse amor, a fariam agradecer permanentemente a eles. Nunca estivera tão feliz em toda sua vida e não permitiria que jamais esta felicidade fenecesse. Amava esse homem com toda a pureza dos seus sentimentos.

Petrarcus, dormindo ao lado contrário em seu leito, revirava-se com sonhos estranhos e visões de amigos já desaparecidos. Via seu pai, que o alertava dizendo: "Cuidado, Petrarcus, tenhas cuidado". Por sua vez, Virgínia também tinha pesadelos. Sonhava que estava em um campo de batalha, vendo seu marido cair ensanguentado. Chamava-o pelo nome, mas ele não a ouvia. Ela estava perto dele, mas longe ao mesmo tempo. Sentiu-se sufocar. Então, levantou-se para apanhar o cálice que estava ao seu lado. Bebeu o vinho aos goles, até acabar com seu conteúdo. Petrarcus acordou também e se sentou na cama, dizendo:

– Dá-me um pouco, tive muitos pesadelos. O vinho nos ajuda a dormir melhor.

Mas Virgínia já tinha bebido tudo, então, ele virou-se para apanhar o cálice de água, destinado a Virgínia, na cabeceira a seu lado, levou-o aos seus lábios e tragou todo seu conteúdo. Em poucos segundos, seu estômago começou a arder como fogo.

– Ai, meu estômago queima. Por acaso, neste vaso, há veneno? – indagou Petrarcus, tossindo e contorcendo-se, perguntando a Virgínia, que se sentou na cama, como um raio, vendo-o colocar as mãos no ventre.

– Sim, é isso, é isso! – gritou ela. – Ó, deuses do Olimpo! Tu o bebeste, o bebeste! Socorro, Alfeu! – gritou em altos brados.

Alfeu acudiu a sua senhora, e, com ele, alguns serviçais, que faziam tudo para acalmá-la.

– Alfeu, Petrarcus está passando mal! Chamai o médico, pelos deuses! – disse-lhe implorando, nervosa e tremendo muito. – Não deixeis morrer o meu amor, Alfeu, por favor!

– Eu vou – aludiu Efus, saindo rapidamente para buscar o médico.

– Virgínia... Deve ter sido Serpia... Eu não pedi para colocarem bebida alguma aqui neste quarto.

– Ela... pretendia matar-me... – falou, lentamente, Petrarcus, apertando o estômago com sua mão esquerda.

– Não! Este cálice não era para vós – concluiu Alfeu, que descobrira a verdade. – Vossa serva Centurinae estava aflita, porque havia descoberto alguma coisa esta tarde e tentava explicar-me, mas, por mais que o fizesse, eu não a entendi. Então, era isso que ela queria dizer-me! Vinde, senhor, tentai colocar o dedo na garganta; agiremos rapidamente para ver se conseguimos nosso intento de retirar esta peçonha de vosso organismo.

– Petrarcus, não morras, meu amor. Jamais amarei outro homem em minha vida. Promete-me que irás sobreviver. Mas o que foi que tomaste? – clamava Virgínia, vendo seu marido torcer-se em dores atrozes.

O médico cristão de Pompeia conseguiu ver Petrarcus somente pela madrugada e constatou que os sintomas eram de envenenamento. Falou-lhe que, se ele tivesse sorte, sobreviveria, pois não se tinha a certeza da quantidade do veneno que fora colocada no cálice.

Virgínia não saía do lado de seu marido, nem mesmo para descansar. A tragédia por ela pressentida na noite anterior havia acontecido. Ela afagava-lhe os cabelos e cantava-lhe cânticos tristes de amor.

Muito cedo, pela manhã, Petrarcus pediu para que fossem chamar seu filho. Queria falar com ele a sós. Falou isso entre espaços lentos, como sua voz permitia.

– Ave, meu filho... eu... fico feliz com teu retorno. Deves... sabes que casei-me... com Virgínia e... por esse motivo, desejo fazer-te... um último pedido: cuida dela... Ela é muito jovem... e poderá cair nas mãos de pessoas interesseiras e sem caráter..., com a intenção de abusar de sua ingenuidade e deixá-la sem nada..., levando tudo o que temos. Por favor... faze isso. Não a deixes desamparada. Casa-te com... ela.

– Sim, meu pai. Farei tudo que desejais, mas não vos canseis muito com falatórios desmedidos, pois, com a ajuda dos nossos deuses, podereis melhorar.

– Nossos deuses... será que existirão mesmo? Já não acredito muito, meu filho amado... Alfeu é diferente... sempre foi um homem com sapiência em todos os momentos difíceis... que convivemos. Ele, sim, tem uma fé extraordinária, mas... o seu Deus... não é nenhum dos nossos...

– Sim, tendes razão, meu pai. Seu Deus é único, mas

não é somente em Deus que ele confia, é naquele enviado por Ele, que se chama Jesus.

– Jesus... Jesus... quem sabe será Ele o caminho de nossas esperanças, meu filho...? Mas agora..., por favor..., chama minha amada esposa... quero lhe falar também.

Agripa, chocado com o que havia acontecido, chorou ao ver o pai naquela situação e ajoelhou-se, beijando sua mão e dizendo-lhe que o amava e que se casaria com Virgínia, se isso o deixasse mais tranquilo. Continuando a segurar a mão daquele que foi seu melhor amigo, pediu para Alfeu chamar por Virgínia, agora sua madrasta, que chorava sentada nos almofadões do banco de pedra do átrio.

Quando Virgínia chegou, soluçando, Petrarcus colocou sua mão nas mãos de Agripa, dizendo-lhe:

– Minha querida... sabes que muito te amo e que desejo a ti o melhor bem dessa vida... portanto... portanto... escuta-me.

Num esforço extremo, ofegante pela dor que sentia, concluiu:

– Pertences agora a meu filho... Que seja... feita... minha... vonta....

Petrarcus se calou. Uma lágrima correu de seu rosto descorado, como se quisesse comunicar toda a sua tristeza em deixá-los. E fazendo um último e grande esforço, apertou, com as duas mãos, as mãos dos dois entes que mais amara, para abandoná-los em seguida.

Virgínia exaltou-se, gritando. Bateu as mãos nas paredes em revolta extrema, sendo amparada pelos braços de Agripa e Alfeu, e, quando cansou de chorar, enxugando as lágrimas, olhou para o esposo, beijando-lhe os lábios ternamente:

– Desejo que descanses, meu amor. A partir de agora, nunca mais serei feliz, mas farei tua vontade, pertencendo a Agripa até a minha morte. Eu te prometo.

No mesmo dia, Virgínia fechou-se para a vida, com tristeza extrema em seu coração. Agripa colocou vários soldados à procura da serva criminosa, que havia fugido novamente, a fim de vingar a morte de seu progenitor. Queria vê-la morta, mas não sem antes bater nela com chicote. Quanto à Villa e aos negócios, deixou Virgínia livre para tomar as decisões necessárias.

Após o enterro do homem que amava, Virgínia procurou seu defensor e confabulou secretamente com ele sobre o Cristianismo:

– Alfeu, estou arrasada... não tenho mais vontade de viver. Petrarcus foi o grande amor de minha vida e ficou um vazio muito grande em minha alma...

– Sim, minha senhora. O luto também está em minha alma, contudo, com as lições que tivemos de Deoclécio, a morte não é o fim, mas, sim, a continuação da nossa vida imortal.

– Continuação?

– Jesus nos trouxe lições maravilhosas, mas a mais importante, quanto à nossa vida, foi a da imortalidade da alma.

Os olhos de Virgínia vibraram em grande euforia.

– Sim, talvez isso seja realidade, porque eu sinto meu esposo comigo em todos os momentos, mas não consigo tocá-lo. O que Jesus disse para fazermos quando se sente essa dor? Minha vida está tão vazia... Por que a dor é uma bênção, como falastes tempos atrás?

– Pelo mesmo fato que ela vos fez procurar-me para conversar sobre isso.

– Mas o que quereis dizer com isso?

– Senhora, eu não seria a pessoa indicada para vos falar tanto sobre Jesus. Há pessoas que sabem mais que eu... Lembrai-vos de quando voltastes de Cartago e temíeis em sair daqui? Aquela dor fora diferente desta, mas minhas palavras serão as mesmas quanto ao vosso luto. Quero dizer-vos que a dor tem o dom de nos tornar pessoas melhores; quando ela chega, penetramos em nosso interior, para observarmos esse sentimento. Então, revemos nossas aspirações e também as avaliamos. Aí percebemos que nada desta vida é tão valioso quanto o amor, este sentimento que carregamos dentro de nós. A vida e a idade me fizeram perceber isso. Deoclécio, o homem que nos ensinou sobre Jesus, fala sobre o amor, não somente o amor de um homem por uma mulher ou de uma mulher por um homem, mas o amor por todos os seres, por toda a humanidade. Só o amor tem significado, ele diz, e só aquele que se doa sente-se feliz. Este é o valor maior da vida humana. Quando se sofre muito, quando não se tem mais esperanças em rever a pessoa amada, fazer o bem ao nosso semelhante nos devolverá a paz e a felicidade. Falou-nos também, esse instrutor, sobre aqueles que seguiram Jesus e sobre Paulo de Tarso, que não o conheceu enquanto vivo estava, mas, quando se lhe apresentou envolto em luz, desde esse momento O seguiu, levando a palavra a toda parte em extrema dedicação. Nosso instrutor Deoclécio admirou muito as palavras de Paulo, que nos ensinam os caminhos da perfeição e que nos levarão a Deus um dia; palavras belas e verdadeiras. Talvez, ele retorne mais tarde à cidade vizinha de Herculanum e possais assisti-lo também, porque, na realidade, eu não sou a pessoa indicada para revelar-vos todas as maravilhas sobre Jesus. Sei só que devemos amar o nosso próximo.

– Procurai saber mais, Alfeu, e eu quero ouvir Deoclécio. Mas quem é esse nosso próximo, de quem falais?

– É aquele que está perto de nós, ele nos disse.

– Exemplo, você, Claudine, Centurinae... Serpia? – e, repetindo este nome, continuou: – Só em dizer essa palavra, vem-me aos olhos a figura de uma serpente. Eu sei que posso odiar, isso sim, mas auxiliá-la... isto nunca. Quero vê-la morrer aos poucos. Sei que aquele veneno era para mim e não para o meu amor, que morreu em meu lugar, salvando-me a vida. Seria muito bom se não morrêssemos, porém, não tenho esta certeza, não tenho mais Petrarcus, e o que vejo é que agora estou sozinha.

– Nunca devemos nos sentir sozinhos. Estamos sempre acompanhados por amigos, aqueles que já se foram. E ainda aqui tendes vossa mãe e Agripa, que vos é como um irmão.

– Sim, é verdade. E tenho meus servos, dentre eles, vós e Centurinae, que são meus amigos. – E, pensando nos amigos, Virgínia perguntou: – Salésio Lupínius também é meu amigo de infância. Mas não o vejo há tanto tempo... Terá ele chegado de viagem?

– Ele e sua esposa ainda não chegaram da Grécia. Talvez venham esta semana, mas, senhora, deveis lembrar-vos de que ele ainda está casado.

– Sim, disto não poderei esquecer nunca – disse-lhe com pensamentos levianos –, mas deixemos para logo mais esta conversa, ainda tenho o que fazer. Preciso ir à cidade para falar com uma pitonisa. Claudine ouviu Serpia conversar qualquer coisa com Centurinae. Talvez uma pitonisa tenha lhe vendido o veneno. Preciso saber de certas coisas para concluir qual será minha atitude para com esta escrava. Perdoá-la? Jamais. Ela terá o castigo que merece em praça pública.

– Senhora, se desejardes ser cristã, lembrai-vos, é preciso perdoar.

– Alfeu, vós me dissestes, uma vez, que sofrestes muito, por isso vos tornastes cristão. O que houve realmente com a filha que tanto amavas? O que houve com toda a vossa família?

– Eu sou filho de um pai que não era pobre e me fez estudar, mas, muito relapso, fui imprevisível perante meus pais. Quis ser livre e, quando os perdi, só consegui viver como vendedor de peixes e legumes, em Cartago, há longa data. Depois, casei-me com uma linda mulher e tive alguns filhos, dentre eles, uma filha a quem mais eu me afeiçoava. Seu nome era Xeres. Ela era muito jovem e chamava a atenção dos homens do local. Ficava sempre escondida pelos mantos, que ocultavam sua boca e cabelos, mas, mesmo assim, eram os seus olhos verdes e grandes que atraíam os homens. Quando ela entrou na adolescência, atirou-se aos braços de um rapaz, sem minha permissão, e se amaram. Ao lembrar-se de que ela ainda era uma criança e que a lei o obrigaria a casar-se, ele teve receio da reação de sua família e fugiu, abandonando-a. Assim, Xeres encontrou-se grávida, perdida e mal falada pela nossa tribo. Depois de um mês, ela perdeu, achei naquela época que por sorte, a criança que levava no ventre. Uma tarde, os romanos chegaram e, sem perdão, levaram-nos para Roma para sermos vendidos em praça pública. Minha esposa já havia falecido de um mal desconhecido. Ficamos sem lar e sem nosso país, e cheguei a odiá-los naqueles dias, pelos meus filhos escravos e dispersos. Desejei matar a todos. Quando fui vendido a Petrarcus em Roma, um dia, no auge de meu desespero, encontrei um homem que se chamava Damião. Disse-me muita coisa sobre a revolta e a desgraça, finalizando com o perdoar sete vezes, cada ação. Não aceitei de modo algum o que ele me dizia, então, relatou-me que estas palavras não eram dele, mas de um homem, filho de um carpinteiro, que fora crucificado em Jerusalém, cuja bondade foi infinita. Falou-me que esse homem é o Messias que o mundo esperava e que viera lutar pela humanidade. Seu nome, Jesus. Como me interessei em saber sobre aquele personagem, ele dignificou-se em contar-me tudo o que sabia sobre Ele. Mais tarde, em Herculanum, próximo a nós, Pompeia, conhecemos Deoclécio, que passara por lá e, em locais afastados dos romanos, comentava, para alguns interessados, coisas sobre Jesus.

– Alfeu, já perdoastes o que fizeram com vossa filha e todos os vossos familiares?

Alfeu baixou a cabeça e disse:

– Não posso pensar nisso e, se os visse, não sei qual seria a minha reação, mas já não carrego comigo tanta dor e oro todas as noites para que eu os perdoe, do fundo de meu coração. Nem todos os romanos são maus e tive a sorte de encontrar esta família abençoada, cuja primeira esposa foi muito boa para comigo e, consequentemente, seu esposo e seu filho.

Virgínia suspirou e deixou Alfeu para rever Agripa, que a chamava, enquanto Claudine aproximava-se do escravo:

– Vejo, meu amigo, que por diversas vezes contastes coisas de Nosso Mestre para a senhora. Achais que ela se modificou por um pouco? Olhai... Eu não creio.

– Claudine, devemos nos lembrar da lição de Jesus sobre a semente. Lembras de quando Deoclécio nos contou? Ele nos disse que, quando a semente é lançada em terra fértil, ela frutifica, mas, quando cai em pedregulhos, pode até nascer, mas não desenvolve. Assim é com a Senhora Virgínia. Ela gosta de me ouvir falar sobre Jesus, mas ainda não se coloca na situação de quem quer crescer espiritualmente. Ela está conhecendo Jesus agora, mas ainda não O colocou em seu coração. Porém, por seu interesse, é bem provável que esta semente, lançada por minhas palavras, por minúscula que seja, um dia desenvolver-se-á no íntimo de seu coração.

Alfeu, em outra encarnação, fora um grego, homem instruído e invejado por todos. Teve sempre uma vida boa, morando com opulência e permanecendo cego ao homem que lhe pedia asilo ou alimento, humilhando seus servos com seu poder. Agora, como escravo negro, sentia na pele a sua posição, sabendo que o orgulho teria de ser esmagado dentro de si. Amava Jesus, mas, em seu coração, ainda a saudade e a dor faziam moradia.

Quando Virgínia, logo após a morte de Petrarcus, foi procurar por Serpia, ela havia fugido. Alguém, talvez um cúmplice seu ou alguém muito chegado a ela, tinha entrado no local onde ela estava e a desamarrado. Virgínia ficou furiosa, estava triste e magoada com a vida, que lhe havia tirado o único homem que ela de fato amara e sentiu-se com as mãos atadas. Como encontrar a vil mulher? Agripa já havia mandado procurar a assassina, mas não conseguira saber seu paradeiro. Foi, então, que Virgínia lembrou-se de procurar a pitonisa... No dia seguinte, desceu a colina até as casas mais simples. Chegou à tardinha, acompanhada por Fedras, sua mãe, e Centurinae. Abriu-lhe a porta uma senhora simpática, fascinada por ver mulher tão rica e perfumada. Mandou-a entrar, olhando-a de cima a baixo, enquanto pediu para as outras duas mulheres aguardarem na rua.

– Senhora – aludiu Virgínia –, como vedes, trouxe-vos este saco de moedas para vos fazer falar coisas que necessito saber. Quero encontrar uma escrava chamada Serpia. Soube, por meios obtusos, que vós a atendestes aqui mesmo, nesta casa.

– Eu? Oh, não, senhora. Vós estais enganada. Não conheço essa mulher. Mas poderei ver, em minha mente e com minhas ervas, onde ela pode estar – redarguiu, absorvendo-se em olhar para o saco de moedas que ambicionava.

Apanhou algumas ervas e as queimou. No meio da fumaça, franziu a testa, fazendo alguns sinais, levantando os braços e dizendo algumas palavras em grego.

Virgínia a olhava desconfiando de tudo. Não acreditava no que as pessoas lhe haviam afirmado, que aquela era a melhor de todas as pitonisas e que adivinhava a sorte de cada um.

– Vejo aqui que ela alcançará um caminho cruel pelos seus atos criminosos. Será morta por mãos desconhecidas, mas não por vossas mãos. Neste momento ela está muito longe daqui.

– E podeis ver o que foi que matou o meu marido?

Novamente, ela falou as mesmas palavras, com um tom de voz que amedrontava a jovem viúva.

– Vejo aqui que foi uma erva, não, é uma flor! Conheço esta flor... É usada como medicina, mas pode ser também um veneno terrível. Hum... a mulher deu o extrato desta flor a vosso esposo, mas não era ele quem ela queria matar.

Então, franzindo a testa, a megera fixou em Virgínia seus negros olhos, fazendo-a estremecer e erguer-se com arrepios estranhos. Queria sair logo de lá e, para isso, atirou o saco de moedas em cima da mesa, ergueu a cabeça olhando-a com desdém, recolocou seu véu e rapidamente deixou aquele lugar com as duas outras mulheres. No caminho, sequer abriu a boca para dizer alguma coisa à sua mãe ou Centurinae, mas, olhando para o monte onde morava, sua Villa e a de seu vizinho, colocou novamente seu pensamento leviano em Salésio Lupínius. Teria ele voltado a Pompeia?

Quatro meses depois de sua pesada dor, a jovem romana começara a cantar novamente. O sentimento de perda em seu coração ainda estava presente, jamais esqueceria o maior amor que tivera, mas viu que precisava levantar-se; sentia-se muito jovem para viver sua vida em meio de tanta solidão. Olhou o horizonte límpido e a grande montanha onde as cabras pastavam, lembrou-se de Serpia, desejou-lhe o pior e voltou a pensar em Salésio, procurando esquecer o que tinha acontecido anteriormente, sem pensar em coisas ruins.

A viúva de Petrarcus seguidamente era visitada por uma nova amiga, Fransine, mulher dez anos a mais que ela, que, em Pompeia, era tida como sábia, porque sabia ler e escrever e também por ser famosa por sua bela aparência. Depois da morte de Petrarcus, esta mulher via Virgínia seguidamente, dando-lhe conselhos desfavoráveis, aconselhando-a a viver a vida com todo seu esplendor, porque dizia que a vida era única. Procurou tirar da cabeça de Virgínia o que ela ouvira de Alfeu e fomentava-a a fazer uma grande festa em homenagem a Baco, o deus do vinho, e a convidar Salésio Lupínius, para atraí-lo novamente a seus braços.

– Afinal, minha amiga, chega de tanto sofrer e chorar por teu defunto. A vida é bela e outros homens podem nos alegrar os dias. Sinto que estás exausta de ficar socada em casa e tens necessidade de sentir o amor novamente. Convidemos Salésio e, é claro, sua esposa, a qual eu tomarei conta na noite da festa. Verás que, no dia seguinte, teus olhos estarão sorridentes e te sentirás mais expressiva. Minha amiga, tu me agradecerás por esta festa!

– Não sei se devo, Fransine... Acho que é cedo demais

para isso. Depois, eu prometi a Petrarcus que jamais amaria novamente.

– Ora, mas que absurdo! Nunca é tarde para ser feliz, e o que é a felicidade senão amar e ser amada? Salésio Lupínius te ama, minha amiga. Ah... E eu também terei a oportunidade de ter meu Lucianus nos braços. Convida-o também.

– Quem é Lucianus?

– É um tribuno romano, forte e belo como um deus. Está sempre acompanhado por sua mulher, e não tive, até hoje, a oportunidade de tê-lo comigo. Mas, nesta festa, tu o convidarás, não é? Ele deve vir sozinho.

– Não sei – comentou-lhe Virgínia, sorrindo tristemente; não sei se é correto fazer uma grande festa aqui, ainda a Baco, que está proibida por Roma, quando tão pouco tempo faz da morte do meu amado esposo. Eu não me sentirei digna de sua lembrança com essa festa.

– Ora, não me faça brigar contigo! – falou Fransine, dando um tapinha na amiga – Tudo bem, eu te verei ficar velha e enrugada, chorando sempre pelos cantos por quem já se foi, no momento em que jamais alguém olhará para ti. É isso que desejas, amiga?

Quando caminhamos para a nossa reforma íntima, não faltam Espíritos querendo nos arrastar para o deslize, a fim de que permaneçamos no erro. Nesse caso, somos sempre avisados por amigos espirituais e através de nossa consciência, que passa a nos alertar. Mas, entre o sim e o não, entre o entrar pela "porta estreita" ou a "porta larga", comentada por Jesus, por onde passa a maior parte dos seres humanos, buscando as facilidades da vida, muitas vezes fechamos os olhos e optamos por aquela que pensamos ser a da felicidade. Esquecemos as advertências da Espiritualidade e criamos grilhões que nos podem angustiar por alguns séculos. Por isso, Jesus nos advertiu: "Orai e vigiai".

Virgínia baixou a cabeça refletindo sobre as palavras da nova amiga. Ela estava em dúvida quanto a oferecer aquela festa; pensava nas palavras de Alfeu, mas realmente sentia-se isolada. Já conhecedora de algumas leis morais comentadas pelo escravo, sua consciência deixava-a mal quanto à Fransine e seus conselhos, no entanto, Agripa não ficava muito com ela, sempre atrás dos negócios em Cartago; por isso, com o passar dos dias, seus pensamentos se voltaram a Salésio. Não poderia ter aquela vida somente ao lado da mãe, sem nenhuma companhia masculina, porém, tinha um mau pressentimento, não sobre o homem por quem não deixara de ter carinho e afeto, mas sobre si mesma. Prometera a Petrarcus que lhe seria fiel, contudo, era tão jovem e cheia de vida... Além do mais, seu marido estava morto e não veria nada. Debateu-se com sua consciência, até ceder à ideia.

Foi nesse momento que os pensamentos de Virgínia

começaram a atrair inúmeros desencarnados com sede dos abusos do vinho e das seduções. Com Fransine e aquelas companhias espirituais, seu desejo de ser admirada e amada crescia cada dia mais. A ausência de Alfeu, que fora a Cartago a mando de Agripa para resolver algumas coisas, também colaborava para isso, pois ela não tinha com quem se aconselhar quando em dúvida de alguma coisa. Demonstrava aí sua fraqueza de caráter. As lições de Alfeu desapareciam perante as inflamáveis palavras da nefasta amizade.

"Fransine tem razão. Quem morre morre, e tudo se acaba. Eu devo viver! Viver todos os anos de minha juventude, enquanto sou jovem, bela e rica. Vestir-me-ei com o que há de melhor, irei a festas, viajarei a Roma seguidamente, visitarei o Egito e... casar-me-ei com Agripa, conforme a vontade do defunto; afinal, Agripa não se importará com meus feitos, aliás, pedirei a ele que compre algumas Villas em outros locais, onde me manterei "fiel a mim mesma."

Então, atirou-se a agir como Fransine propusera. Mandou chamar a modista para fazer muitos modelos para si, comprou inúmeros adereços de cabelo, ricamente elaborados, encheu-se de joias e pulseiras e começou a preparar o festim. Reuniu músicos para combinar um cortejo, com uma entrada triunfal, no momento em que todos os convidados estivessem reunidos. Encomendou de Roma quantidade de perfumes para serem colocados na piscina do átrio, juntamente com as pétalas de rosas vermelhas, enfim, tratou

241

de tudo com o maior carinho para que estivesse de acordo com a festa dedicada àquele deus.

Agripa, ao voltar, ainda não refeito da perda que sofrera, quando soube das festividades que Virgínia pretendia fazer, pensou: *"Onde o amor que a esposa de meu pai lhe dedicava? Como, em tão pouco tempo, desfaz-se assim o sentimento e de uma perda que parecia ser a ela tão dolorosa?"*. Admitiu, no entanto, que Virgínia agora era sua madrasta e podia agir como quisesse. Ele, porém, não permaneceria para assistir aqueles festejos; sentia que isso seria uma traição ao pai morto recentemente. Planejou voltar por aqueles dias a Cartago, para verificar os negócios e ver o que Alfeu estava realizando por lá. Aproveitaria mais tarde para comprar a Villa em Roma, que sua futura esposa tanto desejava, só assim voltaria a Pompeia.

Virgínia o abraçou, dizendo:

– Agripa, nós, em breve, seremos marido e mulher. Prezo por isso, porque sei que és como um dedicado irmão, ao qual sempre acreditarei. Confio na tua fidelidade, quanto a sermos amigos de verdade, e confio que somente me trarás boas coisas em toda a vida que teremos, portanto, meu querido, eu quero que partas em paz para essa viagem e que compres a mais linda Villa romana para nós, onde daremos grandes festas para nossos amigos e pessoas da sociedade. Convidaremos os mais importantes alvos da vida pública e política. Ah... Sinto-me feliz novamente! E quanto a ti, podes afeiçoar-te com quem bem entendes desde que seja longe dos olhos do povo e da sociedade em que vivemos. Vem, aproxima-te e beija-me a face.

Agripa sorriu, um pouco acanhado, osculando a face da futura esposa.

– Virgínia, perdoa-me por eu não estar sendo um bom companheiro nesta hora em que fazes tantos projetos para esses festejos. Sinto-me desgostoso da vida e penso que voltar a Cartago me fará bem. Meu pai foi meu melhor amigo e, depois que minha mãe se foi para o Além, eu o amei profundamente com todo meu coração filial. Ele compreendeu-me e fez questão, quando ia casar-me contigo, que eu fosse a Cartago para enfrentar uma vida a dois com aquele a quem eu amei e, além do mais, não te deixou desamparada e casou-se contigo em meu lugar. Como esquecer o pai amoroso e o homem correto que ele foi? Mas não tanto por ele eu viajarei; irei pelos nossos negócios, e para te fazer ainda mais feliz. Papai pediu-me para que eu realizasse todos os teus desejos e assim o farei. Comprarei a mais bela Villa de Roma para ti, minha querida. E poderás embelezá-la como aprouveres, com os mais admiráveis adereços. Agora, desejo-te felicidades. A liteira me espera para levar-me ao cais onde embarcarei. Recomenda-me às nossas amizades. Ah... precisas saber que tenho notícias de Serpia. Ela foi vista em Cartago, próxima à nossa Villa. Seguirei seus passos e te prometo, que dela me vingarei.

– Agripa, eu deveria pensar como Alfeu me ensinou, mas não consigo. Guardo, em meu coração, não o perdão, mas o ódio por aquela mulher que matou meu amado esposo. Ela é invejosa e não se coloca em seu devido lugar de escrava.

– Não te preocupes, Virgínia. Não desejo que te envolvas nisso. Deixa isso para mim, afinal, sou o homem desta casa e cabe a mim encontrá-la; eu farei justiça.

O dia da festa chegou. Virgínia tinha mandado arrumar todo o jardim com belas ânforas repletas de flores, entre as esculturas. Chamas a óleo, colocadas em tripés altos, iluminavam com beleza extrema aqueles locais, desde a entrada da residência. No jardim, muitos arcos, ornados com folhas de parreiras, uvas e flores, formavam uma pérgula, por onde todos passariam até chegar ao local onde se acomodariam. A piscina do átrio, decorada com pétalas de rosas, com uma estátua central de um cupido, despejava água perfumada. Na hora marcada, as escravas Claudine e Centurinae, além de Efus, já estavam a postos para receberem os convidados, pedindo que ficassem à vontade. A mais rica e mais elegante sociedade chegava à festa da viúva do estimado falecido. Muitas esposas não desejaram faltar, somente para assistirem ao resultado daquele tipo de encontro, que quase sempre terminava em balburdia e até morte. Vários visitantes, vindos de Roma, Cartago e Grécia, chegavam para comemorar o dia daquele deus do vinho. Quando todos já estavam lá e conversavam alegremente, ouviu-se a música mais ao longe e o cortejo fantástico iniciou-se. Entraram jovens trajando túnicas brancas, curtas e transparentes, com as cabeças adornadas por guirlandas de pequenas rosas. Levavam nos braços cestos cobertos por pétalas daquelas flores e, dançando graciosamente, lançavam-nas aos convidados. Logo após, vinham adolescentes, também dançando, trazendo, na cabeça, coroas de folhas de videiras, entrelaçadas a cachos de uvas, e, por último, os músicos, tocando flautas, pandeiros, harpas e alaúdes.

Fransine já fazia companhia a Lucianus, que, sem a esposa, sentia-se livre e não a evitava. O vinho acompanhava a música eloquente. A viúva de Petrarcus, no entanto, ainda não chegara. Aprontava-se com esmero em seu quarto, com duas servas a lhe vestirem. Usava uma túnica grega em branco, com inúmeras pulseiras em ouro nos braços e no tornozelo, como certas escravas, mostrando uma postura favorável à sociedade. Trazia, na cabeça, uma tiara em ouro com pedras, que apanhava parte de sua testa, e seus cabelos, que não estavam presos como as matronas romanas, mas longos, escuros e ondulados, espalhavam-se por suas espáduas, cobertos por um manto semitransparente de um tom levíssimo. Em certo momento, ela perguntou a Claudine se Salésio já havia chegado. Queria vê-lo primeiro, depois assumiria o papel de anfitriã.

– Senhora, ele ainda não chegou. Disseram-me que viria acompanhado por sua esposa, que está grávida.

– Grávida?

Inveja e ciúme tomaram conta da senhora da Villa Olivo por um momento, mas estava disposta, mesmo assim, a lutar por ele, não para que se unisse a ela em matrimônio, isso não seria possível, mas para que fosse seu eterno visitante.

A futura senhora de Agripa entrou no recinto quando a música parou, e um servo bateu grande gongo, apresentando-a àqueles que lhe eram desconhecidos. Todos se viraram para admirá-la.

– Mas que bela mulher! – falou Lucianus.

– Bela, mas não para vós, ela está prometida a Agripa, além do mais, ama Salésio Lupínius – respondeu, enciumada, Fransine.

– Mas não o amará por toda a vida; eu saberei esperar o momento certo – respondeu-lhe o companheiro, que a fez remoer-se por dentro, desejando afastá-lo de sua nova amiga.

Salésio já estava em um canto do salão, quando Virgínia chegou, chamando a atenção de todos. Por que ela recriava sempre uma maneira de atraí-lo?

Mulheres de oficiais da alta sociedade enciumaram-se quando notaram todas as atenções de seus esposos àquela jovem viúva, que planejara tudo sozinha, sem a companhia de um esposo. Ao ar livre, próximo ao salão, servos atletas e seminus espremiam uvas com os pés como que a dançar ao som da música.

No ambiente, onde as sensações se mantinham, seres

obscuros, também embriagados de prazer, enrolavam-se como cobras ao sentirem o torpor do vinho e a exuberância dos sentimentos nefastos que aquelas pessoas exprimiam; o ar estava repleto de desejos insatisfeitos e de pensamentos pecaminosos. E esses Espíritos infelizes, sem se abstraírem do mal, amarravam-se cada vez mais, na protuberância daquela noite em que os sentidos humanos clamavam por sedução.

Muito tristes são essas ocorrências da vida mundana, quando indivíduos encarnados se deixam levar pelos seus pendores animalescos. Naquela Villa de Pompeia, por mais que a Espiritualidade superior quisesse desviá-los do mal, a tendência anterior, neles aderida, cerrava-os como em um círculo, impossibilitando-os de ouvir ou sentir os apelos do bem. Por isso, os seres obscuros, Espíritos umbralinos, transformavam-se em verdadeiros parasitas, à procura das sensações que passavam a obter, como se as tivessem, realmente, vivenciando.

A festa continuava, e Virgínia, sob os olhares de todos, não deu atenção a Salésio. Os convidados reclinavam-se em triclínios, tendo, à sua frente, uma mesa farta. Muitos jovens, vestidos como egípcios em trajes dourados e peitos nus, serviam vinhos aos extasiados participantes, pasmos diante de tanta beleza e de toda a fortuna esbanjada ali por Virgínia. Esta também se reclinou em um desses triclínios, cobertos de pele de tigre e almofadões em tons turquesa e dourado, sendo acompanhada por dois de seus admiradores solteiros. Lucianus, vendo-a, retirou rapidamente seus dedos das mãos de Franzine e aproximou-se lentamente do espaço onde a senhora da Villa estava sendo bajulada por alguns convidados, assistindo às danças árabes, ali no centro do piso de mosaico trabalhado daquela área. Salésio, não conseguindo esconder seu ciúme, chegou-se próximo a ela, lançando-lhe olhares de não aceitação, com sua taça de vinho na mão, que tragava como água, pedindo para os eunucos a encherem sempre mais. Virgínia sorria, mas fingia não ver o homem que lhe interessava, o que o deixou completamente perturbado. Ao terminar a dança, num certo momento, ela chegou-se perto dele e o olhou, levantando a taça de vinho em sua homenagem.

– Ave, caro Salésio Lupínius!

Nisso chegou perto dela Lucianus e a puxou pelo braço, dizendo-lhe:

– Vinde. Preciso falar-vos.

Mas a viúva de Petrarcus dirigiu seu olhar para as servas, que já aguardavam sua chamada para este tipo de acontecimento. Elas se aproximaram, uma de cada lado, apanhando carinhosamente Lucianus pelos braços e levando-o dali. Virgínia estava totalmente preparada para o tipo de preocupação que poderia ter. Ela sabia que o vinho era um caminho para as orgias, que sempre aconteciam em todos os locais onde ele abundava, mas não tinha nenhuma intenção de se entregar a alguém, que não fosse o seu antigo amor, Salésio Lupínius. Então, colocou seu lânguido olhar nele e saiu dali em direção ao templo do jardim. Salésio seguiu-a.

– Virgínia, Virgínia, como senti saudades! – comentou, cheio de emoção. – Procurei esquecer-te, mas pensei em ti todos os dias. Quando te vejo, não me preocupo nem com minha esposa ou com meu filho que vai nascer. O que fazer, Virgínia? Não consigo te ver sem desejar estar em teus braços. Nunca mais me abomines com o desprezo que me deste hoje. Morro de amor por ti. Às vezes, chego a odiar-me por estar procurando destruir meu lar por ti e não sei se te amo ou odeio, mas não penso em te deixar nunca.

– O que vieste fazer aqui? Acaso te chamei? Digo-te que não te quero. Estou de luto. Perdi meu único amor há pouco tempo.

– Não me desprezes. Olha, eu me ajoelho perante tua pessoa – implorou Salésio, ajoelhando-se e beijando-lhe as mãos.

Virgínia o empurrava, mas estava satisfeita. Queria realmente vê-lo a seus pés e dominado por ela.

Fingindo não ter forças para afastá-lo, ela cedeu ao seu beijo e reiniciou aí seu romance secreto com ele.

Mona, a esposa de Salésio, havia visto o marido seguir a viúva de Petrarcus e aguardava por ele, loucamente enciumada. Virgínia, quando percebeu que começara a grande bacanal, que sempre havia neste tipo de festa a Baco, saiu do leito para fazer parte da festa.

Lucianus, deixando as servas, também seguiu os convidados de Virgínia na orgia dedicada ao deus do vinho, juntando-se com Fransine. Salésio, bebendo novamente, como se o liquido da taça fosse água, saiu cambaleando atrás da mulher que o seduziu, até chegar ao salão, caindo estirado no piso, muito tonto. Ali viu Virgínia deixar-se abraçar por Lucianus, que se desprendera novamente da nova amiga Fransine. Naquele momento de intensa exaltação, com a música a tocar, o vinho a rolar e as pessoas a quase se agredirem, a nova amiga de Virgínia lançou-lhe olhares odiosos. Tirando um punhal da túnica, ela voltou-se para apunhalá-la, mas Lucianus esbofeteou-a, atirando-a ao chão.

A viúva de Petrarcus, sorrindo, fixando o olhar no vizinho que admirava, deixou-se beijar por Lucianus. Salésio, sentindo-se infeliz, estendeu o braço para apanhá-la, mas não pôde alcançá-la e caiu desacordado. Virgínia divertia-se com esta fórmula de amor. Na realidade, somente amou o esposo, e seu profundo desejo seria reencontrar outro homem como ele, pois também amou sua alma com o afeto puro e sincero de seu coração, e esse não seria Salésio, com certeza. Com essa maneira de agir, sentia-se insatisfeita e vazia. Por que o esposo fora desaparecer dessa forma? Depois dele não poderia amar a ninguém com a mesma ternura.

A festa acabou um pouco antes das seis horas da

manhã quando o Sol já se erguia, belo e intenso, colorindo com seus raios radiantes toda a cidade de Pompeia. Os servos começaram a limpar o local. Homens e mulheres ainda dormiam nos divãs existentes, e outros permaneciam caídos no piso de mosaico. Salésio abriu os olhos e tentou colocar em ordem seus pensamentos. Notou ali, em total desordem, atirados também sobre o piso, flores e uvas, folhas de parreiras e ossos dos animais que foram a refeição de todos, muitas taças de vinho em prata, e homens e mulheres, ainda sonolentos. Lembrou-se de Virgínia e sofreu. Odiou-a com toda sua alma pelo que ela fizera a ele. Ela não teria perdão. Depois, pensou em sua esposa, sua querida e sofrida esposa, que tanto padecia pela frieza de seu proceder, em relação à Virgínia. Teria Mona ido embora? Tentou levantar-se. Sua cabeça doía muito, e, ainda cambaleando, procurou a esposa entre os casais. Encontrou-a com um desconhecido, que ainda dormia. Levantou-a, puxando-a pela mão, e enojou-se daquela festa estúpida, prometendo jamais ir a outra desse tipo. Onde estaria Virgínia, a mulher que o endoidava de paixão?

Virgínia descansava sozinha em seu quarto, desprendida das lembranças da noite que passara. Salésio deixou sua mulher sentada em um banco. Queria chegar perto da anfitriã da festa e esbofeteá-la, mas, ao encontrá-la deitada sozinha em seu leito, baixou-se para beijá-la na testa, dizendo:

– Bom dia, querida

Capítulo **8**

RETORNO DE COMODUS E ENSINAMENTOS CRISTÃOS

Aprendestes o que foi dito aos Antigos: Não cometereis adultério. Mas eu vos digo que todo aquele que tiver olhado uma mulher com um mau desejo por ela já cometeu adultério com ela, em seu coração. (**São Mateus,** cap. V, v. 27, 28)

(*O Evangelho Segundo o Espiritismo,* cap. VIII, item 5.)

– ONDE ESTÁ SALÉSIO? JÁ SE FOI? – VIRGÍNIA perguntou, chamando por Claudine.

– O Senhor Salésio deu-vos salvas pela manhã e saiu. Estava com um belo sorriso na face.

– Ora, estou com tanta dor de cabeça... Nem me recordo direito o que houve ontem à noite. Jamais farei novamente uma festa como esta. As festas para Baco são degradantes, não achas, Claudine? Sinto, dentro de mim, uma repulsa pelo que fiz. Detestei Fransine por ter me convencido a isto. Estou me sentindo tão mal... Por que aceitei fazer este festim? Fransine atuou de uma forma que até me comprometeu com algumas pessoas de sua amizade, convidando-as antes mesmo que eu tivesse decidido sobre as festividades. Eu penso que festas deste tipo são ofensivas à moral que precisamos ter, como fala Alfeu. O vinho em demasia age em nosso interior como algo infernal. Solta todo o mal que existe em cada ser humano. Sei que assassinatos são cometidos nestas festas, envenenamentos e perjúrios, mentiras infamantes acusando mulheres fiéis... a maldade toma conta de todos, e eu mesma quase fui assassinada por aquela que se dizia minha amiga. Viste Lupinius Contino, que quase matou a esposa, não fosse Éfus, porque ouviu de Antonia, atrás dele, que ela o traía com alguns homens da festa, enquanto ele se misturava a rir com os amigos? O Espírito do mal estava aqui presente. Até eu me senti perversa e pecaminosa, esquecendo o que aprendi com Alfeu... Quero esquecer tudo, Claudine, quero deixar-me levar pelos braços do sono durante dois dias para não me lembrar do que fui levada a fazer. Estou envergonhada.

– Senhora, fico feliz em ouvir isso de vossa boca. Certamente, esta não é uma festa onde há moralidade. Muitas pessoas mostram seu eu infernal nestes locais onde impera o vinho em demasia. Parece que alguma força poderosa toma conta de cada pessoa, forçando-a a concluir o que seu íntimo deseja: furtar, trair, matar. Mesmo sabendo que não estão agindo certo, algo as força a pecar e a sentir esta ação misteriosa que os faz decair, cada vez mais. Hoje, Efus e eu estávamos comentando sobre a festa e chegamos a esta conclusão.

– Claudine, falas como cristã – Virgínia disse-lhe baixinho ao ouvido. E, vendo a fisionomia da serva se alterar por ser descoberta, continuou:

– Ora, estás com uma pessoa que te quer bem, Claudine. Nada temas, portanto. Pelo que sinto, também acreditas no Carpinteiro. Será que todos vocês, escravos, são cristãos?

– Senhora, nós prometemos não negar Jesus – revelou-lhe, murmurando e olhando para os lados para ver se ninguém a ouvia. – Sim, somos, aqui, todos cristãos, com exceção de Giácomo e Fidelis.

– Pelos deuses! Eu não sabia disso! Então, sabes que não fiz bem em criar este tumulto todo na noite passada. Se Alfeu estivesse aqui, por certo me desaconselharia.

– Senhora, nós somos por demais humildes para avaliarmos vossos atos. O Senhor Jesus nos ensina a não julgarmos os atos de ninguém.

– Claudine – deixando o quarto para olhar o horizonte, Virgínia comentou –, no íntimo, eu sei que não agi bem. Petrarcus era um homem muito bom, e eu o amei

255

profundamente. Talvez, a presença de Fransine tenha me prejudicado, talvez, eu não devesse ter dado ouvidos a ela, Claudine.

– Senhora, o que está feito não poderá ser remediado. O importante é, no momento, voltardes para vosso interior e verificardes como devereis agir de agora em diante.

– Lembro-me de Lucianus e do desespero de Salésio, procurando-me como um cão farejador. Digo-te que não gostei de sua maneira de agir. Para mim, um homem tem que ser altivo e ter seu orgulho; não pode ser como um cão atrás de seu fiel senhor. Por isso, atirei-me aos braços do belo tribuno, cuja víbora enrolada nele lançava-me chamas de ódio.

– De quem falais, senhora?

– Falo de Fransine. Ah, no princípio, eu tive certo prazer em ver o ciúme estampado nas feições do nosso vizinho, porém, não gostei de vê-lo atirado aos meus pés e, para atiçá-lo mais, fiz-me amiga de todos, sorrindo sempre para ele, como se eu quisesse dizer-lhe: "Vês? Eu não sou totalmente tua". Sim, o vinho é um canal de abertura para atrocidades e desvarios. Mas o que fiz a Salésio, bem... Isto foi para que ele me conheça melhor. Não gosto de homens fracos. Um homem como Petrarcus não existirá por aqui – e, continuando a mirar o infinito, sorriu – talvez, Lucianus assim o seja.

Sim, aquele homem forte e belo retinha em si os poderes que poderiam conquistar a fútil Virgínia. Ele iniciou a procurá-la insistentemente e, com certeza, brevemente estaria de volta à sua procura.

"Ah, Lucianus, como sereis interiormente? Sereis justo? Honesto? Sereis culto?"

Claudine retirou-se, sabendo que não iria, com suas palavras, modificar aquela mulher repleta de ansiedade em viver a vida plenamente. Ouviu dizer que Jesus havia falado que não devemos procurar transformar a alma alheia, quando esta não está pronta a este fim; que há um momento na vida em que o chamamento se concretiza, pois, latente em cada ser, um dia apresentar-se-á, implorando o saber e o conhecimento, desejando percorrer o caminho da libertação e acendendo sua própria luz. Será aí que se harmonizará com a natureza, colocando seus pensamentos em ordem e equilíbrio, revendo as leis morais e praticando a caridade com amor a Deus e a seu próximo.

Comodus voltou a Pompeia. Maltrapilho e aflito, ele entrou em sua modesta casa, encontrando-a totalmente vazia e abandonada. Onde estaria Fedras Serventia? Ali ela não morava mais. Precisava encontrá-la para ter notícias de sua Virgínia, a mulher desgraçada que lhe extraíra três anos de sua vida e lhe roubara seu ganha pão. Como voltar agora, depois de tanto tempo, ao exército romano? Certamente o davam como morto.

"Aquela pancada na cabeça vai te custar caro, minha bela" – dizia a si mesmo.

Odiava-a, e sabia que este era um sentimento perigoso, como uma faca de dois gumes, ou ainda a amava? Mas e se ela estivesse mesmo comprometida para Agripa Lúcius? Ah... Aquela mulher havia lhe lançado alguma maldição. Não aceitou jamais sua rejeição, pois não pôde esquecê-la.

Procurou olhar-se em um metal espelhado que estava largado no piso, para ver se enxergava sua face. Vira que estava irreconhecível. Magro, com cabelos e barba embranquecidos, seus olhos estavam mais profundos, sua tez muito morena, apresentando rugas imensas causadas pela exposição ao forte sol do Egito. Sim, parecia muito mais velho do que era na realidade. Será que alguém o reconheceria na cidade?

"Quero ver Virgínia – pensava ele. – *Estará ela em Pompeia, ou terá desaparecido no Egito? Com a fama de Petrarcus, certamente ele a encontrou."*

Com este pensamento, veio também o ciúme que tomou conta dele, assim como da primeira vez que a vira na casa daquele homem e seu filho. Rangeu os dentes e tentou acomodar-se para descansar um pouco, depois pensaria como agir.

Adormeceu e sonhou que estava em uma batalha para vencer um país. Lutava e agredia os infelizes soldados daquela pátria, com ódio destinado mentalmente a uma mulher que tinha as faces de Virgínia. Ela o insultara terrivelmente com sua maneira de ser, fria e insensível. Agora deveria pagar por isso. O que queria dizer aquele sonho? Seria o retrato do passado que lhe aflorava na mente adormecida?

Comodus acordou e olhou em seu bolso, retirando dele um saquinho de moedas trazidas pelo trabalho que fizera no Egito. Pensou em vestir-se com uma túnica e um manto um pouco melhor do que o que estava usando, e que compraria no mercado. Depois, andaria até a casa de Petrarcus para oferecer-se como empregado, usando um nome falso de Plínio Brutus. O mal estaria à solta para despedaçar mais uma vez seu coração infeliz, se a mulher desejada não estivesse lá. Ele achava que, se sua vida já estava completamente destruída por aquela mulher, não se importaria se fosse morto pelo que tencionava fazer. Já não era o antigo soldado que, quando chegava das batalhas, era coberto por louros e troféus das mulheres que o admiravam.

– Bem – disse a si mesmo –, amanhã pensarei em ti, Virgínia. Hoje eu preciso urgentemente descansar.

A jovem viúva dispensou os empregados no dia seguinte, porque recebeu a visita de Lucianus, que fora pessoalmente entregar-lhe algumas flores.

– Virgínia – disse ao ficar a sós com ela –, sabes de minha paixão por ti, desde que te coloquei os olhos. Porém, não desconheces que sou um homem casado, ainda que não seja feliz. Procurar-te aqui em Pompeia me será negado; tens conhecimento do falatório de uma cidade pequena, e as conversas correm sempre diretamente para os ouvidos de quem não queremos que as ouçam. Portanto, venho fazer-te uma proposta, que talvez te seja um pouco impertinente, mas que vem acalmar-me o coração apaixonado. Convido-te para vir morar comigo na Idumeia, ao sul de Judá. Recebi lá uma moradia onde poderei ficar alguns dias ao ano; tratarei de vestir-te com os mais ricos vestidos e me aguardarás sempre bela, cada vez que eu chegar com os braços repletos de ricos presentes e o coração carregado de amor para ofertar-te.

– Mas tão longe daqui? Ser-me-á difícil voltar cada vez que eu quiser ver minha mãe ou mesmo Pompeia.

Virgínia ficou orgulhosa, em parte. Teria vencido Fransine, a mulher que procurava dominá-la e que quase a havia apunhalado na noite realizada ao deus Baco. Ela gostava de ser tratada com o valor que merecia por um homem, mas sabia que teria que honrar o prometido a Petrarcus, casando-se com Agripa. Seria, então, impossível continuar com este romance.

E Lucianus continuou insinuando que estaria defendendo a honra da jovem:

– Vê bem, se me queres, assim como me demonstraste na festa a Baco, terás que assumir o papel que desejo te dar. Assim, calarás a boca do povo de Pompeia, que não terá motivos para colocar-te no mais baixo linguajar. Imploro que aceites, porque, como disse, estou apaixonado por ti.

Virgínia procurou achegar-se a ele e beijou-lhe a face. Em sua mente, um pensamento rápido a fez agir daquela forma.

– Gentil Lucianus, sabes que jamais poderei enfrentar o tipo de vida que me ofereces. Além do mais, não serei eu a mulher cuja vida um homem casado dominará, tolhendo-lhe a liberdade. Esperar por ti quando fores a Idumeia uma vez ao ano será incorreto. – Virgínia fez uma fisionomia de dó e continuou: – portanto, digo-te que, somente casando-te comigo, eu partirei de Pompeia. Quero que te retires agora, por favor.

– Não poderás me deixar.

– Por que não? Se me queres tanto assim, deixa tua esposa e filhos.

Lucianus achegou-se perto de Virgínia, buscando seu abraço, mas ela permaneceu gélida. Foi aí que realmente a conheceu. É claro que ela não estaria disposta a perder tudo aquilo que conquistaria com o futuro casamento; não lhe seria válido arruinar o que já estava decidido por Petrarcus, voltando-se para um homem que só lhe daria o próprio sustento. Ela não era como as outras viúvas e recatadas matronas da sociedade romana, mas inteligente e astuta. Reconhecia nela sua sede por tesouros terrenos e viu que jamais abandonaria aquela Villa, a de Cartago e as outras que viriam, para aceitar o seu convite. Permaneceria ao lado de quem mais lhe presentearia, no caso, Agripa.

Sim, a personalidade dele, Lucianus, era bem mais maleável do que a de um verdadeiro tribuno romano, mas a sede de poder e riqueza de Virgínia, maior que seu interesse por ele.

Orgulhoso, colocando a seus pés tudo que lhe fora possível e vendo-se desprezado, Lucianus largou-a rispidamente, quase a fazendo cair ao solo. Ia se retirando, quando Virgínia pensou: *"Sempre deverei ser eu a mandá-lo embora".*

– Saia daqui – ordenou ela, levantando, orgulhosa, sua cabeça. – Eu não gosto de ser tratada assim, e, por este motivo, jamais me verás novamente – falando estas palavras, retirou-se para seu dormitório.

Ouvindo o que ela dissera, Lucianus saiu atrás dela, virou-a de frente, procurando beijá-la para tentar reconquistá-la. Virgínia, no entanto, deu-lhe um tabefe no rosto e gritou por Alfeu. O tribuno afastou-se cabisbaixo, deu-lhe as costas e voltou-se por duas vezes para olhá-la com desprezo, sem lhe dizer mais nada.

Era mais um que partia com o coração ferido, no entanto, ela não ligava para isso. Achava que este era um jogo para ser jogado, e quem saísse ganhando deveria gratificar-se. O mundo estava repleto de belos homens para conquistar.

A cidade de Pompeia crescia cada vez mais em beleza e cultura. Virgínia ainda sentia medo de caminhar pela cidade e dar de frente com Comodus. Vira-o caído e desacordado naquela noite em que fora raptada, talvez estivesse morto, mas, assim mesmo, temia que ele tivesse sobrevivido. Seu casamento com Petrarcus, divertindo-se nos jantares e festas com o próprio marido, fez dela uma mulher respeitável, no entanto, depois da festa de Baco, ela sentiu que o respeito conquistado parecia-lhe ter caído por terra. Precisava manter-se fiel a Agripa para ser benquista pelas matronas patrícias. Mas um dia, Agripa chegou-se a ela dizendo-lhe:

– Virgínia, minha bela. Sinto-me um pouco constrangido em te falar certas coisas, porém, sei que conheces minhas íntimas preferências. Estaremos unidos no mês que entra aos laços sagrados, que meu pai desejou que cumpríssemos. Ele te amou muito e não quer que fiques desprotegida, como sabes, e assim cair nas mãos de homens desonestos. Porém, minha querida, eu sei que tens muito bem consciência de que serei sempre o mesmo e não mudarei só porque teremos uma aliança. Assim como eu não quero perder minha liberdade, desejo-te o mesmo; que sejas livre em teus relacionamentos, contanto que sejam sigilosos.

Ela somente lhe sorriu.

Com o fato de Comodus ter desaparecido e com receio de encontrá-lo, Virgínia ainda não se sentia disposta a participar dos convites feitos por suas amigas a jantares ou ir às termas romanas na cidade. Fedras, no entanto, aconselhava-a a vencer este obstáculo e a acompanhava algumas vezes, juntamente com Claudine, deixando-a à vontade, para que alimentasse sua alma solitária. Assim, ela se distraía um pouco, tentando manter-se respeitável.

Comodus, vestindo-se com uma túnica na cor parda, dirigiu-se à Villa Olivo a fim de oferecer-se como guardião da residência. Agripa tinha chegado naquele mesmo dia de Cartago, e ele se informara sobre isso. Transformado, a ponto de não ser reconhecido, e com uma enorme cicatriz na lateral do rosto, ele pediu permissão a um novo servo para entrar na residência, a fim de falar com o chefe da casa.

– Sim? O que desejas, homem? Acaso vens a pedido de minha Virgínia? –indagou-lhe Agripa, reclinado em um triclínio.

Comodus, em pé, sentiu o ódio renascer-lhe, ao ouvi-lo falar de "sua" Virgínia.

– Preciso de um emprego. Venho da Idumeia a convite de um romano e aqui estou com meus labores de guarda, para servir a alguma residência. Desejais que vos sirva, senhor? Talvez ainda não tenhais alguém para esse trabalho.

– Realmente, eu não tenho quem guarde por minha futura esposa e, como viajo muito, até que seria razoável tua oferta. Como te chamas?

– Meu nome é Plínio Brutus. Seguirei com fidelidade os passos de vossa... esposa.

– Ainda não casamos, pois a festa será neste mês de agosto. Daqui a três dias, chega meu mais caro auxiliar. Apresenta-te a Efus, ao voltar, e procura por ele. Ele resolverá se deves ou não abraçar este cargo.

Comodus sorriu vitorioso por cientificar-se de que Virgínia mentira a respeito de seu casamento com Agripa, e saiu com o coração alegre. Agripa não se lembrara dele, e Alfeu, o único que poderia reconhecê-lo, ele pensava que estivesse morto por suas próprias mãos – pensava –, mas quem seria esse "mais caro auxiliar" de Agripa? Bem, finalmente, estaria próximo para cumprir sua vingança.

"Ah, Virgínia, serás tu a primeira, ou Fedras Serventia?"

Agripa procurou por Virgínia, e esta o abraçou, feliz por seu retorno, logo perguntando-lhe:

– Mataste a megera?

– Não tenho ainda notícias dela, minha querida. Mas deixemos, ela será pega, com certeza

– Não vejo a hora. Assim que souber algo, meu amigo, não esquece de vir, primeiramente, dar-me a boa notícia.

Depois dos meses em que permaneceu em Cartago

e Roma, prestando assistência a Agripa em assuntos referentes àquelas Villas, fazendo as cobranças necessárias e prestando assistência aos seus empregados, Alfeu regressou a Pompeia. Em Roma, teve notícias de sua filha. Com alegria desconcertante, por ter recebido dos Céus esta bênção tão grande, foi visitá-la. Ela encontrava-se em Roma a serviço de uma boa senhora chamada Samaris; havia se casado com um escravo egípcio e tinha um filhinho de nome Alfeu, em homenagem a seu pai. Exultante de alegria, ao retornar, o escravo entrou na Villa Olivo sorridente, sem saber para quem contar primeiro sobre a sua felicidade; se falaria primeiro com Agripa ou com sua senhora, mas optou por Virgínia, sua protegida. Enquanto viajava, não tivera bons sonhos com ela. Via-a envolta por nuvens escuras e estava aflito para ter notícias suas.

— Ave, Senhora Virgínia — fazendo-lhe uma reverência, cumprimentou-a Alfeu.

— Alfeu, que alegria! Que bom que chegastes! Senti muito vossa falta, Alfeu. Vinde comigo, vou contar-vos tudo o que aconteceu aqui na vossa ausência — pediu-lhe Virgínia, dirigindo-se a ele sempre com o mesmo respeito.

Ela sentou-se em um banco do átrio da residência e começou a relatar os fatos a Alfeu; contou-lhe da festa dedicada a Baco, do general Lucianus e da sua separação com Salésio. Ela falava, e Alfeu somente sorria. Por fim, vendo nele uma alegria contagiante, sem prestar muita atenção ao que ela dizia, perguntou-lhe:

266

– O que tendes? Contai-me, Alfeu. Arrumastes uma esposa?

– Muito melhor que isto. Encontrei a minha filha – e relatou-lhe os fatos.

– Oh, mas que bom! Estou contente por vós, Alfeu. Sabeis? Fizestes muita falta, pois, quando não estais aqui, sinto-me como se estivesse em um barco, sem saber para onde dirigi-lo. Não permitirei que vos afasteis de nós, de agora em diante.

– Minha senhora, sois muito caridosa para com minha humilde pessoa.

– Preciso de vós, Alfeu.

– O que desejais de mim?

– Desejo que me faleis sobre Deoclécio. Quando ele virá?

– Eu ouvi falar que, na semana que entra, nosso amigo chegará, vindo da Tessalônica.

– Sabeis se nessa reunião haverá algum patrício ou patrícia importante, ou são todos despojados de nobreza?

– Bem, penso que ninguém de vossa estirpe irá, a não ser...

– A não ser...?

– Bem, eu não sei se deveria vos contar isso, mas soubemos, por fonte secreta, sobre um dos senadores, cuja esposa cristã foi apanhada e morta por Nero, sendo atirada aos leões no Circus Máximus. Mas não creio que ele, orgulhoso de seu poder, tenha aberto os olhos e o coração para aceitar o nosso Salvador.

– Esposa de um senador romano? De quem falais?

– Por favor, aceitemos o sigilo de seu nome, se assim me permitirdes.

– Uma esposa de um senador perecer em um circo? Não achais que isso é fuxico de pessoas maldosas? Por que o imperador, conhecendo-a, teria dado a ela o perdão, de alguma forma ou de outra, não achais?

– Dizem que não havia ninguém com trajes de patrícia lá, todos estavam com mantos humildes. Comentam que ela poderia ter colocado o manto de sua serva.

– O que dizem desse homem deve ser somente falatórios, Alfeu. Os comentários sobre pessoas importantes voam por essa cidade – ponderou Virgínia

– Soube isso de fonte segura, não pelo populacho, mas pelos próprios cristãos – e, lembrando-se da serva, comentou ainda –, e, talvez, sua serva Ana vá ao encontro.

– Só entre os servos, eu?

– Sabeis que esse senador recebeu a graça da cura de sua filha, através de Jesus, enquanto estava na Galileia? – retornou ao assunto Alfeu.

– E ainda não acreditou Nele?

– Se não aceitou Jesus naquele momento, com certeza um dia aceitará. São as sementes lançadas, senhora. E o próprio Jesus fez isso, e não um instrutor. Ele deve ter recebido, em seu coração, dor tão grande, depois da morte da esposa, que refletiu muito, porque eu soube que se recolheu pela dor, ficando mais gentil e mais humano com todos, até com os escravos.

– O senador é vivo?

– Não ouvi falar que ele tenha morrido. Sua casa é muito bela, próxima às Termas e daquele centro, onde se encontram o Fórum e a maioria dos Templos, mas a única vez que o vi por lá foi anos atrás. Ele estava junto ao Fórum, conversando com o senador Pompilio Crasso, quando eu voltava do mercado, carregado de legumes e frutas. Sua residência tem, como todas, um átrio com bela fonte, e piso em mosaicos representando grandes feitos romanos. No peristilo, alguns ciprestes circundam e há belas roseiras. Também ouvi falar que talvez seja uma das casas mais belas de Pompeia, e que Flávia, sua filha, enamorada pela arte como sua mãe, mandou fazer inúmeros painéis em afrescos pintados em muitas cores, representando nobres romanos em conversação com visitantes.

– Gostaria de conhecer a filha daquele senador e aquela moradia.

– Sim, Senhora Virgínia... Mas vejais bem, talvez essa oportunidade vos falhe, porque o senador afastou-se de toda a vida social, e, em relação a Jesus, eu penso que jamais devereis falar com quem quer que seja, a não ser se souber-des, por fonte segura, que essa pessoa é também cristã. Isso poderá vir a prejudicar a muitos de nós.

– Agora vou entrar, Alfeu. Avisai-me quando Deoclé-cio chegar, peço-vos.

– Sim, eu também preciso ir, senhora; devo apresen-tar-me a Agripa.

Alfeu seguiu, ainda sorridente pelo fato de ter encon-trado sua filha, e foi procurar por Agripa:

– Meu senhor... – falou, colocando a cabeça para dentro do ambiente onde Agripa estava envolvido com seus pergaminhos.

– Entra, Alfeu. Fizeste boa viagem? – perguntou-lhe o noivo de Virgínia.

– Desculpai-me a demora, mas estava a saudar a Se-nhora Virgínia. Desejais algo de mim, senhor?

– Oh, quase ia me esquecendo. Esteve aqui um servo chamado... Ora, esqueci seu nome, mas ele irá te procurar. Vejo que precisamos de um guarda para a Villa Olivo. Este que esteve aqui vem da Idumeia, mas é Egípcio; pelo jeito que fala, ele entende muito do trabalho que exercita. Ne-cessário se faz uma pessoa assim para tomar conta da casa, quando não estiveres, e cuidar também de Virgínia. Efus e os outros estão sempre comprometidos com seus afazeres. Ele também dirige bigas e poderá levar a nossa Virgínia para as termas, já que ela quer tanto ir.

– Mas não seria melhor que ela fosse em liteira, senhor? É muito mais confortável.

– Ora, Alfeu, tu não a viste, como eu, anos atrás. De pé em uma biga, a nossa Virgínia estava vibrando. Acho que ela, certamente, apreciará este servo que virá.

– Está bem. Vou retirar-me, senhor, se não precisardes mais de mim.

– Pois vai.

Alfeu sentiu um mau pressentimento quando Agripa comentou sobre o novo servo, mas achou que tudo fosse cansaço e retirou-se para encontrar Claudine e Efus, para marcar com eles uma reunião cristã noturna.

À noite, os cristãos da Villa Olivo reuniram-se às escondidas dos outros servos. Falou Alfeu:

– Irmãos, nós estamos para enfrentar novo império, porque ouvimos que Nero está por cair, e dizem os adivinhos que isso acontecerá em breve. Seu domínio de crimes está acabando. Ele colocou fogo em Roma, como sabemos, e a culpa em nós, os cristãos. Soube eu, que muitos de nós foram mortos no "Circus Maximus", em Roma, de maneira estúpida e cruel.

Os escravos de Agripa entreolharam-se horrorizados.

– Mas não temais, porque ouvi um comentário de um tribuno romano, que o general Galba se encaminhará a Roma para tomar o trono de Nero. O que temos que fazer é nos cuidarmos ao máximo. Escondei nossas cruzes; mesmo que, até agora, nós não tenhamos sido pegos, pois estamos até um pouco distantes de Roma, mesmo assim todo cuidado é pouco. Penso que não nos procuraram até agora porque esta é uma cidade de veraneio, onde os senadores, governadores e parte do governo têm suas residências, algumas fixadas aqui. Mas lembremos de que precisamos ser vigilantes; o governo de Roma e a política continuam aqui, como em Roma; generais e soldados, a maioria dos gladiadores, todos estão presentes sempre nas assembleias do teatro romano e no anfiteatro, local das corridas de bigas de Pompeia. Por isso, hoje mister se faz que utilizemos cautela extrema perante todos os que não virmos nos locais de nossas palestras. Um mestre da quiromancia afirmou que, brevemente, será Vespasiano quem estará no lugar do imperador. Falou que a perseguição aos cristãos, como aconteceu com Nero, ainda acontecerá por muitos séculos. Haverá um imperador que terá como plano político provocar uma procura a todos os servos cristãos, em todos os locais, também aqui em Pompeia, visto que o Cristianismo está crescendo cada vez mais entre as pessoas mais humildes, dentre elas, muitos que não são romanos, como nós. As catacumbas de Roma e de outros locais, em casas afastadas, ainda andam repletas de instrutores e seguidores do Mestre, que levam os ensinamentos de Nosso Senhor Jesus, portanto, oremos por eles. Não sabemos como ficará o Cristianismo com Vespasiano, mas penso que é importante nos cuidarmos. Sugiro também que tenhamos o máximo sigilo sobre nossas atuações, para não falarmos de Jesus perante serviçais novatos que poderão nos entregar a César. Estará vindo aqui amanhã novo servo da casa, que montará guarda na Villa Olivo e resguardará a Senhora Virgínia. Portanto, todo o cuidado será pouco.

– Alfeu, quem nos viu orar a Jesus foi Fedras Serventia. Mas não nos disse nada, somente lançou-nos um olhar, como se estivéssemos doidos. Será que ela pode nos entregar? Estou com receio – elucidou Claudine.

– A Senhora Virgínia sabe que somos cristãos e aceita esta crença, sem, porém, assumi-la. Mas vou procurá-la, para que ela possa dizer-me quais os pensamentos de sua mãe. Tenho certeza de que ela estará também ao nosso lado.

No dia seguinte, Alfeu teve muitos afazeres, mas, antes de dormir, viu que Centurinae procurava sua patroa para auxiliá-la a vestir-se. Pediu, então, para a serva Claudine atendê-la, dando-lhe o recado de que precisava falar-lhe.

Virgínia, estirada sobre um divã, penteava seus cabelos e fazia planos para o dia seguinte. Gostaria de ver Salésio Lupinius novamente, ou mesmo Lucianus. Quase estava voltando atrás à palavra que dera ao seu admirador, pela solidão sentida. Mas não poderia perder tudo o que já tinha conseguido por causa de um homem, mesmo que belo e atraente. Então, começou a lembrar-se de sua vida, antes de Alfeu encontrá-la desmaiada. A criação simples que teve, às vezes passando necessidades antes de sua mãe casar-se com Comodus, jamais ela iria esquecer. Passou frio e fome, sendo obrigada a comer restos nas tabernas em que sua mãe trabalhava. Somente peixes, mãe e filha conseguiram comer sem ter de pagar; Virgínia ia até a praia com seu amiguinho de infância, e os dois juntavam os peixes caídos fora da rede. Esta era a razão por que Virgínia odiava esse manjar. Assim que Fedras Serventia, ainda bela, enamorou-se de Comodus e o conquistou com sua sedução, deveras atrevida, mãe e filha puderam viver um pouco melhor, alimentando-se com carnes e, seguidamente, com legumes, frutas e cereais. A residência de Comodus na cidade era simples e pequena, mas bem arrumada. Tinha quase todo o conforto de uma casa de patrícios romanos, a não ser o banho. Isto elas conseguiam fazer nas Termas da cidade, obedecendo a regra: primeiro, as mulheres nobres, depois, as do povo e, por último, no caso de Fedras, as serviçais. Com Comodus oferecendo um pouco mais de alegria para as duas e mais conforto, Fedras fazia a filha agradá-lo sempre, dando-lhe abraços e beijinhos em gratidão pelo manjar, pela vestimenta e por tudo o que conseguira ao morar com ele. Daí por diante, ele começou ensiná-la a ler e prepará-la para ser uma dama da sociedade. Dava a ela belas roupas e presentes finos. Fedras alegrava-se com isso, sem saber quais eram os planos de seu marido.

Agora, Virgínia via-se viúva e só. Não poderia mais viver naquela solidão, teria que reconquistar Salésio. Ele era seu vizinho, por que não voltar para ele? Sabia que os recados que ele lhe mandava eram calorosos e exigentes, quanto ao retorno a seus braços. E ela, jovem e só, jamais poderia ficar sem alguém para amar.

A viúva de Petrarcus acordou de suas divagações com um barulho na porta.

– Senhora Virgínia, perdoai-me se vos retiro de vossos pensamentos, mas Alfeu vos quer falar.

– Está bem, Claudine. Dizei-lhe para entrar.

Neste momento, adentrou no dormitório a mãe de Virgínia.

– Filha, preciso falar-te. Sinto que algo de grave irá acontecer. Desde a semana passada, tenho sonhos dirigidos a Comodus. Vejo-o a olhar-me e a voltar-se a mim com um punhal. Não gosto nem de pensar. E sempre aparece em meu sonho alguém que tenta salvar-me, mas chega tarde. Tive novamente este sonho hoje, minha filha. Estou receosa.

– Mamãe, lembrai-vos de que eu vi Comodus caído e desacordado, já faz mais de três anos. Ele deve estar morto. Como ele poderia vos matar? Os mortos não voltam.

– Dizes isso, mas sei que também tu tens medo dele. Tenho também outro assunto para te falar: já ouvi duas vezes teus servos cochichando alguma coisa sobre Jesus, e, quando chego perto, eles param de falar. Isto é bem o sinal de que estão escondendo algo. Eles são, sim, cristãos.

– Psiu... Mamãe, falai baixo. Onde vistes cristãos aqui? – indagou Virgínia, dissimulando.

– Ora, sei que teus servos são cristãos, sim – afirmou a mãe de Virgínia.

– Não dizeis uma coisa destas, mamãe. Onde já se viu pensardes isso? Ninguém é cristão aqui. – E, despedindo-a, concluiu: – Podeis ir por ora, depois conversaremos. Agora, preciso atender um servo que quer falar-me. E olhai uma coisa, mamãe, jamais repitais isso perante outras pessoas; podeis comprometer alguém injustamente. Desejais que percamos nossos servos?

Virgínia ficou com o coração aos pulos. Ela sabia que Fedras Serventia, mulher simples e educada como uma pessoa comum, gostava muito de conversar com vizinhos e amigos da cidade e não guardaria segredo sobre o que ouvira. Portanto, a jovem fez questão de retirar tal pensamento da cabeça de sua mãe. Não poderia imaginar seus queridos servos serem sacrificados por acreditarem em um homem tão puro e que só queria o bem de todos: o carpinteiro de Nazaré.

Alfeu viu que Fedras entrara para conversar com Virgínia e aguardou ela sair. Assim que a viu retirar-se, adentrou no recinto:

– Senhora Virgínia, devo falar-vos.

– Sabeis que me alegrais vindo aqui, Alfeu? É em vós que tenho a maior confiança. O que necessitais?

– Senhora, eu creio que vossa mãe sabe sobre nós, os cristãos.

– Não vos preocupeis com isso, Alfeu. Agora mesmo falei com ela sobre este fato, e creio que a deixei certa de que ninguém daqui é cristão.

– Que bom, senhora. Somos somente três cristãos aqui na Villa Olivo, não contando com Centurinae, que não fala, mas nos ouve todas as vezes. Os outros têm lá suas divindades. Ah, senhora, já estava esquecendo; chegará à Villa Olivo um novo servo, que vosso futuro esposo contratou para cuidar da Villa e de vossa pessoa.

Virgínia sentiu algo ruim dentro de si, quando ouviu Alfeu falar aquelas palavras. Mas achou que era bobagem sua aquela premonição e indagou:

– Quem é ele, Alfeu?

– Dizem que já foi um soldado ou guarda no Egito. Esteve na Idumeia, cidade da Judeia.

– Será bom, será bom, mas não quero vos deixar, Alfeu, sempre tereis que me fazer companhia aonde eu for.

– Oh, sim, senhora – disse Alfeu sorrindo, com seus dentes todos à mostra, e retirou-se, deixando Virgínia novamente com seus pensamentos.

– Claudine, Claudine – chamou Virgínia –, ide até Salésio e alcançai para ele esta nota. Preciso que ele venha ainda hoje aqui. Dizei-lhe que é muito importante. E, se sua esposa estiver presente, avisai-o de que Agripa quer falar-lhe neste momento. Amanhã, chega o novo guarda, e não sei se poderei continuar com a liberdade que tenho.

Na mesma noite, assim que Salésio, com um sorriso nos lábios e coração batendo apressado, chegou, Claudine levou-o, através do átrio que ele tanto admirava, com suas imensas colunas e estátuas de nobres cidadãos romanos, até o dormitório de Virgínia, onde somente uma lamparina estava acesa na entrada, mantendo penumbra quase que total. Salésio nada disse, para não terminar com aquele momento misterioso e sedutor, e, mais tarde, comentaria com ela o que pensava de sua posição. Sentia-se aos pés daquela mulher que o dominava totalmente.

Enquanto se desenrolava este quadro, Comodus preparava-se para falar com Efus no dia seguinte, com a finalidade de ser apresentado pelo servo ao qual Agripa tanto confiava... Olhava-se em pequeno pedaço de metal para ver se encontraria alguma diferença em sua fisionomia:

"Realmente, estou completamente mudado. Estou muito magro, feições caídas, cabelos embranquecidos; a não ser pela minha estatura e, talvez, minha voz, penso eu que ninguém me reconhecerá – dizia a si mesmo o antigo soldado Romano. – *E amanhã será o dia do início de minha vingança. Depois, estarei livre desta obsessão, que me anula como ser humano."*

No dia seguinte, muito cedo, pela manhã, Comodus seguiu à Villa Olivo, levando uma trouxa de velhas túnicas, compradas no mercado, diretamente para apresentar-se a Efus, escravo de Agripa.

Efus abriu-lhe o portão da residência acima do monte

e levou-o até a parte onde os escravos ficavam, indo pela lateral da casa.

– Vinde. Vou levar-vos até Alfeu – falou Efus.

– Alfeu? Mas... Mas é o mesmo Alfeu que... – já com o coração aos pulos, precisou calar-se, antes que relatasse algo que não deveria ao servo de Agripa, e este desconfiasse dele. E se Alfeu o reconhecesse?

– Sim, deveis conhecê-lo, pois Alfeu trabalha aqui há muito tempo.

– Não posso conhecê-lo, não sou daqui... – e nada mais quis dizer para não ser identificado.

Comodus ficou muito preocupado. Seus dentes rangiam. Deveria desistir do plano? Mas que desculpa daria ao serviçal de Agripa? Não. Não poderia retroceder. Estava à mercê de seu destino. Agora, tudo seria, ou para seu bem, ou para desmascará-lo. Se isso acontecesse, ele fincaria sua adaga em seu próprio peito, antes de ser morto pelo alto funcionário da casa.

Subiram os degraus da residência para se encontrarem com Alfeu, que estava no átrio.

Alfeu examinou com atenção o homem, que não levantava os olhos para fitá-lo. Sentiu nele algo negativo, pois quem não olha de frente e diretamente nos olhos não pode ser confiável. Mas como o novo vigia já havia falado com seu senhor, e este o havia aprovado, nada pôde fazer.

– Vem, Plínio Brutus, mostrarei onde dormirás de

agora em diante. Precisarás provar tua experiência no trabalho e dedicar-te, visto que nosso patrão é admirado por todos daqui pela sua magnanimidade. Nós todos, os servos, somos gratos a ele pela sua bondade para conosco. Assim deverás, em primeiro lugar, respeitá-lo e dignificá-lo com tuas obras bem executadas. Começarás por conhecer a casa e seus domínios; depois, te levarei até à mulher que acompanharás em todos os lugares, com grande zelo, pois ela se casará com o Senhor Agripa.

Comodus sorriu sob o manto que tapava sua boca. Ele estava no covil de suas serpentes, pensava. Como Alfeu não o reconhecera? Era porque estava mesmo muito diferente do que aquele soldado orgulhoso, gordo e cheio de pose, que hoje assumia um papel de humildade. Mas, se tinha mudado tanto, isto decorrera positivamente a seu favor, pois nem Virgínia nem Fedras perceberiam quem era ele, na realidade.

Depois de andarem por toda a Villa para ver seus locais de entrada e saída, o novo guarda dirigiu-se com Alfeu até o jardim, onde se encontrava Fedras com a filha.

– Gostaria, Senhor Alfeu, se vós me permitísseis, que me fosse apresentada, primeiramente, aquela que terei de vigiar dia e noite. Qual das duas senhoras é a indicada? – perguntou Comodus, dissimulando, ao ver as senhoras próximas.

– Será a jovem, aquela que deverás ter o zelo total.

280

– E a outra, não?

– Não, a outra é sua mãe e quase não sai de casa, a não ser para a cidade, a fim de rever seus amigos.

Alfeu sentiu que o principiante dos serviços da Villa estava fazendo perguntas que não cabiam ali, naquele momento, e a impressão que teve foi péssima. Não gostou também de sua voz, desagradável como a do padrasto de Virgínia.

Fedras, por um momento, afastou-se de sua filha. Nesta ocasião, chegaram até ela os dois servos.

– Senhora Virgínia, apresento-vos aqui o novo servo, Plínio Brutus, que será seu guardião e guardião desta casa.

Virgínia tentou olhar para o homem, mas este tinha baixado os olhos, com medo terrível de ser reconhecido por ela. A jovem notou que ele se retraíra naquele momento e, então, disse friamente:

– Sei disso, já me foi informado pelo próprio noivo que serei escoltada por um vigilante cada vez que sair, ir às termas romanas ou mesmo ao mercado. Mas acaso ele me acompanhará também aqui durante o dia? Isso eu não permitirei! Que eu não o veja, pois me sentirei como uma alienada – aludiu Virgínia, fazendo uma expressão de desgostosa e dirigindo esta palavra a Alfeu, no que ele respondeu:

– Não, Senhora Virgínia, eu vos digo que as ordens serão para somente vos acompanhar quando sairdes da

Villa. E é bom que isso aconteça; Pompeia está repleta de vilões maldosos.

Virgínia aproximou-se de Alfeu para lhe falar em segredo. Não apreciava demonstrar ao estranho o que ela estava pensando a seu respeito.

– Alfeu, não gosto deste novo servo. Ele me parece nada confiável. Como foi que meu noivo o escolheu? Falarei com ele logo à noite. Senti verdadeiros arrepios quando esse homem se aproximou de mim e ergueu brevemente os olhos para fitar-me. Quase tive uma síncope, seu olhar me deu verdadeiras vertigens. Foi como se ele procurasse ver o fundo de minha alma. Não confio nele, Alfeu. Não o quero aqui.

– Está bem, minha senhora, mas, por ora, peço-vos que o aceiteis. Depois que conversardes com vosso noivo, decidireis.

– Sim, aceito as atenções de Agripa para com a minha pessoa, mas estará ele desconfiado de algo que não lhe agrada em minha reputação? – e virou-se para apanhar umas rosas.

– De forma alguma, senhora. Meu senhor visa vosso bem estar.

Comodus, enquanto ela falava com Alfeu, aproveitou esta oportunidade para fixá-la friamente. Como era bela. Teria ele a frieza de matá-la? Não conseguiria, dizia seu coração. Ela era sua, somente sua, e mesmo que o mundo quisesse tirá-la, ele não permitiria. Deveria ser cauteloso para não ser descoberto, pois estava dentro de um "covil", como ele afirmava. Quanto aos seus planos, usaria certo tipo de planta tóxica, que deixaria a jovem muito tranquila e a faria dormir pesadamente. Não a deixaria morrer em um momento, mas depois de muitos dias, como se fosse uma longa doença. Ah, mas sua vontade era de estar em seus braços novamente, a não ser...

Comodus foi desperto de seus pensamentos por Alfeu, que o chamava:

– Plínio, Plínio, não ouvis? Plínio Brutus!

– Pois não?

Comodus levantou os olhos famintos de vingança para Alfeu, que ficou estarrecido.

"Esses olhos, esses olhos... Eu os conheço, mas não, não pode ser. Este é um egípcio, pobre coitado, que, apesar de falar muito bem nossa língua, não se parece com Comodus. Mas sua voz é semelhante à daquele vilão, e seus olhos então... Seria possível? Ora, Virgínia o viu morrer."

Alfeu até se esqueceu do que iria comentar com o novo vigia.

– Podeis mostrar-me a área dos aposentos onde descansarei? –explanou-se Comodus.

– Vinde. Vou mostrar-vos.

Comodus deveria iniciar seu plano. Não queria dar de

frente com Fedras, pois ela poderia reconhecê-lo em breve, por sua voz ou sua maneira de caminhar, e não queria colocar tudo a perder por causa dela.

"Mas meu plano dará certo, pois usarei toda minha energia para isso, nem que tiver que morrer depois" – pensava o homem.

Nossa mente é um verdadeiro complexo de forças miraculosas; é uma imensa usina de energias, que, através de nossos pensamentos, permite-nos materializar nossos desejos de forma extraordinária, por isso se faz necessário, antes de qualquer pensamento firme, analisar o que estamos pretendendo, porque podemos atrair tudo o que pensarmos. E isso não se destina somente ao bem, mas também ao mal, pois o medo também pode atrair aquilo que tememos.

Passaram-se alguns dias. Fedras andava de um lado a outro, com grande angústia.

– O que tendes, minha mãe? Vejo-vos tétrica, temerosa. O que está acontecendo convosco?

– Tenho sonhado sonhos terríveis e estranhos. Sinto o terror que está ao meu lado, sinto a morte aqui!

– Isso é bobagem, minha mãe. Deveis estar febril.

– Pela segunda vez tive o mesmo sonho, como se alguém estivesse me avisando para ter cuidado. Alguém me busca, filha. Deve ser Comodus. Ele deve ter voltado.

284

– Minha mãe querida, não vos aflijais. Olhai para a beleza do dia, que nos chama à contemplação. Os deuses hoje se alegram e saúdam o Sol a iluminar nossas praias, nossa vida e a manter-nos a saúde. Não temais por Comodus. Ele está morto, minha mãe. Além do mais, temos esse guarda egípcio para cuidar de nós.

– Sinto que ele está muito mais próximo de nós do que imaginas, filha querida. Mas vou procurar sair um pouco para me distrair.

Alguns dias depois, Plínio Brutus, com a cautela necessária, notando que Fedras Serventia preparava-se para sair à cidade, falou para Virgínia, procurando dissimular sua voz, sobre belas frutas à venda no mercado. Perguntou se poderia levar a sua mãe para a cidade, já que ela tinha esse objetivo. Tudo correu bem, e Fedras ficou feliz em não ter que fazer o longo trajeto com a liteira. Chegaria muito mais rápido com a biga.

Os dois saíram da Villa Olivo cedo, e Comodus, em certo momento, dirigiu os cavalos para um local distante, em uma pedreira. Foi em silêncio até Fedras notar que ele se desviara do caminho.

– Ei, para onde me levas? Não é esse o caminho da cidade. Anda, volta e segue abaixo, Plínio – ordenou Fedras, agora confiante em sua posição.

– Ora! Agora a megera comanda e me chama como se eu fosse seu próprio servo. Não me reconheces, mulher?

Fedras estremeceu. Seria aquilo um pesadelo? Lembrou de seus sonhos e ficou lívida.

– Quem... quem és?

Comodus retirou o manto da cabeça e, olhando-a fixamente, continuou:

– Vê, apesar de eu estar diferente, mais magro e mais envelhecido, ainda sou o mesmo. Olha!

Mostrou sua mão com o anel que sempre usava.

Fedras segurou-se na biga, que parara em frente a uma pequena gruta.

– Sim, eu conheço essa voz. E desconfiei desde o começo, mas não quis acreditar... És Comodus!

Suas pernas começaram a tremer. Lembrou-se do sonho com seus pensamentos, rápidos como flecha. Como ele havia sido aceito na residência de Agripa? Sim, ninguém o reconheceu lá, e ele havia voltado para completar sua vingança.

– Sim, minha cara.

– Deixa que eu volte para casa.

– Para quê?! Para que possas dar com a língua nos dentes? Oh, isso nunca. Vem, velha! Vou mostrar-te como se trata uma mulher ingrata e má como tu – falou, puxando-a com força.

– Não, por favor. Não contarei a ninguém quem és!

– Eu não acredito nisso, mulher.

286

Sentindo as amargas intenções de Comodus, Fedras saltou da biga e tentou correr, mas ele a puxou pelos cabelos, quando lhe caiu o manto, e levou-a até a gruta, dizendo-lhe:

– Vou acabar com as duas, tu e tua ingrata filha.

Fedras arregalou os olhos e gritou, mas ninguém a ouviu. Ele bateu nela, deixando-a caída ao solo, concluindo:

– Isto é por todo o mal que fizeste para mim. Sempre foste o estorvo em minha vida. Por tua causa não pude ficar com Virgínia. Precisas morrer!

Depois, empurrou-a para a gruta, puxou uma faca que trazia entre o manto e concluiu seu trabalho, tirando-lhe a vida de maneira cruel, colocando aí todo seu ódio. Tratou de não deixar vestígios e, entre os dedos de Fedras, depositou o anel que pertencia a ele, Comodus, e que Virgínia conhecia muito bem. Depois, dirigiu-se ao mercado para cumprir a promessa feita à sua patroa, não sem antes passar no mago para buscar algumas poções para sua bela dama.

– O que vos trás aqui? – perguntou-lhe o mago

– Necessito de algumas folhas de um bom sedativo, primeiramente. Depois, algo mais forte, para que eu possa tirar uma vida lentamente, sem nada ser percebido.

O velho sorriu olhando o saco de moedas que ele tinha nas mãos e, mostrando sua boca quase sem dentes, respondeu-lhe com malícia no olhar:

– Sentai-vos neste banco. Tenho aqui uma única poção. Este medicamento é feito de uma planta anestesiante.

Usando poucas gotas em um pouco d'água, a pessoa adormecerá tranquilamente. Continuando a usá-las, ela sentirá necessidade de bebê-las cada vez mais, caso contrário, ficará tomada de grande angústia como se tivesse o próprio deus do fogo dentro dela. A aflição virá de tal forma, que seu desejo será tomar uma grande quantidade do frasco. Então... morrerá. Mas, se quiserdes que ela dure por mais tempo, devereis reduzir o número de gotas.

Comodus apanhou o frasco rapidamente, sem querer ouvir mais nada. Estava satisfeitíssimo com o mago. Agradeceu e colocou, nas mãos do velho, mais do que ele lhe pedira, dizendo-lhe:

– Sou-vos grato. Se esta poção der certo, logo virei trazer-vos a maior quantia por vós sonhada. *"E estarei com minha vingança realizada"* – complementou em seu pensamento.

Virgínia caminhava de um lado para outro. Já estava anoitecendo, nem sua mãe nem o vigia chegavam. Aonde ela teria ido? Desconfiando ainda do novo servo, pediu para Alfeu chamá-lo. Naquele momento, ouviu sua voz. Ele acabara de chegar à Villa.

– Servo! Onde está minha mãe? – perguntou-lhe com arrogância.

– Disse-me que queria ficar em sua antiga moradia; foi onde a deixei. Um soldado a recebeu e me pareceu que ela não queria entrar, mas ele puxou-a para dentro. Tentei empurrar a porta, que ele fechou, mas não consegui e, por uma pequena fresta na janela, perguntei se ela precisava de ajuda, pois a senti ansiosa, mas ela negou. Disse-me ter muitas coisas para falar com aquele homem, que eu não me incomodasse, porque ela estava em sua casa, e mandou-me voltar. Falou-me ainda que retornaria sozinha para a Villa Olivo, mas, antes de voltar, eu quis fazer o que me foi mandado. Olhai as frutas que eu trouxe. A sua mãe não chegou ainda?

– Não – respondeu Virgínia, mais ansiosa.

– Sabendo agora que ela ainda não chegou, eu, Plínio Brutus, confesso que me sinto preocupado, senhora. Voltarei à cidade, se assim quiserdes, a fim de ver se a encontro. Mas digo-vos que eu não tive culpa de nada.

Virgínia olhou para Alfeu e mostrou preocupação. Teria Comodus voltado? Oh, seria horrível Ele estaria vivo?

– Não é preciso voltardes. Podeis ir agora – ordenou-lhe Virgínia.

Comodus fez uma reverência e saiu sorrindo, sem lhe dar as costas. Vira a preocupação de Virgínia em seus olhos, e isto o fazia vibrar. Estava acontecendo! *A vingança é um belo prato que se come frio* – dizia a si mesmo.

No que o novo vigia saiu, Virgínia pegou as mãos de Alfeu, dizendo-lhe:

– Alfeu, foi muito bom esse homem ter-me dito

essas coisas, pois minha mãe deve estar em perigo, e Agripa foi intuído quando chamou um vigia para acompanhar-me. Será que ele sabia da volta de Comodus à cidade?

– Não vos preocupeis quanto a isso. Se vosso futuro esposo soubesse de alguma coisa, certamente não nos esconderia este fato.

– Sim, tendes razão. Alfeu, por favor, avisai Agripa sobre a demora de minha mãe. Certamente, ele pedirá que se reúnam alguns servos. No momento, ide com Efus até a cidade, procurá-la nos lugares onde ela costuma ir. Procurai-a na taberna, onde ela ainda tem amigos, procurai-a na casa onde morávamos e vede se Comodus voltou.

– Sim, mas vos acalmeis. Encontraremos vossa mãe.

Sem encontrarem Fedras Serventia em lugar nenhum e já passando das dez da noite, Alfeu, recebendo ordens, reuniu seis servos, inclusive o novo vigia, com tochas de fogo para iluminar os caminhos solitários e próximos à cidade. Depois de duas horas, o próprio Comodus, já cansado de procurar onde sabia ela não estar, resolveu ir diretamente ao local do crime e chamou a todos:

– Vinde ! Encontrei algo!

A morte de Fedras deixou Virgínia muito abatida e temerosa.

"Vossos sonhos tornaram-se realidade, minha mãe."

Virgínia não deixava de pensar, e culpava-se por não

tê-la atendido melhor. O anel que sua mãe deveria ter tirado das mãos do assassino no momento do crime, encontrado nas mãos de Fedras, acusava Comodus. Ele estava vivo mesmo, mas onde estaria? Tremia ao pensar em revê-lo.

Agripa mandou procurar pelo soldado assassino nas legiões do exército romano, mas a notícia que recebeu foi a de que ele estava fugitivo havia alguns anos, e os próprios soldados de nada sabiam. Com o intuito de desvendar o mistério, o noivo de Virgínia mandou pintar, em algumas paredes das casas de Pompeia, a fisionomia, como se fosse um retrato falado, de Comodus e as palavras: "Crimenum est" – É um criminoso.

Apesar de ser visto com muita antipatia, Plínio Brutus ganhou um voto de confiança de Virgínia, por ele ter encontrado o corpo de sua mãe. Depois de dias passados, ela já se acostumara com sua presença e até achou que teria sido injusta com aquele egípcio e que aquela desconfiança que tivera antes fora fruto de sua imaginação. Porém, quando a noite chegava, a noiva de Agripa temia. Não conseguia dormir; ficava altas horas acordada, até que o cansaço viesse abatê-la. Numa dessas noites, na segunda semana da morte de Fedras, Virgínia saiu até o jardim e sentou-se no banco de pedra. Não desejava ficar sozinha, e, lá fora, pelo menos, estava o vigia. Plínio Brutus, então, aproveitou o momento propício e lhe falou:

– Senhora, perdoai minha palavra, mas vejo que não conseguis dormir; gostaria de vos agraciar com esta poção que minha mãe dizia ser milagrosa, ainda quando eu estava no Egito. Permitis que eu coloque somente duas gotas em uma taça para provardes? Ainda ontem Claudine bebeu delas. Quereis perguntar a ela?

Como Virgínia não respondesse, Plínio Brutus foi buscar a escrava.

Claudine apresentou-se à alcova de Virgínia, que já estava saindo do jardim para recostar-se, dizendo-lhe que aquelas gotas eram maravilhosas, porque ela as provara e dormira pesadamente. Virgínia ouviu-a e pediu para ela deixar o aposento; depois, fazendo um sinal para o vigia lhe entregar o cálice, com água e as duas gotas, apanhou-o com as duas mãos e bebeu seu conteúdo rapidamente. Foi diretamente ao leito e se aconchegou nele, fazendo um gesto ao vigia para deixá-la, antes que caísse no pesado sono.

Comodus deu as costas sorrindo e aguardou todos se recolherem. Depois, altas horas da noite, ele se aproximou ao leito de Virgínia e, vendo-a totalmente vencida pela droga, procurou matar sua saudade. Também isso seria uma desforra.

Virgínia dormira um sono profundo e acordou no dia seguinte ainda sonolenta. Achou que Agripa estivera com ela à noite e achou aquilo natural. Afinal, eles se casariam. Com a droga tomada, não pudera vê-lo normalmente.

Passou a pedir todas as noites aquele frasco de gotas tão confortantes, mas Comodus, não desejando que ela desencarnasse tão rapidamente, dava-lhe somente o necessário, ou seja, a menor dose. Dias se passaram, e Virgínia sempre deprimida. O que era a vida, afinal, se ela perdera os dois bens que amava? E tinha que encontrar o assassino de sua mãe.

– Alfeu – chamou-o uma tarde –, preciso encontrar Comodus para acabar com ele. Eu mesma quero fazer isso.

– Senhora, não deveis pensar assim. Deixai isto para a justiça romana, já estão procurando por ele.

– Por que não? Por acaso não devo vingar a morte de minha mãe? Não penseis que, só por causa de vossa crença, eu deverei deixar de vingar-me.

– Nunca deveis apanhar uma arma para matar, se quiserdes ser digna e amparada por Deus. Digo-vos, Deus é justo!

– Mas como poderei perdoar o assassino de minha mãe?

– Senhora, nós aprendemos que aquilo que fizermos aos outros um dia receberemos na mesma moeda; quem dá amor recebe amor; também este caso serve para o crime. A justiça pode parecer tardar, mas nunca, nunca falha. Ela vem mais cedo ou mais tarde. Falo como um escravo bem mais velho que vós e com experiência da vida. Aquele homem sofrerá as consequências de seus atos um dia. Confiai em nosso Deus.

– Não! Eu mesma vou mandar procurá-lo com o auxílio de Plínio Brutus. Porque, se ele me quiser apanhar, Plínio estará por perto.

– Senhora Virgínia, eu vou orar para que vosso coração se acalme.

Com a morte de Fedras, Agripa achou melhor que a noiva se restabelecesse da depressão para depois se casarem. Plínio Brutus já se sentia à vontade na Villa Olivo, pois vira que lá ninguém o reconhecera; só desconfiava de Alfeu, que sempre o olhava com outros olhos. Agripa fazia-lhe elogios por estar sendo um servo dedicado, humilde e sempre gentil com a sua senhora, mas notara, no suposto egípcio, sapiência demais por sua baixa posição social; até achava que ele, na realidade, tivera muita sorte em receber estudos em país tão atrasado. Tanto o conquistou o novo vigia, que o mandou acompanhar Virgínia à Roma com Claudine e Centurinae. Naquela cidade, estava a Villa que havia comprado e que precisava ser revestida com arte. Virgínia, com a morte da mãe, desistira de voltar a Cartago e apreciaria muito decorar sua nova casa. Ela tinha grande conhecimento em belezas ornamentais, e esta viagem serviria para ela também se distrair, esquecendo, por um pouco, a violência que sua mãe havia sofrido e o receio de reencontrar Comodus.

– Conheceis bem a cidade, Plínio Brutus?– perguntou-lhe Agripa.

– Sim. Sou egípcio de nascença, meu senhor, mas meus pais foram escravos egípcios em Roma. Lá eu fiquei por muitos anos e recebi uma educação admirável do senhor que meus pais serviam. Depois de alguns anos, quando eu já estava moço feito, minha mãe morreu e foi-nos dada a liberdade, porque meu pai já estava velho. Então, eu e ele seguimos para a Judeia, onde ficamos até sua morte. O resto o senhor já sabe. Conheço, pois, de Roma, todos os lugares, inclusive, já estive, há muitos anos, no palácio de Nero, acompanhando o senhor de lá.

– Então, deveis preparar-vos para levar minha futura esposa para Roma.

– Tereis orgulho de meu trabalho, pela dedicação que demonstrarei a vós, senhor.

Agripa, preocupado com Virgínia, contou a ela sobre seu plano. Afinal, isto a faria esquecer os tormentos por que passara. Somente ela precisaria de alguém para acompanhá-la. Claudine e Centurinae a serviriam. Lá, certamente, ela seria convidada por Nero, que saberia que o grande comerciante fizera questão de comprar a mais bela Villa de Roma. Isto a distrairia e faria dela uma mulher feliz novamente. Era tudo que ela mais desejava; conhecer e estar com pessoas ligadas diretamente ao imperador e montar sua residência com tudo o que achava de melhor.

– Longe dele estarei tranquila – dissera um dia Virgínia, pensando em voz alta.

– Longe de quem, senhora? – perguntou-lhe Plínio Brutus.

– Oh, eu estava somente pensando como será bom ficarmos longe de certas pessoas.

– Por acaso, deixareis em Pompeia algum inimigo que desprezais?

– Sim. E estou feliz por isso.

Comodus, enraivecido, esbravejava nos pensamentos doentios. A rejeição o magoava muito, mas, ao mesmo tempo, ria-se pela vingança que estava iniciando a cometer. Porém, Virgínia nada notava, somente se angustiava. Sua ansiedade crescia dia a dia e somente se acalmava ao deglutir a preciosa fórmula que toda a noite Claudine lhe trazia.

"Bendito Plínio Brutus, só ele me faz adormecer tranquila."

Se soubéssemos a força das vibrações negativas, temê-las-íamos. Más vibrações são capazes de destruir; elas são como raios obscuros que cercam o indivíduo, tonteando-o e deixando-o ansioso e infeliz. No entanto, vibrações de amor podem curar e preenchem o ser de eflúvios de felicidade. Por isso, é importante conhecer todas estas coisas, para que as vibrações sejam aplicadas ao próximo através do amor e não do ódio. Mantendo maus pensamentos, a sintonia negativa será abrangida pelo plano inferior, acarretando prejuízos àqueles a quem se deseja o mal. Tudo no Universo é uma questão de sintonia. Daí a lei da atração. Cientes desta lei, auxilia-se a humanidade com pensamentos saudáveis em sintonia com o infinito, e nos livrarmos do mal destinado a nós mesmos.

Por diversas vezes, Virgínia sentira essa angústia avassaladora, sem ter consciência de por que isso lhe acontecia. Comodus estava radiante em poder receber tantas moedas em ouro, cuidando da jovem noiva de Agripa, e riu-se quando imaginou o que Agripa faria se soubesse que o seu objetivo era, exatamente, obter o fim da jovem de Pompeia, concluindo sua vingança, há anos planejada.

Comandar a senhora e as duas servas e poder mostrar-lhes a Roma atual, isto lhe era muito bom, somente teria que levar a poção com ele para ser administrada lentamente. Algumas gotas a mais não ofereceriam o desejado sabor de revanche. Queria muito aproveitar-se desta fórmula de duas maneiras: a primeira, era a oportunidade sempre cautelosa que usaria, para estar com Virgínia em seu leito, a segunda, era de vê-la despedir-se da vida aos poucos. Mas, em 68 do ano cristão, a classe política chegava ao seu limite de resistência por tanta insegurança, depois de erros estratégicos e de Nero ter arruinado as finanças do Estado em aventuras e na construção de seu palácio dourado. Ele foi declarado inimigo do estado e fora da lei, então fugiu de Roma e suicidou-se antes de ser pego pela guarda pretoriana. Com sua morte, desaparecia a dinastia Julio Claudiana.

Agripa, com esse fato, pediu que a esposa aguardasse alguns meses antes de partir, esperando as coisas se acalmarem em Roma. Enquanto isso, Virgínia seguiria a tomar a medicação prescrita pelo seu doador, Plínio Brutus.

Nesse meio tempo, a notícia entre os cristãos de que Deoclécio voltaria a Herculanum para mais orientações a eles, deixava todos os cristãos das duas cidades muito satisfeitos, visto Nero ter desaparecido e tudo parecer ter voltado à tranquilidade. Alfeu foi avisado por Petronius, um escravo grego, de que o amigo de todos estaria na cidade próxima em dois dias, e este avisou sua senhora:

– Senhora Virgínia, como pedistes, já trago a notícia sobre Deoclécio.

– Deoclécio, o cristão? Quando virá ele?

– Chegará a Herculanum daqui a dois dias para falar aos cristãos, pois vem de Roma e marcha adiante.

– Então, devemos nos preparar. Mas como faremos com Plínio Brutus?

– Ah... ele, eu penso, não será fácil disfarçarmos... Somente uma ordem de vosso futuro esposo nos dará essa oportunidade.

– Eu falarei com ele. Tranquilizai-vos.

Com a morte de Nero, Agripa começou, novamente, a fazer os planos para a viagem de Virgínia, quando esta veio a lhe dizer:

– Agripa, eu estava pensando que seria melhor que

fosses até Roma para ver como as coisas estão por lá. Não devo me atrever a ir sem saber a situação política daquela cidade, ainda mais como nova moradora, viúva e só. Quem sabe levas Plínio contigo, já que ele falou que conhece tudo por lá? Mas deves ir logo, talvez amanhã mesmo.

– Tens razão, eu não havia pensado nisso, todavia, levarei Alfeu.

– Por favor, deixa-me ficar com Alfeu somente essa vez, sinto-me melhor com ele. Ainda não me acostumei muito bem com o novo vigia.

– Bem, já que tens essa preferência, isso farei. Avisarei o novo servo para preparar tudo.

Virgínia saiu risonha. Com o amigo era mais fácil conseguir o que desejava. Passou pelo escravo que amava e sorriu vitoriosa.

Agripa levou na viagem o servo Plínio, que foi a contragosto. Assim, na noite precisa, saíram da Villa Olivo Alfeu, Virgínia e Claudine, com a biga de Agripa. Chegaram ao local onde archotes de óleo marcavam o local da reunião e adentraram. O coração de Virgínia batia apressado pelo tipo de novidade que, de certa forma, assustava-a. Mas sentiu certo júbilo interior ao ouvir a palavra doce e, ao mesmo tempo, forte do homem da Tessalônica e sentou-se em uma pedra próxima a ele, e começou a examiná-lo. Sim, seus olhos lançavam um brilho diferente dos outros senhores ali presentes. Demonstravam uma luz interior que jamais havia visto. Então, perguntou baixinho a Alfeu:

– Vistes, Alfeu, o olhar de Deoclécio? Parece-nos que não está neste mundo quando fala sobre Jesus.

– Ele está, parece-me, tomado por uma luz... é como se o Cristo nele estivesse.

E Deoclécio explanava:

– Meus amigos queridos, fui conhecedor das lições trazidas pelo Mestre amigo, através de escravos, como um dia me tornei. Minha vida não tem sido nada mais do que procurar seguir os passos de Jesus, porque, depois que O vi na Galileia curando, com os olhos como que extasiados de amor, lançando-nos chispas luminosas que nos envolviam, jamais O esqueci. Estive presente em curas que chamaríeis miraculosas, mas que, conforme Ele nos ensinou, nada mais são que os milagres da fé. Depois, estive na minha cidade de Tessalônica, meu lar, por onde Paulo também andou. Aprendi com Jesus sobre o amor e as leis de nosso Pai, que precisamos seguir, para que nos abriguemos em Seus braços um dia, quando assumirmos Seus ensinamentos.

Soube que, há alguns anos, Paulo esteve em Putéoli, próximo daqui em que estamos hoje, e muitas lições de Jesus foram espalhadas por essas praias e cidades. Sim, amigos, somente o amor, um dia, poderá nos fazer felizes, porque, se amarmos o nosso próximo como amamos a Deus, vendo a todos como nossos irmãos, alma idêntica à nossa, necessitada como nós de conhecimento, então iniciaremos a batalha contra o mal, que regará os jardins de nossa existência com perfume e sabedoria. Oh, filhos de meu coração! Sou somente um escravo que recebeu a liberdade graças às pessoas, que, como eu, também conheceram o Cristo, mas aprendi que cada ser humano, cada um de nós, precisa dar o bom exemplo. Jesus nos trouxe esse exemplo, sigamos seus passos. Amemo-nos, irmãos, se desejamos ser felizes um dia e estarmos com Jesus no seu reino de alegrias infindas.

O amor diz tudo. Ele é caridade, benevolência, paciência, sabedoria, pois quem o segue não se rebela, aceita o amigo como ele é, e também ao inimigo. Esse devemos considerar como um ser que necessita de cuidados, um doente, alguém que um dia olhará o mundo como nós. Daremos tempo ao tempo para aquele que nos quer mal, a fim de que um dia ele nos conheça, realmente, como somos. Talvez, ele nos persiga, mas, se isso acontecer, perdoemos e, assim, a todos os que antes chamaríamos de vilões. Sabemos que muitos cristãos já pereceram nas arenas do Circus Maximus, mas, amigos, eles sobreviveram e nos deram provas disso. Receberam o que Nero chamou de castigo como bênção dos Céus, indo para o sacrifício sorrindo, cantando na subida para Jesus. Jesus lhes arrebatou das dores e dos sofrimentos. Sua fé foi mais forte! Portanto, não atiremos pedras aos que pecam, mas olhemos para os nossos próprios defeitos e tentemos curar nossa pobre alma, ainda cheia do pecado!

Deoclécio dirigiu o olhar para Virgínia, que baixou os olhos. Sim, ela sentiu que fora até agora carregada de pecados, mas teria forças para livrar-se deles? Contudo, não fora carinho que entregou a todos os seus amores? Então, como se a ouvisse, o homem concluiu:

– Mas não fazeis confusão do amor de que vos falo, com o amor divino e verdadeiro de irmão para irmão. Entre um homem e uma mulher, o amor que existe deve ser abençoado por Deus, para que a mulher não se perca entre muitos braços. Este tipo de amor forma um lar e é a expressão divina da união entre um homem e uma mulher, criados para a reprodução e desenvolvimento do nosso mundo. Amai-vos, meus irmãos, e educai-vos nas leis de nosso Deus.

Deoclécio terminou de falar.

– Vamos, Alfeu – pediu-lhe Virgínia, com receio de que Deoclécio fosse falar com ela sobre seus pecados.

– Se desejais ir agora, senhora, nós também estamos prontos.

No caminho, Virgínia ia pensando no que Deoclécio falara. Sim, era necessário melhorar muito para poder ter a felicidade verdadeira um dia. Mas ela era jovem e desejava aproveitar ainda sua beleza, para ter algum amor em seus braços. Como não, se teria que se sacrificar com Agripa?

Então, sentiu-se extremamente infeliz.

Os dias passavam, e Agripa voltava de Roma satisfeito, o que não se dera com Plínio, que, carrancudo, olhava para Virgínia com olhos de acusação. Virgínia já poderia conhecer a nova residência.

– Agripa, por que Alfeu não poderá me acompanhar a Roma? – perguntou Virgínia, dirigindo-se ao noivo, que estava em seu gabinete, tratando dos seus negócios.

– Ora, porque terá que viajar novamente comigo. Parece-me que encontraram Serpia e quero ir lá, exatamente para enjaular aquela cobra venenosa.

– Bom, se esta for a questão, está bem. Porque eu tenho mais confiança em Alfeu, Agripa. Tenho receios, muitos receios. Não consigo pegar no sono sem medicação e, além do mais, sinto-me angustiada até o momento de sorvê-la.

– Receios? Por que, minha querida?

– Receios de que ele volte e me mate.

– Ele quem? Fala, Virgínia.

– Bem... eu tenho medo, Agripa, medo de Comodus. Sinto-me insegura. Desde a morte de minha mãe, este medo me acompanha. Estou sempre sonhando com uma enorme cobra querendo me devorar aqui dentro desta casa. Sinto que seu silêncio é pernicioso.

– Ora, Virgínia, minha querida, isto são sonhos somente. Se ele não te procurou, certamente é porque te esqueceu.

– Agripa, por favor – redarguiu Virgínia, achegando-se a ele. – Sei que tens estado em minha cama muitas noites e...

– O quê? Se estive em tua cama? Ora, só podes estar delirando!

A jovem senhora recuou e olhou para ele.

– Por que não estás assumindo isso? O que te faz não ser sincero comigo? Ora, Agripa, eu sei que estiveste comigo. Mas aquelas gotas que tomo são tão fortes, que não consigo retribuir os teus carinhos. Peço-te perdão por isso. E não precisas guardar segredo com isso. Eu compreendo que vamos casar e já não sou uma mulher ignorante. Voltando ao assunto, dize-me se não podes levar o vigia e deixar-me ir com Alfeu para Roma.

– Minha noiva – protestou Agripa, desconfiado de que ela estivesse com alguma perturbação mental, talvez causada pelo acontecido com sua mãe –, eu não vou teimar contigo, mas quero dizer-te que és tu quem mente para mim. Eu não estive entre teus lençóis. Serás sempre a viúva de meu pai. O que me escondes, querida? Por ventura não entendeste minha posição, quanto ao relacionamento entre homem e mulher? E respondendo à tua pergunta quanto a Alfeu, digo-te, mais uma vez, eu preciso dele. Ele conhece tudo em Cartago, inclusive as ruas e becos. Não é o caso de Plínio Brutus.

– Está bem, então vou ter que ir com Plínio.

Virgínia retirou-se, cabisbaixa. Estaria ficando louca? Ela não era mais criança, sabia o que acontecia com ela em algumas noites, mas estava sempre dormindo. Seria Salésio Lupínius a visitá-la? Teria que tirar isto a limpo. Ela e seus serviçais viajariam a Roma no dia seguinte, mas ela desejou permanecer mais uma noite em Pompeia para descobrir o visitante noturno. Chegou-se até Plínio Brutus e falou:

– Plínio, tens vigiado minhas dependências à noite?

– Sim, minha senhora. Não saio de perto de vossa porta, se bem que, algumas vezes, o sono chega a dominar-me, mas não por muito tempo, por segundos apenas.

– Mas não tens visto Agripa alguma vez entrando no meu dormitório?

Sentindo o porquê daquelas perguntas, Comodus logo precisou arrumar uma desculpa rapidamente. Realmente, ela estava desconfiada.

– Bem... Para dizer a verdade, agora me lembro de que vi um homem, em uma noite, entrar em vossa alcova. Vestia a túnica idêntica a de vosso noivo. Deve ser ele, que, na escuridão noturna, visita-vos.

Virgínia calou-se. O que estaria acontecendo? Naquela noite, não tomaria as valiosas gotas que Centurinae lhe traria. Aguardaria o misterioso visitante.

Quando Claudine e Centurinae foram ajudá-la a vestir-se para dormir e lhe levaram as gotas tranquilizantes, Virgínia as despejou na água da piscina do átrio. Depois de

305

todos se recolherem, ela começou a ficar ansiosa. Caminhava de um lado para outro, suas mãos gelavam, sua cabeça tonteava. A ansiedade foi tamanha, que ela não conseguiu mais se controlar. Tremia e o coração parecia-lhe saltar da boca... faltava-lhe o remédio. Oh, que falta terrível! Tinha vontade de quebrar tudo em volta, precisava tomá-lo. Esperou até quase o amanhecer sem ninguém a visitar. Certificou-se de que aquelas gotas lhe eram extremamente importantes e que seria difícil permanecer em estado normal sem elas.

Plínio, sentado do lado de fora da alcova de Virgínia, vira quando ela colocara o remédio fora e acalmou-se; por precaução, não entraria em sua alcova naquela noite. Ouvia os movimentos dela, até que, numa certa hora, ela começou a atirar objetos ao chão, a gritar, a chorar, fazendo-o penetrar no recinto:

– Senhora, precisais de alguma coisa? O que está acontecendo aqui? Fiquei temeroso.

– Nada, nada, mas, por favor, vai até Claudine e apanha lá minhas gotas. Rápido, rápido!

O vigia saiu às pressas, sorrindo. Tudo estava correndo com ele previa. Mas estava agora mais perto de Virgínia, por que terminar tudo de vez? Quem sabe se não teria oportunidade em Roma de... "*Não* – pensou –, *ela vai casar com o homem que nunca a fará feliz como eu a faria; se ela não for minha, não será de mais ninguém. Aguardarei até a noite do casamento. Por enquanto, não vou aumentar a dosagem da droga, para que ainda possamos ir a Roma".*

– Senhora, eis aqui vossa medicação – aclarou o vigia, trazendo a poção em uma taça.

– Graças aos deuses, Plínio; graças aos deuses, trouxeste-me esta medicação! Não consigo mais relaxar sem ela – e sorveu-as em um gole.

Depois de dois dias, Virgínia chegou a Roma, agradecendo a Agripa, em pensamento, a bela Villa que ele comprara para ela ficar mais próxima da nobreza romana. Levava grande quantidade de valores na embarcação para vestir a residência com arte, que ficava protegida por enormes ciprestes com elegante jardim. Na entrada, uma estrada criada sob uma pérgola entre colunas e estátuas romanas levava à residência. Ali na frente da residência, Virgínia vira logo que uma escultura do noivo realçaria o local; como em Pompeia, este seria o símbolo que marcaria a sua Villa.

Agripa já conhecia a residência e sabia que nela só estavam faltando obras de arte. O antigo dono havia sido morto por motivos desconhecidos, passando a Villa a ser do governo com todas suas propriedades e arrecadada por Agripa através de seu amigo Altero Lupinius, parente de Salésio. Na Villa comprada, permaneceram alguns dos mais fiéis servidores do anterior morador, sendo que dois eram escravos humildes e fiéis, e um, de certa idade, o intrigante Eustácio, que absorvia certa arrogância trazida de berço. Virgínia achou-o petulante, mas veria o que faria com ele mais tarde; primeiro, precisava saber e ter referências sobre a grande cidade, e só ele poderia orientá-la. Eustácio, já com seus quarenta e oito anos, olhava Virgínia com admiração, o que não escondeu de Plínio Brutus. Ele era, de certa forma, o condutor da casa, como Alfeu. Era ele quem fazia as compras, quem antes levava o antigo morador a visitas ao palácio do imperador; ele conhecia a maior parte dos romanos com grandes posses e os senadores e tribunos da cidade. Virgínia queria aproveitá-lo para obter contato com toda essa gente, com o intuito a alcançar a sociedade romana, visitando os nobres mais importantes e convidando-os a jantares e festas em sua nova moradia. Era-lhe necessário mostrar aos romanos a sua beleza e juventude, frente às robustas matronas, que, na sociedade, faziam a maioria. Faria inveja a essas mulheres. Sentia isso dentro de si, como se fosse uma desforra para a temerosa sociedade. Mas, primeiro, precisava arrumar a residência. Para os jantares, Agripa deveria estar presente. Estava tão ansiosa e feliz que preferia ficar acordada a adormecer com a droga que Comodus lhe oferecia ao dormir. Passava a noite fazendo planos.

Levantou-se cedo no quarto dia, pedindo para Claudine vesti-la rapidamente, e se dispôs a chamar por Eustácio. Plínio Brutus, encolerizado, chegou-se a ela e lhe falou:

– Senhora, não desejeis vós que eu vos acompanhe?

Afinal, vim para isso. O meu mestre Agripa não gostará desta vossa maneira de agir.

– Olha, Plínio – respondeu-lhe Virgínia, olhando-o de cima a baixo com desdém. – Prefiro que obedeças às minhas ordens e que não queiras modificá-las. Estarei mais feliz se me deixares em paz. Coloca-te em teu lugar de servo, sem insolências sobre meu modo de agir!

Indignado, Plínio, vendo que seus planos estavam se desfazendo, pois era a terceira noite que Virgínia não tomava o veneno do mago, jurou que pensaria numa outra forma de "animar-lhe' os ânimos, deixando-a como louca de alguma outra forma. Mordeu os lábios e saiu do ambiente, mas sua vontade era ficar lá para aniquilá-la de vez. Dirigiu-se ao local onde se recolhia para escrever para Agripa, contando que sua futura esposa tinha enlouquecido, pois se negava a tomar a medicação que tanto a auxiliava nos momentos de crise; que ela ainda sentia e chorava a morte da mãe e necessitava do medicamento. Pedia, encarecidamente, que ele ordenasse para que ela continuasse a seguir com o tratamento que a deixava mais alegre e animada.

Virgínia entregara-se, de corpo e alma, a vestir a residência com valores de artistas renomados da Roma antiga, entre eles, pintores e escultores, tapeceiros e artesãos, usando belas ânforas, esculturas em mármore e peças revestidas em ouro. Mandara buscar, em Nápoles, um escultor que Eustácio lhe indicara, para fazer a escultura do seu noivo, em tamanho maior do que aquela que traria sua própria formosura expressa no branco mármore para ser colocada no átrio da residência.

Contudo, ela estava vivendo em plena tensão e estresse emocional. Sua paciência esvaía-se, e ela ficava noites em claro, vindo a adormecer somente pela manhã, mas queria levar avante seu intento. Com isso, ela agradaria Agripa de tal forma que, quando ele chegasse, de lá não desejaria mais sair. A futilidade e a vida cheia de alegrias e festas era o que ela almejava.

A carência da droga que Comodus aplicava em Virgínia há alguns dias contribuía para que a ansiedade da jovem aumentasse. Ela se irritava por qualquer coisa, chorava muito, gritava e atirava objetos ao chão descontroladamente, quando as coisas não saíam ao seu contento, às vezes batendo em alguns servos da casa, como se estivesse cheia de ódio pela vida. Com a ideia de não ter mais o esposo amado e imaginando que esse era o motivo de sua ansiedade, a viúva de Petrarcus reiniciou sua vida em Roma, procurando estar acompanhada com outros jovens. E eles eram escolhidos quando, coberta com mantos em sua liteira, via-os e, através de Eustáquio, que os conhecia e sabia quem eram, convidava-os para que a visitassem em outro lugar, distante da Villa em que morava. Tornara-se, na cidade dos grandes conquistadores, uma senhora sem nome.

Pagou Eustácio para que o segredo sobre sua pessoa fosse guardado, sempre longe dos olhos de Plínio, por quem sua repugnância crescia, dia a dia. Interiormente, culpava Comodus por sua própria atitude, que a desrespeitara desde sua infância e ela sabia não estar de acordo com uma senhora de classe e mulher de respeito. O que, inconscientemente, aprendeu foi que o contato entre um homem e uma mulher devia ser tratado em segredo, porque era, de certa forma, imundo; que ela fora sempre o objeto de todo ser masculino, cuja apreciação não ia além de seu corpo e sua juventude, diferente do juízo que Petrarcus sempre fizera de sua antiga esposa e, depois, dela mesma. Agora, voltava a utilizar a máscara que, em Cartago, cobriu aquelas feições suaves; uma máscara ardilosa que a ela mesma repugnava. Sabia das orgias daqueles romanos, que se aparentavam tão corteses com ela e tão infiéis para suas esposas. Gostaria, sim, de ser uma dama, amada como a patrícia que ouvira falar, cheia de virtudes, bela e distinta, no entanto, no fundo, certificava-se de não mais estar preparada para a mudança de sua personalidade e, talvez, jamais mudasse. Com Petrarcus fora diferente. Como homem mais velho, ele oferecera a ela aquele sentimento suave e terno que jamais ela havia tido com ninguém. Com ele, ela reconhecera o verdadeiro amor, no entanto, tudo havia acabado; ele morrera, deixando-a tão só... No entanto, aqueles prazeres momentâneos deixavam-na com um vazio interior muito grande. Foi aí que, depois de dois meses em Roma, ela começou a pensar muito em Alfeu, nos seus ensinamentos e nos de Deoclécio, achando melhor fazer grande esforço na mudança. Foi aí que passou alguns dias sem mais sair de casa para seus desmedidos prazeres, e Plínio voltou a fazer parte do plano que havia traçado.

Em certa época, a jovem romana notou que seu corpo se modificava a cada dia, sentindo o mesmo que sentira uma vez no Egito, quando engravidara de Comodus. Verificou que seus pensamentos não tinham sido loucura, Agripa entrara mesmo em sua alcova enquanto ela dormia, ainda em Pompeia, totalmente entorpecida pela poção oferecida por Plínio Brutus. Havia tido precauções em todas as saídas anteriores com os jovens desconhecidos, portanto, se estava grávida, não seria deles. Achou melhor esperar um tempo e não contar nada a ninguém. Claudine e Centurinae sabiam da vida que Virgínia estava levando e, como cristãs, nada falavam aos outros serviçais; somente se entristeciam, porque, além de gostarem dela, também a respeitavam por ser gentil e amável com todos. Em uma tarde, as duas vieram a encontrar-se no jardim, e Claudine comentou à sua amiga a sua ideia para auxiliar Virgínia:

– Centurinae, eu sei que pensais como eu, apesar de não terdes o poder da fala. Mas acho que estamos com as mãos amarradas quanto à senhora que servimos. O caminho que ela trilha não fará sua felicidade. Apesar de ser tão jovem, perde-se na vulgaridade que a riqueza lhe permite e toma, como sua, uma vida fútil e vazia. Não adiantou ela ter nascido pobre. Tornou-se rica pela vontade do destino, e o dinheiro que seu noivo lhe dá está lhe fazendo mal, a ponto de desviá-la das coisas mais importantes da vida. Devemos, por amá-la e respeitá-la, chamar a atenção de Alfeu, que já deve ter retornado de Cartago. Ao seu lado, a senhora, quem sabe, poderá modificar-se.

Centurinae fez um sinal com a cabeça, concordando que ela tinha razão, e que esta seria a medida adequada para levá-la a renunciar a este vício de que poderia voltar a fazer uso.

Porém, o tempo passava, e, volta e meia, Virgínia caía no pecado novamente. Estávamos no fim do ano de 69 d.C., depois da guerra civil de Roma. Nero havia se suicidado no ano anterior.

Capítulo **9**

AGRIPA EM ROMA

Ouvistes que foi dito aos antigos: Não matarás, mas qualquer que matar será réu de juízo.

Eu, porém, digo-vos que qualquer um que, sem motivo, encolerizar-se contra seu irmão, será réu de juízo; e qualquer que disser a seu irmão Racca será réu do Sinédrio; e qualquer que disser a ele Louco será réu do fogo do inferno.

Conciliai-vos depressa com vosso adversário enquanto estais no caminho com ele... (**São Mateus,** cap. V, v. 21, 22, 25.)

EM CARTAGO, AGRIPA SOUBE DE SERPIA ATRAVÉS de Alfeu. Ela fora aprisionada e morta pelo assassinato de seu antigo patrão, e Agripa ficou feliz por não ter sido ele a aplicar-lhe o castigo, conforme prometera para Virgínia; deixara-a nas mãos do destino. Ele era uma pessoa que não gostava de lutar por nada, a não ser por sua riqueza e seus interesses.

Quando ele retornou a Pompeia, recebeu duas correspondências, uma do vigia, outra de Virgínia. O vigia falava sobre sua noiva. Agripa preocupou-se. Não sabia que Virgínia estava tão rebelde a ponto de deixar de tomar sua medicação, que estava lhe fazendo tão bem, conforme dizia Plínio em sua carta. Como o servo falara, ela deveria estar doente.

Na carta de Virgínia, ela pedia, encarecidamente, que ele viajasse a Roma no mês que entraria, porque a Villa Rodésia brevemente estaria pronta, para que lá se casassem. Desejava uma festa brilhante, com a presença dos nobres e soberanos de Roma.

Agripa não quis esperar um mês; estava preocupado com a saúde da noiva. Preparou-se para partir na semana seguinte e levaria Alfeu consigo; sabia do carinho da jovem por ele, e pensava que talvez ele conseguisse convencê-la a cuidar-se mais.

Depois daquele tempo de tremendas ansiedades e atos insanos, causados pela ausência da droga, a nova dona da Villa Rodésia recomeçou a agir quase que normalmente, preenchendo seu tempo. Abandonou totalmente seus romances secretos e interessou-se por aprender arte. Havia chamado um professor que a ensinaria alguma coisa. Assim, divertiu-se muito como a uma brincadeira. Parecia que estava curada das drogas que usara até aqueles dias.

Namorava os olhos do professor e era muito delicada com os artistas que lhe vestiam a casa, portando-se com

316

eles respeitosamente. Quanto a Plínio, valia-se de sua naturalidade para tratá-lo como servo pertinaz, que não lhe dava descanso. Estava abominando-o quase como odiou Comodus, talvez por ter encontrado alguma semelhança entre eles. Mas, nos dias subsequentes, ela deixou-se levar pela ignorância, porque reiniciou a tratá-lo com disciplina árdua, fazendo-o sorver outros trabalhos que não condiziam à vigilância. Isso o encolerizou, insistindo para que ela voltasse a sorver a droga, quando, todas as noites, trazia-a em um cálice.

– O quê? Queres me fazer dormir nesta cidade maravilhosa? Manda-te daqui se pensas que me iludes com tuas poções. Quem sabe se o que senti não foi por esta causa? Já não tenho ansiedades e aflições; estou curada e durmo tranquilamente! – gritava Virgínia, sem paciência.

Atirava a taça no chão e ria; então, mandava-o recolher-se ao seu lugar de serviçal, o que o deixava furioso; no entanto, ele tinha que dissimular, afinal, todos deveriam ver nele um servidor prestimoso. Recolhia-se ao seu aposento e caminhava de um lado para outro, tentando colocar as ideias em ordem. Como sair daquele local com ela morta em seus braços era uma de suas preocupações; e continuava a falar baixinho e colocar para fora seu péssimo vocabulário de homem vivido e de mau caráter:

– Odeio-a! Preciso encontrar uma maneira de esmagá-la de vez. Via quando ela, seguidamente, afastava-se para a casa de campo que comprou através de Eustácio. Se ela pensa que pode ocultar-me as coisas que faz, está completamente enganada. Eu tudo sei. Ah! Mas ela pagará muito caro por isso!

Em Roma, o filho de Petrarcus tinha muitos conhecidos, dentre eles um amigo de seu pai, o próprio imperador Vespasiano, que, naquele ano, havia subido ao trono romano. Entre os amigos pessoais de Agripa, havia Pompeu Petronius, que ele chamava de Pimpo, apelido carinhoso, porque passara a maior parte da infância brincando com ele, enquanto sua família ia de férias para Pompeia. Virgínia, ao chegar em Roma, mandou que Plínio levasse a carta de Agripa para ser entregue a esse amigo, mas o servo, curioso, abriu o documento artisticamente, antes de entregá-lo, para ler o que continha, mas, como não viu nele nada negativo a seus planos, levou-o no dia seguinte.

Pompeu recebeu a correspondência com a maior alegria e leu-a em voz alta para seus pais:

"Eu, Agripa Lúcius, filho de Petrarcus Lucius, comunico que doravante, em Roma, estará presente Virgínia, minha noiva, na Villa Rodésia, comprada por mim, e peço ao amigo a graça de visitá-la e orientá-la na cidade, que para ela é desconhecida.

Assinado Agripa Lúcius"

Pompeu enrolou a correspondência, intrigado, pois

318

esta Villa lhe trazia muitas tristezas, mas iria, algum dia, talvez na semana seguinte, visitar a distinta dama. Levaria consigo sua noiva, para não deixá-la enciumada, e, talvez, sua mãe, quem sabe? Mas deixou passar um tempo, porque a nova senhora da Villa Rodésia estava sempre ocupada para recebê-lo.

Quando Agripa, apreensivo pela saúde de sua noiva, chegou a Roma, levando consigo Alfeu, Virgínia entristeceu-se. Gostaria que a escultura que havia mandado fazer para o futuro esposo estivesse pronta, para colocá-la no local desejado, à frente da residência... Sua chegada antecipada estragara a grande surpresa que lhe faria.

– Agripa! Senti tua falta. Como foram as coisas em Cartago? Sabes? Sinto tanta vontade de voltar... Não é pela cidade, mas pelo ambiente sedutor que me envolve em Cartago. Tudo é tão diferente naquele lugar. Então, trouxeste Alfeu? E Serpia? Fizeste vingança?

– Não foi necessário. Ela já não existe, matou seu senhor. Acho que, como ao meu pai, ela quis revidar suas desatenções, ou mesmo adquirir os bens que pretendia.

– Ainda bem que a pegaram. Mas onde está Alfeu? Vou procurá-lo. Senti falta dele.

Virgínia encaminhou-se ao estábulo para ver se encontrava seu escravo fiel.

– Alfeu, que bom que estais aqui. Senti vossa falta... – disse-lhe, procurando seu olhar.

319

– Oh, senhora. É bom vos ver saudável. Como foram estes dias aqui, nesta grande cidade?

– Sinto que eu estive debilitada, Alfeu. E, sinceramente, não fui uma mulher que vós admiraríeis. Porém, creio que eram aquelas gotas infernais que me faziam mal. Nunca mais as tomarei. Gostaria de me reformular e ser como vós. Tanto vós, como Claudine, são pessoas formidáveis. Gostaria também de ter fé como vós. Achais que sou uma pessoa má, Alfeu?

– Senhora, vós estais enganada quanto a nós e, principalmente, quanto a minha pessoa. Ainda guardo certa mágoa no coração pela minha família, apesar de ser menor do que antes. Já quis morrer e matar no passado; nisso melhorei, pois tento perdoar aqueles que me fizeram mal. Mas, lá no fundo de meu coração, terei mesmo perdoado a infelicidade causada para minha família? Se eu visse o vilão que matou os meus, amá-lo-ia como devo amar meu próximo? Creio que não, ainda não. Eu aprendi inúmeras coisas sobre Jesus, nosso Messias, no entanto, ainda sou alguém que peca e estou bem longe de ser a pessoa "formidável" que dizeis que sou. Estou ciente de que todos nós, cristãos, pensamos assim. Não somos perfeitos e estamos longe disso. É o nosso egoísmo e o nosso orgulho que nos faz pecar. Porém, sabemos que devemos pisar nestes dois entraves de nossa felicidade espiritual. São estes os grandes males deste mundo, e isto eu tenho como experiência de vida. O importante, Senhora Virgínia, é que procuremos melhorar e fazer força para que isso ocorra. Aos poucos, teremos Jesus para sempre em nosso coração. Precisamos ter fé e seguir aquilo que Jesus nos ensinou e, se quisermos ser melhores, Senhora Virgínia, precisamos olhar para dentro de nós e retirarmos do interior os delitos que sempre cometemos. Para isso, temos a nossa consciência, que nos acusa quando estamos errados.

– Assim como me acusei há pouco – completou prontamente a jovem.

– Não devo julgar-vos, senhora. Cada um tem que saber, por si mesmo, como ser melhor.

Virgínia encaminhou-se pensativa aos seus afazeres. Teria que permanecer introspectiva por algum tempo para ver-se interiormente. Sim, gostaria de melhorar, apesar dos problemas que sabia ter em relação à sua conduta, de ser dissimulada para possuir o que desejava e procurar vingar-se dos que a maltratavam, todavia, sabia ter algumas qualidades. O amor e o respeito pelos bons escravos eram duas delas.

Agripa, o noivo de Virgínia, vendo-a saudável e risonha, achou que Plínio Brutus estivera aumentando as coisas, mas, no intuito de cuidar de sua saúde, mandou chamar Claudine ao seu gabinete, pretendendo, daquela forma, saber toda a verdade sobre a futura esposa:

– Então, Claudine. Como está o ânimo de tua senhora?

– Bem... Senhor, não falaria sobre ela convosco se não fosse pelo seu bem, afinal, ela nos trata a todos com altivez, mas também com carinho. Nunca nos tratou mal.

– Sim, isso eu vejo e sei, mas continues.

– Bem... Senhor... – Claudine baixou a cabeça para melhor pensar. Entregaria a sua protetora? *"Sim, pois seria para o seu bem."* – Então, continuou: – Agora, de uns dias para cá, a Senhora Virgínia parece que melhorou, mas temo que volte a praticar os mesmos atos anteriores.

– Que tipo de coisas ela fazia?

Claudine não poderia contar a verdade a seu patrão, visto que Virgínia seria traída.

– Bem... Senhor. Posso vos dizer que ela estava imensamente agressiva depois que deixou de tomar a medicação que usava antes. Parecia-nos que estava fora de si; começou a quebrar coisas da casa e... bem, agiu diversamente de todos nós e diferente de sua maneira anterior. Agora, ela está como era antes de adoecer. Pensamos todos que foi a morte da Senhora Fedras Serventia que a deixou abalada.

– Achas que ela está ficando... louca, Claudine? – Plínio assim a considerou.

– Meu senhor, eu não sou ninguém para vos dizer estas coisas. A Senhora Virgínia melhora muito a sua maneira de agir quando perto de Alfeu. Ele faz um imenso bem a ela.

– Sim, mas responda à minha pergunta. Achas que

ela está enlouquecendo? Achas que ela precisaria sorver as gotas novamente para não enlouquecer?

– Bem... meu senhor. Enquanto ela as tomava, não tinha visões terríveis como demonstrou há sete semanas. Dormia bem e não destruía nada da casa. Só isso que eu sei.

– Tudo bem, já basta. Agora chama Eustácio. Quero inquiri-lo neste momento.

Eustácio entrou e fez uma reverência ao novo dono da Villa Rodésia.

– Eustácio, sei que aqui estás servindo minha noiva, não por muito tempo, mas já pudeste observar o relacionamento de Virgínia com todos daqui, não?

– Sim, meu senhor.

– O que achas de tua senhora?

– O que eu acho? Por que deveria achar alguma coisa de pessoa tão bondosa?

Eustácio precisava ganhar tempo para pensar nas palavras que diria. As moedas que recebera de Virgínia havia comprado seu silêncio. Seria isso que seu novo patrão queria saber? Queria saber se ela o traíra?

– Sim, Eustácio, todos achamos Virgínia bondosa, não é isso que eu quero saber. Mudarei os termos: como agiu a tua patroa nestes dias? Dócil? Ofensiva?

– Ah, é isso, senhor, o que quereis saber! Bem, no

princípio, esteve ansiosa. Tinha ímpetos de gritar, de quebrar objetos, mas agora...

– Está bem, já chega, podes ir.

Agripa ficou pensativo. Duas pessoas foram chamadas a depor sobre o temperamento agressivo de sua noiva, com Plínio foram três, e disseram a mesma coisa sobre a sua reação irritadiça. Sim, ela deveria voltar a tomar as gotas, estava decidido. Aquele era um remédio salutar que a faria dormir e acalmar-se e era de ervas, então, não lhe faria mal nenhum. Não queria ver a sua amada amiga e futura esposa decair, como vira alguns romanos que enlouqueceram e foram colocados em lugares desertos pelos familiares ou mesmo mortos por eles. Se ela renunciasse ao uso da droga, empregaria outros métodos para fazê-la usá-la novamente; colocaria as gotas nos alimentos que ela deglutiria. Mas aguardou para primeiro vê-la ansiosa, como diziam todos.

Os dias que se passaram foram alegres e saudáveis para Agripa, junto a sua querida Virgínia. Nestes dias, ele até esquecera a suposta doença de sua noiva. Pompeu o visitou com a agora sua esposa Leontina, e os casais fizeram grande amizade, vindo a se reunirem também no palácio de Vespasiano. Virgínia vibrava de alegria. Vespasiano, ao rever Agripa, abraçou-o e conversou muito com ele, falando-lhe que o conhecera ainda quando era criança e contando dos empreendimentos que tivera com seu pai, tão justo como todos os romanos, dizia ele. Ao falar nestes termos, tomou a iniciativa de convidá-lo para fazer as negociações de Roma perante alguns países, ainda sob jurisdição das próprias leis.

Agripa, no princípio, não queria saber de envolvimento com o governo. Não lhe admirava fazer parte dele, mas, com a insistência de Virgínia, ele aceitou. O importante para sua noiva é que ele, além de viajar muito, iria permanecer mais tempo em Roma, dar a ela oportunidade de ir a festas no palácio com ele e curtir a vida romana com ênfase, sendo admirada pelas mulheres da nobreza e quem sabe pelos belos oficiais.

Assim, os noivos começaram a pensar nas festividades de seu casamento. O ventre de Virgínia crescia, mas ela nada comentava. Precisava descobrir a verdade da boca de seu noivo. O noivo de Virgínia teve que fazer suas viagens, e, numa manhã, a nova senhora da Villa Rodésia acordou com muita dor de cabeça. Plínio Brutus, que a vigiava incessantemente, mandou Claudine falar com ela.

– Senhora, vos sentis mal? O que tendes, senhora?

– Estou com uma dor de cabeça muito forte e estou impaciente, tenho vontade de gritar com ansiedade terrível. Olha, minhas mãos tremem, e eu toda estou tremendo, porque a dor é muito grande. O que será que tenho? Acho que deverei ver um médico. Terei comido algo tão forte, que me causou este mal?

Com esta infeliz expressão, Virgínia traçou seu destino. Claudine esperou Agripa chegar e, querendo mostrar eficiência, falou-lhe:

– Ah, senhor, creio que recomeçaram as crises da senhora. Teremos que preparar-lhe a poção que ela tomava, antes que ela piore.

Nisto, Alfeu pediu licença e entrou no gabinete. Ele acabara de ouvir as últimas palavras da serva fiel.

– Claudine, a nossa patroa está em crise, disseste?

– Sim, Alfeu. Ela começou com muita dor de cabeça e disse que tem vontade de quebrar tudo que está à sua frente – não sabia ele que Comodus já reiniciara com a droga na alimentação de sua senhora.

– Mas não seria a sua maneira de falar? Ela não diria isso se realmente quisesse quebrar alguma coisa, simplesmente o faria.

– Oh! Já não sei mais nada. Somente sei que a quero ver bem de saúde, e as gotas são excelentes para ela descansar – e quis sair, retirando-se do gabinete.

– Senhor, eu sei que vós estais desperto para este assunto. Mas seriam estas gotas boas mesmo, ou alucinógenas? – indagou-lhe Alfeu – Porque eu já vi pessoas envenenadas sentindo os mesmos sintomas.

– Alucinógenas? Não tinha pensado nisso, mas não creio. Ela as tomou por tanto tempo... Já estaria morta se assim fosse.

– Senhor Agripa, desculpai-me se vos falo desta forma; sei que as gotas vieram por intermédio de Plínio Brutus. Conheceis bem esse homem?

– Não o conheço assim tão bem, mas ele já provou sua fidelidade no seu trabalho e precisão neste tratamento que trouxe do Egito. Mostra-nos sua lealdade todos os dias, Alfeu. Falou-me que esta erva fora usada até pela sua mãe, que se curou de um mal grave.

– Mas, senhor, não seria melhor que verificássemos a fundo quem é este homem, sua nacionalidade e sua família? Não sei, sempre tive as minhas desconfianças com ele.

– Ora, Alfeu, isto não te diz respeito, deixa que eu decida isso, está bem assim?

– Perdão, meu senhor. Falo porque a Senhora Virgínia nos é muito querida e me sinto até um pouco responsável por ela.

– Sim, eu compreendo. Claudine já me interpelou a esse respeito. Agora podes ir, mas não antes de eu dizer-te que tomarei as medidas adequadas para saber tudo sobre a família e a vida de Plínio Brutus. Amanhã mesmo, mandarei um intermediário oculto ao Egito, para trazer-me com precisão todos os dados sobre esse servo. Mas creio que estejas errado. Confirmo, ele nos é leal, mas prezo tua fidelidade à minha noiva. Obrigado, Alfeu.

– Muito agradecido, meu senhor. Zelo por ela como faria a um familiar, com a expressão da palavra.

327

– Está bem, eu entendo. Podes ir agora.

Plínio Brutus ouvira, atrás da porta, a conversa de Agripa com Claudine e, quando vira Alfeu aproximar-se, permaneceu no local atrás de uma das colunas imensas do gabinete, escondido pela pesada cortina carmim.

"Querem vasculhar minha vida? Saber quem sou eu? Ah, Alfeu, não perderás por aguardar-me. Delatar-te-ei a Roma como cristão e irão sacrificar a ti e a todos os servos de Agripa. Terei que agir rapidamente. Virgínia não poderá viver por muito tempo."

As festas de inauguração no palacete de Virgínia foram muitas. O novo imperador, senadores e convidados de muitos países os visitavam, dando honras a Virgínia pela transformação daquela bela residência.

Agora, a grande escultura de Agripa, em mármore, colocada na parte central do jardim, na frente da casa, chamava a atenção para as posses do casal. A fachada da residência, com grandes colunas coríntias, era iluminada por archotes a óleo, de baixo para cima, para dar a impressão de serem maiores do que eram, na realidade. O piso da entrada que dava ao salão, onde os visitantes eram recebidos, fora trocado por mosaico em mármore, com desenhos de bigas carregando bravos guerreiros, trazendo, na cabeça, coroas de louros. No centro do átrio, a escultura seminua de Virgínia era rodeada de flores e plantas exóticas.

Suas festas, no estilo que fizera em Pompeia, eram

divulgadas em toda a Roma dos nobres, mas, desta vez, Virgínia soubera portar-se como uma verdadeira matrona. Na última festa, em um certo momento, ergueu a taça e, apresentando a todos Agripa como seu futuro marido, convidou aqueles nobres para a festa de casamento, que se realizaria na semana que iria entrar.

Somente Plínio Brutus mantinha-se a distância, corroendo-se de ciúme e despeito.

Após as festas do casamento, a esposa de Agripa reiniciou com agitações terríveis. Claudine, atenta, vinha-lhe com algo para comer e, neste algo, as gotas daquela erva levada por Plínio Brutus, agora em maior quantidade, que não tinham sabor nenhum. Depois de alimentar-se, Virgínia descansava e relaxava em seus alvos lençóis. Mas, em vez de ter o sono tranquilo, gritava com suas alucinações: "Saiam todos! Comodus nos destruirá!"

Agripa a olhava entristecido, e Plínio Brutus sorria ao canto, sempre escondido, e falso como serpente.

Por este motivo, o marido de Virgínia decidiu levá-la de volta a Pompeia. A bela esposa não queria partir. Fizera grande amizade com Leontina, que a visitava seguidamente. A sua querida amiga fazia-lhe comentários e fuxicos sobre os jovens da cidade e suas maneiras de agir, comentava sobre as conversas da nobreza Romana, seus tribunos, seus senadores; falava também das mulheres que tentavam esconder seus romances secretos, e dos generais, que quase sempre viviam em promiscuidade, recebendo doenças sexuais que levavam às suas matronas, causando-lhes sofrimentos, encolhidas geralmente em casa com seus filhinhos.

Depois do casamento, que fora comentadíssimo, a residência que Pompeu não gostava de frequentar, porque a considerava amaldiçoada, já não parecia a mesma; enchia-se de luz e esplendor, com a alegria e energia da senhora da casa, feliz em estar morando lá. Virgínia, agora, não só à noite, bebia sua dose de narcótico, mas também lhe era dada ao dia, por exigência de Agripa, ao vê-la ansiosa, rebelde e agressiva. Plínio Brutus vira que as gotas estavam terminando e convencera o seu senhor de partir a Pompeia o mais breve possível, na semana que entraria. Em Pompeia, conseguiria outra quantidade da droga deixada na Villa Olivo para Virgínia, mentira ele ao seu senhor. O vigia retirava o frasco das mãos de Centurinae e colocava, nas frutas, a dose necessária a Virgínia. Não demais, para que ela durasse o tempo preciso. Não sentia mais aquele ciúme doentio, porque vira que Agripa não deitara nenhuma vez com ela desde a noite de seu casamento. Para Plínio, nada lhe era oculto. Ele tinha olhos de lince e ouvidos por demais afinados.

Apesar de todos os pedidos lamuriosos da nova esposa de Agripa para permanecer em Roma, ele forçou-a a voltar a Pompeia, pelo menos por alguns dias, dissera ele, arquitetando a ela uma desculpa qualquer. Plínio, um dia antes da viagem, reparou que a mulher odiada, e tão desesperadamente amada, não lhe respondia. Deitada no leito, de bruços, Virgínia via a figura do amado esposo e falava com ele:

– Petrarcus, não me deixes, meu amor. Ainda é cedo. Por que não ficas comigo ainda uma noite? Estou tão sozinha... Apesar de tantas festas e tantos amigos, sinceros e não sinceros, a vida se esvai de mim, como a areia que não consigo apanhar entre os dedos. Se permaneceres, certamente será permitido, por ordem dos deuses, que eu melhore e ainda seja tua. Fica, Petrarcus.

Plínio, achando-a delirar, dirigiu-se ao dormitório de Agripa. Bateu à sua porta e adentrou:

– Perdoai-me a interrupção de vosso descanso, senhor. Sinto vos dizer isto, mas causas importantíssimas me trouxeram aqui. Seria bom voltarmos para a cidade de Pompeia ainda hoje, pois a senhora já não está dizendo coisa com coisa, deve estar morrendo.

– Mas o médico me falou ontem que, se ela descansasse um pouco mais pela manhã, quem sabe não ficaria melhor aqui, do que em Pompeia.

– Acho um pouco difícil, senhor. Penso que aqui, qualquer dia destes, ela já não despertará. Pompeia é um lugar mais quente, e lá ela será agraciada com mais saúde. Perdoai-me, mas admiro a senhora e, se assim vos falo, é porque lhe sou fiel.

– Agradeço tua fidelidade, Plínio. É, talvez tenhas razão. Então, prepara tudo, voltaremos ainda hoje.

Leontina chegou cedo para falar com Virgínia, já acordada e aprumando suas faces descoradas, para estar mais bonita.

– Virgínia, querida. Sei que estão preparando teu retorno. Oh, eu fico imensamente triste, agora que me acompanhas em meu tempo vazio. Mamãe também diz que te ama. Mas prometo visitar-te assim que eu puder. Por que irias assim, sem avisar-nos?

– Leontina, eu não sei o que deu em Agripa. Ele insiste em partir hoje. Eu prometi um grande jantar para muita gente nesta semana. E – continuou, cochichando – conheci uma pessoa maravilhosa, digna de uma rainha. A ti, que sabes toda a minha vida, posso contar. Chama-se Alexandre. É belo como um deus. Acontece que, infelizmente, não me sinto bem. Sinto tonturas, fico irritada, e as náuseas continuam. Algo está errado comigo. Talvez este seja o motivo pelo qual Agripa quer tanto me ver em Pompeia, lugar mais quente e saudável.

– Terás um filho! Oh, mas que notícia boa! Que sejas feliz!

– Não! Não estou grávida – falou Virgínia, não querendo que ninguém descobrisse seu segredo.

– Então, não seriam aquelas gotas? Estás a tomá-las ainda?

– Nunca mais as coloquei na boca, mas penso que o que tenho é mais preocupante. Durmo pesadamente todas as noites e tenho emoções como se alguém estivesse aqui em meu leito. Estou enlouquecendo? Não, não creio, mas penso que me envenenam, Leontina.

– Mas por quê? És tão querida por todos daqui! Quem faria uma coisa destas? Teu marido não é. Quem poderia ser?

– Se Comodus estivesse em Roma, eu diria que seria ele, mas meus servos são fiéis servidores e vejo que me querem bem. O único que não suporto e de quem desconfio é o meu vigia. Não sei por que Agripa tanto quis colocá-lo aqui, para cuidar de mim. Desde que ele chegou, estas coisas acontecem. Esse homem conquistou Agripa de tal forma...

– Oh, mas deve ser bobagem de tua parte. Se teu marido quer tanto bem a ele, é porque nele confia. Ah, antes que me esqueça, mamãe mandou dizer-te que estará aqui para cuidar do que é teu. Virá seguidamente, para ver se os teus servos estarão tratando bem dos cães, da casa e das plantas.

– Dize a tua mãe que agradeço muito. Obrigada, querida Leontina, e que continues a zelar por tua preciosa família. Quem me dera se eu tivesse minha mãe por perto. E como está tua barriguinha? Quando nascerá teu filho?

– Nascerá em breve, daqui a três meses. Mas, antes, irei visitar-te em Pompeia.

– Esperar-te-ei com alegria.

As duas se despediram, e Plínio veio apanhar a baga-

gem de Virgínia, que, desconfiada e sem nada dizer, olhava-
-o com rancor.

Depois de Virgínia voltar a sorver a droga diaria-
mente, Plínio, que sentava-se à porta de sua alcova todas as
noites para vigiá-la, continuou a visitá-la sorrateiramente,
quando já todos estavam recolhidos, já indiferente àquele
encontro furtivo, visto que ela não tinha mais a mesma beleza de antes e, passível, não a via lutar contra ele. Aumentara
as doses do veneno, porque, mais de uma vez, ela acordou à
noite para perguntar-lhe quem havia estado em sua alcova.
Ele respondia, pedindo-lhe desculpas, que deveria ter sido
um sonho, porque não vira ninguém e somente ele estava
acordado vigiando seu quarto. Virgínia sempre voltava para
a cama, desejando ficar de olhos abertos para ela mesma vigiar, mas não conseguia. Sua fisionomia já não era a mesma,
estava pálida e muito magra. Via-se, por vezes, desesperar,
gritando que queriam matá-la. Agripa, Alfeu e Claudine a
acudiam, mas nada a conformava. Longe da sociedade romana, Agripa ocultava seus delírios.

Os dias transcorreram com lentidão para Virgínia naquela cidade de Pompeia, onde nada acontecia. Sua fraqueza era ainda maior, mas ela fazia força sobrenatural para erguer-se e, por vezes, conseguia. Lá, ela via o vulto de Comodus por toda parte. Tentara falar com Salésio, mas ele tinha
se mudado para Roma. Teria sido para ficar mais perto dela?

Plínio novamente aumentara a dose das gotas para
Virgínia, e ela piorava cada vez mais. "*Quem sabe se não é a*

gravidez que está me deixando assim? Vou ter que falar com Agripa."

– Meu amigo – aludiu ela, quando lentamente entrou em seu gabinete –, senta-te nesta cadeira que desejo dar-te uma notícia. Apesar de não me sentir bem, precisas saber do que vou te contar. Serás pai.

– Como? Querida amiga, tu não estás bem.

– Agripa, vou ter uma criança. Já sinto, no meu ventre, ela mexer-se. E terás que assumi-la. Não és, afinal, o meu marido?

– Bem, isto não estava nos meus planos. Quem é o pai da criança?

– Penso que seja algum fantasma noturno – falou ela brincando.

– Mas não sou eu.

– No princípio, tinhas certa admiração por mim, lembras?

– Admiro-te ainda agora, minha bela, mas te dou a certeza de que não sou eu, infelizmente. Não será isso tua alucinação?

Virgínia ficou perplexa e triste com o que ele falou. Estava considerando-a uma louca, e respondeu:

– Bem, então eu te falo que não sei quem é o pai. Se colocares a mão em meu ventre, verás que alguém faz questão de se mostrar bem vivo aqui dentro de mim. Sei que tenho cumprido com meus cuidados pessoais. Agripa, eu não me sinto bem ultimamente. Começo a ver bichos e monstros. Parece-me que a vida é um pesadelo. Preciso reiniciar a tomar aquelas gotas novamente. Penso que, ter voltado para cá, onde sei que Comodus pode estar também, não foi bom para mim. Ah, Agripa, por que não me deixaste lá e longe deste Plinio Brutus? Sinto que, em vez de cuidar de mim, ele vigia todos os meus passos desde que cheguei. Foi para isso que empregaste esse infeliz? Não me sinto livre, tenho sempre que estar fugindo de seu olhar. Talvez, eu não goste dele porque ele tem uma voz idêntica a de Comodus.

Agripa preocupou-se mais com o que ela falou sobre estar grávida.

– Tens certeza de que estás grávida?

– Sim, há três meses.

– Mas não será isto sintoma de tua doença? Precisas mesmo daquelas gotas?

– Sim, aqui em Pompeia, eu necessito muito delas, Agripa. Descobre onde Plínio as consegue.

– Eu falarei com ele. Mas quero que o médico te venha visitar. Tu não podes estar grávida.

Agripa, não querendo contar a Virgínia que havia ordenado que lhe fosse colocado no alimento o medicamento, continuou a falar:

– Bem, vou pedir a medicação ao vigia.

Plínio foi avisado por Agripa que ele deveria aumentar a dose das gotas de Virgínia ainda mais. Ele deveria dá-las também pela manhã, assim Virgínia melhoraria. Pensou em chamar o médico, mas Plínio não o aconselhou, porque médico nenhum conhecia aquele tipo de medicação vinda do Egito.

Os dias se passaram, e a jovem esposa de Agripa começou a amedrontar-se ainda mais. Percebeu que um dia seu bebê não mais se mexia em seu ventre, e a ausência da droga era-lhe insuportável. Desesperou-se e, uma noite, gritou por Plínio:

– Plínio, pelos deuses do Olimpo! Trazei-me o vidro da droga, já não aguento, preciso delas. Rápido, rápido! Pareço perecer!

Plínio chegou com o novo vidro da droga, que estava quase cheio, em suas mãos. Virgínia olhou para o vidro, retirou-o das mãos de Plínio e sorveu-o de um gole. Então, com um sorriso malévolo, o vigia falou entre os dentes:

– Bebei, Senhora Virgínia. Estareis, brevemente, tranquila... Acabastes de sorver vosso próprio destino.

Virgínia olhou para ele e, vendo o ódio em seus olhos, temeu. Com um sorriso de vitória, Comodus inflamou seu peito ao falar entre os dentes:

– Finalmente, mulher! Finalmente posso falar-te como antes. Aproveito este momento que estamos sozinhos para revelar a ti, que sempre me desprezou, que fui eu quem esteve contigo em teu leito, por todo este tempo. Ah, que prazer imenso me dá esta vingança! E levantavas pela manhã achando que era o teu noivo. Sim, olha bem para mim. Estou mudado por tua causa, mas, desta vez, entrego-te ao túmulo. De lá, não sairás. Hoje estou realizado e dando graças aos deuses por esses inimigos terem me dado essa oportunidade sagaz. Quiseste fugir do Egito, dando-me aquela pancada na cabeça, que quase me matou. Mas os deuses cuidaram de mim, e minha sede de vingança me fez melhorar para concluir o que tanto desejei: tirar-te a vida!

E sorriu sarcasticamente enquanto a jovem sentia-se esmorecer ao reconhecê-lo.

– Ouvi-me, então – falou Virgínia, fraca e já sentindo que perdia os movimentos do corpo –, não fui eu quem vos espancou. Até me penalizei de vós... fui raptada para ser vendida. E, se fostes vós quem estivestes em minha cama este tempo todo, então devereis saber...

– Sim, fui eu. Cobrei de ti o tempo de renúncias e desafetos.

– Estas gotas... são... veneno?

– Sim, e com que prazer as dei para ti todas as noites. Com que prazer eu te vi ficar drogada e ansiosa como louca. Ah, eu consegui o que tanto almejei. Prometi matar-te se tu não me pertencesses, lembras? Matei primeiro tua mãe e entreguei por carta, aos soldados romanos, Alfeu e estes servos cristãos que te acompanham. Afinal, cumpro o que prometo.

– Sim... me envenenastes e com isso... com isso... matastes também... o vosso filho.

Comodus parou de sorrir e arregalou os olhos, gritando:

– O quê? Um filho? Não! Não pode ser! Oh, maldita sejas tu, mulher, depois de morta e em todas as vidas que tiveres! Rogo aos deuses que jamais sejas feliz com homem algum! Como não falaste a ninguém desta criança?

– Porque achei que fosse Agripa quem vinha à minha alcova, mas agora... o bebê está partindo comigo. Jamais tereis vosso filho... nos braços. Esta é... a minha resposta... por tudo que me fizestes sofrer.

Fez uma pausa ao ver o desespero de Comodus, depois continuou:

– Tenho-vos muita pena, Comodus. Afinal, quem sofrerá mais será realmente... vós. Eu, no entanto,... nesta hora... lembro-me também de Jesus e... que Ele vos perdoe e a mim.

Virgínia sentiu que não demoraria em partir. Pensou em Alfeu e nas suas recomendações; não deveria se vingar, mas Comodus deveria saber da verdade, e ela encontrava-se vencida pelo cansaço. Porém, seu pensamento voltou-se ao Ser que aprendera a conhecer com o amigo escravo. Jesus, com toda Sua bondade, certamente a perdoaria.

Plínio correu desesperadamente, gritando:

– Um médico, por piedade, um médico! Precisamos salvar Virgínia!

Neste momento, Claudine viu o que acontecia e assustou-se. Virgínia a chamou quase sem voz e lhe disse:

– Claudine... chama urgente por Agripa.

Claudine, vendo-a naquele estado, saiu angustiosa a correr até o gabinete onde ainda Agripa se encontrava.

– Senhor! Creio que a Senhora Virgínia está no fim. Socorrei-a, por favor!

Agripa correu até o leito de sua esposa ansioso.

– Querida, querida. O que está te acontecendo?

– Agripa, eu... fui envenenada.

– Como, o que dizes?

– Plínio e Comodus... são a mesma pessoa... Por favor, Agripa... manda todos os nossos servos para a África, em Cartago.

– Isto é impossível, querida, estás delirando.

– Não, Agripa, não. Se eles ficarem aqui... oh, pelos... deu... – ia dizer pelos deuses, mas se corrigiu em pensamento – *"Por Jesus"*, mas... promete-me, Agripa; eles... poderão ser sacrificados.

– Mas por quê?

340

– Comodus... acusou-os... ao império. Eles são... Cristãos.

Neste momento, Virgínia debateu-se, não conseguindo mais falar e contorcendo-se. Agripa procurou levantá-la do leito para ver se sua respiração melhorava, e, em seu regaço, sua cabeça pendeu e seus braços caíram inertes. Seu último suspiro foi nos braços de Agripa, que chorava incessantemente.

O médico chegou com Comodus. Quando o antigo soldado romano certificou-se da morte de Virgínia, saiu desesperado pela estrada que levava à cidade, urrando como louco.

Capítulo **10**

FINAL

> *Ouvistes o que foi dito: Amareis o vosso próximo e aborrecereis o vosso inimigo. Eu, porém, digo-vos: Amai os vossos inimigos, bendizei os que vos maldizem, fazei o bem aos que vos odeiam, e orai pelos que vos maltratam e vos perseguem; para que sejais filho do nosso Pai que está nos Céus.* (**São Mateus**, cap. 6, v. 43 e 44.)

AGRIPA CHORAVA SOBRE O CADÁVER DE VIRGÍNIA, quando chegou Alfeu.

– Oh, senhor, aconteceu!

– Sim, Alfeu. A coitadinha já não estava dizendo coisa com coisa, quando expirou, mas fiquei comovido. Pelos deuses, eu não esperava que ela fosse morrer tão cedo, tão jovem! Oh, Alfeu, o que será de mim agora?

– Vós ficareis bem; há muita vida ainda para ser

343

vivida, meu senhor. Olhai, nada acontece que não seja pela vontade de Deus.

– Como podeis dizer uma coisa desta? Oh, a pobrezinha. Estava tão enlouquecida no final dessa doença, que hoje só me disse coisas sem nexo.

– Sim, é muito triste isto ter acontecido com a Senhora Virgínia

Alfeu permaneceu por algum tempo com seu senhor à cabeceira da cama de Virgínia, fazendo algumas preces a ela. Depois, continuou:

– Agora, meu senhor, se me der licença, vou prepará-la para o adeus final.

Alfeu, muito triste e desiludido, distanciou-se do quarto de Virgínia para tratar de seu velório. Não podia imaginar a sua menina entre os mortos e esquecida por muitos em alguns anos. Mas ele, ele não deixaria de pensar nela jamais e tinha a certeza de que nenhum de seus servos a esqueceria, tão boa que fora para com eles.

– Claudine, viste o que aconteceu? A senhora partiu desta vida. Oh, eu não posso nem pensar. Estou me sentindo tão infeliz... Preciso reunir todos os cristãos daqui para orarmos. Oremos pela sua alma, para que descanse e que encontre a paz.

– Alfeu – ponderou Claudine –, será que ela entrará no reino de Jesus? Ela não acreditava Nele como nós e era fútil em sua maneira de ver a vida; jamais foi humilde ou deu alguma coisa para os pobres. Por muitas vezes, eu a vi entregando-se a homens que jamais havia conhecido antes. Centurinae está de prova, gostávamos muito dela, porque sempre foi boa para conosco, mas Jesus a acolherá em Seus braços?

– Claudine, Jesus amou e continuará amando a todos nós, independentemente de nossas posições e erros; como não amá-la? Não bastou somente ter tido ela um bom coração, para que já fosse benquista por nós? O desconhecimento das causas espirituais não a deixa tão pecaminosa. Jesus não permitiu que atirassem a primeira pedra na mulher adúltera, lembra-te das lições de Deoclécio?

– Ela estava tão aflita quando Plínio saiu às pressas...

– Plínio estava com ela quando ela se foi?

– Sim... Ele estava dando a ela as gotas que ela havia pedido. Não a ouviste gritar?

– Não, eu estava no portão de entrada da Villa. Cheguei a ouvir algo, mas achei que os gritos fossem mais distantes.

– Ela gritou e me pediu para chamar seu esposo urgentemente para dizer-lhe algo.

– Ouviste o que ela falou?

– Não. Não cheguei a ouvir, porque achei que deveria sair quando entrou no dormitório o Senhor Agripa. Sei somente que a vi desesperada e olhando-me com olhos arregalados, como se em Plínio estivesse vendo um fantasma. Coitadinha, estava fora de si. Plínio nos falou que ela estava enlouquecendo e foi a loucura que vi em seus olhos.

Alfeu suspirou profundamente outra vez e, baixando os olhos, comentou:

– Nunca fales assim de uma mulher que te foi tão boa, Claudine. Vejo que, às vezes, tua língua te fere. E confiaste em Plínio? Não deverias ter confiado na palavra do homem que, na realidade, nem sabemos quem é. Nós, apesar de o vermos atuar com grande presteza, não conhecemos como ele é intimamente. A Senhora Virgínia não estava louca. Ontem mesmo, estive com ela. Sua ansiedade não era doença. Sei disso, Claudine.

Claudine baixou a cabeça dizendo:

– Talvez, eu fale demais mesmo, mas, se ela fosse tão boa como dizes, nos teria libertado. Que a patroa me perdoe onde estiver.

– Está bem, Claudine – falou Alfeu, ainda com suspiros profundos de tristeza. – Agora, vai preparar algo para aqueles que vierem se despedir de nossa querida senhora.

As exéquias estavam sendo pomposas. Archotes a óleo iluminavam toda a Villa Olivo à noite. Pessoas entravam e vinham cumprimentar Agripa, que, choroso, não queria permanecer junto à defunta, no espaço onde os senhores da casa sempre recebiam.

Vestida toda de branco, com leve túnica de seda e flores espalhadas pelos cabelos escuros, Virgínia mais parecia um anjo descido do Céu para a Terra, apesar da face magra. Colocada sobre uma mesa de mármore, ela parecia dormir. Inúmeros visitantes entravam fazendo reverência a ela e, depois, saíam. Alguns ficavam no jardim para ouvir as conversas sobre a dama morta. Outras cochichavam sobre a maneira como ela havia vivido, fazendo grande festa a Baco com poucos meses de viuvez. Eram conversas das mulheres que a invejaram.

– Agora – dizia uma delas –, nós não precisamos temê-la mais. Já me disse a esposa do general Lucianus que esta senhora procurou conquistá-lo. Imaginem só. E sabeis do vizinho aqui ao lado, Salésio Lupínius? Ele também quase caiu nas tramas dessa mulher. Virgínia pertenceu a incontáveis senhores. Não sei o que viam nela... Foi muito bom ela sumir para sempre de nossas vidas.

Em certo momento, Agripa pediu para Alfeu fazer-lhe companhia, mas, para isso, deveria chamar Plínio para ficar em seu lugar. Ele atenderia as pessoas e não Alfeu.

Alfeu retirou-se, pensando: *"Eu não vi Plínio voltar, onde terá ido?"*.

Nesse momento, encontrou Efus, que lhe respondeu:

– Olha, Alfeu, sinceramente, Plínio sumiu daqui quando soube que a senhora tinha perecido. Estava alucinado. Pegou suas coisas e desceu o caminho para a cidade. Eu achei que sabíeis.

– Por que não o procuraste antes?

– Já faz três horas que ele saiu.

– Ora, o que deu naquele homem? Será que não aceitou a morte da sua senhora? Mas não importa, atende tu os que chegam, porque terei que fazer companhia ao meu senhor.

Efus retirou-se pensativo, e Alfeu começou a colocar as ideias em ordem. *"Por que teria Plínio fugido? Não fora ele quem estivera nos últimos momentos com Virgínia?"* – pensou, resolvendo conversar com Agripa.

– Senhor, tereis lembrança sobre o que a vossa esposa vos disse, ao mandar chamar-vos antes de morrer? Sei que vosso coração está partido e, quando estamos desta forma, é como se não nos lembrássemos de mais nada.

– Por que me perguntas esse tipo de coisas, homem? Ora, deixa-me, Alfeu. Pedi que viesses para me fazer esquecer estes momentos de dor. Encontraste Plínio?

– Plínio tem a ver com a pergunta que vos fiz, senhor.

– Como? Ele não está atendendo os que aqui chegam?

– Não. Ele fugiu, senhor.

– O quê? Fugiu? Por quê?

– Claudine falou-me que, antes de chegar ao dormitório da sua senhora, Plínio estava lá, e ela, Claudine, percebeu na face da senhora Virgínia muita aflição. Olhava para Plínio com verdadeiro horror, como se estivesse vendo um fantasma.

– Bem, Virgínia me falou algo, mas achei que estava delirando. As pessoas deliram, Alfeu, antes de morrer.

– Mas é importante lembrar-vos das suas últimas palavras, senhor.

– Ela disse-me algo como... Oh, mas não pode ser verdade, pobre Virgínia; ela dizia que fora envenenada por Comodus, e que ele estava aqui. Mas tira isto de tua cabeça. Era delírio, sim.

– Mas pensai bem, meu senhor. Por que Claudine vira o horror da senhora Virgínia pelo vigia?

– Alfeu, Plínio não tem nada a ver com isso. Mostrou-se um ótimo vigilante e servo, estes meses todos.

– Não estaria escondendo sua desventura, e, por isso, partiu daqui? Permitis ser-vos insistente, senhor, porque sempre desconfiei desse homem. Se a Senhora Virgínia vos disse isso, é porque isso é correto. Plínio é Comodus. Por isso, ela não o suportava mais ultimamente. Sempre teve aversão a ele. Irei procurar o vidro de gotas para dá-las a um animal e ver o que acontece. Talvez, tenha ainda algumas gotas no fundo do recipiente.

– Não admito que saias de perto de mim agora. Precisas acompanhar-me. Deves lembrar-te como temo a morte.

– Está bem, senhor, aguardarei todos irem embora.

– Deveríamos ter colocado o corpo de Virgínia no templo.

– Senhor, amanhã mesmo, já não estará aqui o seu pobre corpo, neste momento deitado naquela mesa como uma estátua de mármore.

– Sim, mas jamais esquecerei esta visão. Ah, o que farei amanhã? Não posso pensar... minhas lembranças não me deixam. Sim, amanhã mesmo irei para Roma e seguirei meus negócios. Ah, minha esposa, minha amiga, por que partiste?

– "Dominum legatus primum prantus". Isto é o que falamos sempre, não, meu senhor?

Com "O Senhor nos legou o primeiro pranto", quis referir-se à criança que, ao nascer, tem o primeiro choro e, a partir daí, muitos choros terá.

No que todos partiram, tarde da noite, Alfeu recomendou aos servos que auxiliassem o Senhor Agripa, que dormia exausto, e que Efus ficasse com ele durante toda a noite.

Na manhã seguinte, Virgílio, o jovem, entrou esbaforido no átrio da residência. Precisava falar com Agripa urgentemente, pois trazia normas do próprio imperador para mostrar ao seu amigo, dono da Villa Olivo. Este, debruçado sobre a pequena coluna que havia no terraço, abraçava a ânfora, acima dela, olhando a esmo o horizonte.

– Senhor, há uma pessoa aqui que quer falar-vos – disse-lhe Alfeu.

– Ah, mas lhe diga que não posso atendê-lo. Minha

angústia é tamanha, que não consigo chegar à sala onde Virgínia se encontra.

– Mas, senhor, ele diz que é importante. Virgílio, o jovem, está com documentos que se referem ao nosso imperador Vespasiano.

– Ah! Mas que vida esta que tenho, que nem nesta hora de profundo desalento, consigo reter-me em assuntos que me dizem respeito? Odeio toda esta gente neste momento. De que me serve este posto honroso, se já não tenho comigo a minha alegria, a minha amiga Virgínia? Ela... era ela quem adorava estar nesta sociedade corrupta; foi ela quem me fez aceitar estas honrarias. Agora que ela se foi, o que será de mim? Ah! Triste sina a minha...

– Senhor, o que digo a ele? – insistiu o escravo Alfeu.

– Manda-o passar.

Agripa, ao ver Virgílio, cumprimentou-o, elevando a mão sobre o peito à maneira romana. Apanhou, então, o papiro das mãos do amigo e, ao colocar-lhe os olhos, franziu o cenho, comentando:

– Virgílio, nós devemos tomar uma providência. Penso que este "Passar a peneira a quem não está de acordo com as leis de Roma" tem a ver com os cristãos. Talvez ele esteja disposto a continuar com os crimes. Sabe-se que está sendo construído aqui um templo em homenagem a Vespasiano, próprio para sacrificar um boi. O nosso imperador também está envolvido na execução de um projeto de um grandioso circo em Roma, o Coliseu... Mas quando estive com ele...

E rematou todo aquele repertório sobre o novo imperador, contando a Virgílio suas histórias com ele e as histórias de seu pai. Falou dos jogos, das corridas, e de todo horror que sentiu sabendo de Nero e do sangue que escorreu na arena. Não desejava mais que violência acontecesse enquanto ele estivesse vivo. Depois, comentou mais sobre os escravos, dizendo-lhe:

— Sim, acho que essa carta é, realmente, sobre a prisão de cristãos, no entanto, como ele foi amigo de meu pai e agora me deu um posto alto no império, talvez quisesse avisar-me de alguma coisa. — E, olhando no horizonte, continuou: — Quem sabe se essa carta não é um alerta para termos cuidado? Afinal, Vespasiano, que eu saiba, não persegue cristãos. O que achais, Virgílio? Também não pensai como eu? Talvez o imperador esteja sendo pressionado a agir.

— Temo por gente inocente, Agripa. Os cristãos já foram castigados em demasia... muitos dos que acompanharam Jesus foram massacrados, precisamos ter os olhos muito abertos.

— Mas como conseguiremos fazer algo? Será impossível lutarmos contra nosso imperador! Oh! Virgínia enlouqueceria se soubesse disso. Lembro-me de suas últimas palavras. E, por ela e em seu nome, farei o possível e o que esteja em minhas mãos, mas será impossível modificar algo escrito e assinado pelo próprio imperador. – E continuando, olhando a distancia, rematou: – Ninguém aqui sairá prejudicado, Virgílio. Nós sabemos, sigilosamente, por intermédio de alguns conhecidos, que a maior parte dos chamados cristãos daqui, que vivem em profundo silêncio sua seita, não dispõem da cruz, que é o símbolo do Cristianismo, talvez por precaução. Oh! Não sei que caminho tomar!

– Procuremos, cada um de nós, nos precaver das ações que deverão ser executadas por ordem de Vespasiano. Bem, eu preciso ir.

– Não me abandoneis agora. Vamos desfrutar o pôr do sol, que lança sobre Pompeia, a nossa amada Pompeia, seus raios de maior beleza. Caminhemos pela alameda para apreciar o final do dia.

Agripa e Virgílio desceram as escadarias até o local de grandes ciprestes, com muitos bancos de pedras em volta de um círculo, ladeados com grandes estátuas romanas.

– Olhai quanta beleza – dizia Agripa. – Meditemos um pouco para apreciá-la. Água, céu, monte verdejante, flores em profusão. Oh, eu preciso pensar muito para saber como agir.

Decorridos alguns momentos de reflexão, Agripa decidiu:

– Nunca sabemos o que se passa dentro de cada mente. Nero matou sua mãe e sua esposa. Como poderíamos confiar nele? Vespasiano não terá o mesmo pensamento?

Agora que estou me radicando nos negócios, servindo ao meu país, mais por Virgínia, não sei como sair desta. Poderia levar meus servos para Cartago; nunca soube se eram ou não cristãos e, caro Virgílio, eu sei que tendes apreciação por uma dama, que, pelos cochichos que ouvi aqui, mantém uma escondida em sua casa em Herculanum, símbolo do Carpinteiro.

– Como... como sabeis disso?

– Ora, existem servas e amigas das servas. Este comentário surgiu há algum tempo, aqui mesmo na Villa Olivo.

– Sim – falou Virgílio baixando a cabeça, entristecido. – E é por isso que temo e que venho falar-vos.

– Vede bem, Virgílio, por mais que a pessoa seja fiel ao seu coração, não poderá ir contra as leis de Roma. Falo de Vespasiano; se surgiu, realmente, uma acusação de que cristãos estão indo contra as leis romanas, ele terá que intervir... Vede seu filho Tito, não acabou ele este ano com os judeus e destruiu seus templos? Todos os imperadores querem ser abençoados pelo povo e receber suas glórias, sempre conquistando o melhor espaço. Por isso desejam chamar-se de divino.

– Penso, meu amigo, que é melhor sairmos de Pompeia e passarmos algum tempo em outro lugar.

– Impossível pelo cargo que aceitei – comentou Agripa.

– Bem, vós precisais partir a locais que Roma vos obriga e, se vos são tão preciosos vossos servos, é simples. Fechai a casa e mudai a residência para outro local, onde, no momento, não haverá perseguições. Quando tudo acalmar, retornai à vossa Villa querida.

– Sim, será isso que farei. Mas não sei se voltarei. Aqui tenho recordações profundas e sentimentos cruéis: a morte de meu pai, de minha esposa... Todos que eu amei, inclusive minha mãe, aqui viveram. Agora estou muito só, Virgínia era tão alegre...

Agripa derramou algumas lágrimas ao pensar em Virgínia e continuou:

– Falarei com Alfeu para tomar as devidas providências.

– Mas não ficará ninguém aqui?

– Oh, sim. Ficarão Fidelis, Giácomo e Cremencio, que, como todos sabem, vivem fazendo as oferendas que podem aos deuses.

Virgílio saiu, deixando Agripa sentado no mesmo local, admirando a paisagem até que os raios do Sol se escondessem por completo. Então, o viúvo, cabisbaixo, recolheu-se, entrou e não quis comer nada. Pediu para Alfeu ir com ele até o gabinete, falando-lhe:

– Alfeu, eu preciso falar-te sobre algo.

– Pois não, senhor, estou a vosso dispor.

355

– Dize-me, és cristão?

– Por que perguntais isso, senhor? – respondeu Alfeu, mostrando ansiedade na alma.

– Não te preocupes, Alfeu. Eu sempre estarei ao teu lado. Mostraste-me uma alta fidelidade por longos anos, desde quando ainda eu era um pequenino ser. Tenho lembranças das palavras de minha mãe, quando se referia a ti, sempre te elogiando e colocando-te nos Céus, junto com as divindades.

Alfeu sorriu meigamente e lágrimas pousaram em seus olhos, e, então, respondeu humildemente:

– Sim, sou cristão.

– Há entre vós mais alguém que seja também cristão?

– Sim, Claudine, Centurinae e Efus.

– Mas dize-me, Alfeu. Eu não consigo entender quando e onde vocês quatro aprenderam sobre esse Carpinteiro.

– Ah, senhor. Depois que Jesus se foi aos Céus, apareceu, nestas proximidades, Paulo de Tarso, um rabino judeu, que esteve por um tempo dando palestras sobre a vida de Jesus, e seus ensinamentos. Isto somente a doze quilômetros daqui. As notícias se espalham entre os escravos e os que sofrem mais. Com o homem de Tarso, outros homens aprenderam o Evangelho de Jesus, que se difunde e se alastra a todos os locais que vamos. Vez em vez, temos instrutores.

Não quis dizer o nome de Deoclécio, assegurando o silêncio sobre ele.

– Mas não estás contra Roma, não?

– Senhor, a causa que defendemos não é a causa política. Jesus nos entregou a fórmula do bom viver. Nada tem a ver com Roma, nem com os romanos. Aliás, nós, os cristãos, precisamos amar até os nossos inimigos.

– Como isso? Uma maneira de bem viver, amando os inimigos?

– Sim. Perdoar e amar. Como vedes, não há nada de mal no que Jesus nos veio ensinar.

– Vendo por esse ângulo, tens razão. Cada um com sua crença, isto que penso, mas não é o que a maioria do povo romano acredita, principalmente nossos imperadores. Todos abominam essa transformação que o Cristianismo quer fazer em nossas cabeças, e que eu acho que não levará a nada. Por esta crença, cristãos morrem seguidamente e têm que viver às escondidas. Por que não te livras disso e diz que adora os deuses de Roma? Deves abominar estes preceitos pelo teu bem.

– Não posso. Eu estaria mentindo.

– Mas não receias as feras ou a crucificação?

– Sim, todos nós tememos, mas vivemos nossa seita tão às escondidas...

– Alfeu, depois que vi a correspondência que

Virgílio me trouxe, lembrei-me das palavras de Virgínia antes de partir para a morte. Disse-me que eu mandasse partir todos os meus servos para Cartago. Talvez ela tivesse ouvido algo sobre Vespasiano e sua vontade. Talvez, alguém daqui os tenha delatado.

– Oh, senhor. Ela pensou em nós antes de partir?

– Levou essa preocupação consigo. Mas penso, a todo o momento, em suas palavras. Tens razão, elas têm nexo. A mim, isto me faz crer que ela não estava tão desorientada quando morreu.

– Ela deve ter sido assassinada mesmo, senhor. Eu tirarei a prova ainda esta noite. Amanhã, saberemos.

– O que pretendes fazer?

– Temo em não encontrar a prova de que preciso, mas não quero vos dizer nada agora. Amanhã, prometo que vos darei alguma notícia. Boa noite, meu senhor; espero que possais dormir bem, e Efus vos fará companhia por toda a noite.

Alfeu entrou no dormitório de Virgínia e procurou pelo recipiente que continha as gotas que eram dadas a Virgínia. Encontrou-o em um canto da peça, quase escondido atrás de uma cortina. Era um recipiente de terracota sem apoio, como uma miniatura de ânfora; ficava sempre deitado em cima de alguma mesa e rolou pelo piso sem despedaçar, no momento em que o braço de Virgínia pendeu. O servo apanhou-o e levou-o para a cozinha, onde um gato dormia. Pediu perdão a Jesus por ter que experimentar aquela poção no animal e misturou as gotas que ainda havia na ânfora com um pouco de leite.

O gato levantou, vendo o alimento, e bebeu-o todo. Seguiu dormindo. Alfeu achou que, realmente, tinha se enganado com Plínio e aconchegou-se ao canto para descansar.

No dia seguinte, levantou, espreguiçou-se e, quando olhou ao lado, viu o gato, com os olhos fechados e já completamente frio.

Deu um suspiro de tristeza. Tudo lhe vinha à mente.

– Oh, Jesus, como não odiar esse homem? Como perdoá-lo? Ajudai-me, ajudai-me a compreender que eu preciso perdoá-lo.

Foi aí que o escravo chorou um pranto dorido e notou que ainda não estava pronto para seguir o Cristo como um verdadeiro cristão. Não conseguiria tão cedo perdoar. Sim – pensava –, aprender o Cristianismo é fácil, o difícil é exemplificá-lo. Sofrimento atroz o acolheu, lembrando-se da jovem que enchera todas as vidas da Villa Olivo com alegria.

"Pobre menina, perseguida por este homem toda sua vida; ter, por muitas vezes, se livrado dele, mas vir a morrer em suas mãos... Isso foi muito forte. Irei procurar Comodus ainda que seja no fim do mundo." Ergueu a cabeça e foi informar seu senhor.

No dia seguinte, chegou a correspondência do Egito a

Agripa, dizendo que Plínio Brutus jamais existira lá, conforme o nome dos pais que Agripa lhes tinha fornecido.

Agripa não havia se recuperado da tristeza do dia anterior, quando chegou Alfeu com a notícia. Chorou amargamente, sentindo-se culpado pela morte de Virgínia, e fez questão de tratar do assunto pessoalmente. Mandaria avisar o imperador Vespasiano que o soldado de Roma, Comodus Severus, que havia desertado, matara sua esposa e estava em Pompeia. Mas e se Comodus tivesse fugido para outro lugar? Seria muito fácil partir, pois fora desta forma que ele havia chegado... Ah... Precisava chamar alguém importante de Pompeia para resolver essa busca. Alfeu lembrou-o do general Lucianus, que antigamente visitava Virgínia, e foi ele quem saiu atrás do assassino.

Depois do enterro de Virgínia, esse escravo recebeu a notícia do general Lucianus a Agripa Lucius, que Comodus Severus havia se suicidado dentro de sua casa. Sem ter certeza se ele era mesmo de fato Plínio Brutus, Alfeu foi com aquele general até a antiga residência de Serventia e lá encontrou Plínio estirado ao chão. Sim, ele era o próprio Comodus Severus.

Ao certificar-se do suicídio de Comodus, Agripa, entristecido, desabafou:

– Mandei um indivíduo atrás de Comodus, no entanto, ele encontrou os dois, Comodus e Plínio Brutus, na mesma pessoa. Por que não ouvi Virgínia no momento de sua morte? Ela disse que ele era Comodus, e eu não acreditei. Comodus não nos deixou a oportunidade de colocá-lo em uma cruz, aquele miserável. Mas, no momento, Alfeu, sem tardia, pensemos no pedido de Virgínia. Chama aqui, em sigilo, os outros servos que seguem a mesma seita do Cristo.

Assim, resolveram sobre o próximo passo a dar. Agripa começou a fazer os planos para a viagem a Cartago. Lembrou-se da promessa feita ao pai de colocar um lembrete na praça do cárcere, dizendo que "Comodus Severus, que causara a morte de tantos cartagineses árabes, teve a justiça merecida". O viúvo de Virgínia sentia muitíssimo não poder desembarcar lá também, por seu trabalho com o próprio imperador, mas, brevemente, tudo voltaria ao seu lugar – pensava –, agora os seus mais dedicados servos deveriam partir.

Os dias se passaram lentamente e escorregadios, como Agripa dizia, e tudo voltou ao normal. Ele já havia esquecido a carta de Vespasiano, levada pelas mãos de Virgílio, que já havia partido de lá com a noiva. Numa tarde, chegaram, à residência da Villa Olivo, dois soldados à procura do senhor da Villa.

– Ave, Cesar! – falou um deles batendo com a mão no peito.

– Ave, Cesar – respondeu Agripa.

– Senhor – falou um deles –, temos uma denúncia feita por seu criado, Plínio Brutus, que existe aqui nesta casa mais de um escravo que pratica a seita cristã proibida dos romanos.

– Não – respondeu Agripa –, esta acusação é sem nexo. Todos os servos que tenho são especificamente religiosos, mas adoram nossos deuses romanos, assim como eu.

O coração de Agripa bateu desnorteado. Estava acontecendo mesmo em Pompeia uma perseguição a seus escravos. Alfeu, Claudine, Efus e Centurinae estavam em viagem, mas... Haveria alguma prova que pudesse recriminá-los na Villa Olivo?

"*Não – pensou –, Alfeu teria destruído qualquer prova do Cristianismo, se lá houvesse. O que fazer agora? Sim, fora uma acusação de Comodus. Ele falou que se vingaria de Alfeu, em minha própria presença e na presença de meu pai, ainda alguns anos atrás. Realmente, Comodus era o mesmo Plínio. Minha esposa não estava delirando. Ele a matou e, agora, tenta se vingar em meus criados.*"

– Então, permitis que examinemos vossas dependências de escravos? Lá obteremos a resposta que precisamos.

– Estejais à vontade.

Quando os soldados romanos estavam prontos para deixar a residência, sem nada terem encontrado, Agripa aproximou-se deles e lhes disse:

– Quero dizer-vos que este Plínio Brutus deve ter feito esta acusação por despeito. Odiava a todos os servos daqui e foi ele quem envenenou minha esposa Virgínia. Eu sirvo ao nosso imperador Vespasiano e jamais iria admitir, nesta casa, alguém que não estivesse de acordo com as leis romanas.

– Peço-vos extremas desculpas, senhor. Plínio Brutus será punido.

– Não o encontrareis.

– Por que dizeis isto?

– Porque Plínio Brutus e Comodus Severus, o soldado romano que sumiu, deixando de servir Roma, são a mesma pessoa – e relatou todos os fatos a eles.

Indignados, os homens foram dar a notícia a seus superiores. Voltaram as costas para Agripa e se retiraram.

Em Cartago, sob as palmeiras que balançavam seus galhos pela leve brisa que vinha do mar, no final da tarde cálida do verão, Alfeu, reunido com os outros escravos, seguidores do Cristo comentava:

– Olhai este céu. As primeiras estrelas começam a surgir, não é belo? Imagino quantos seres, desde os primeiros na Terra, já viram esta maravilha, esta obra divina, entretanto, quantos se conduzem na vida sem um pensamento dirigido à grandeza do Criador. Ele nos mandou Seu filho Jesus para firmar as palavras recebidas por Moisés sobre o amor a Deus e ao próximo, mas muitos não o entenderam... E Jesus nos deu esse exemplo de amor e caridade, mas, mesmo assim, nós, os homens de hoje, não o seguimos como deveríamos. Tantos digladiam-se entre si, querem sangue humano, querem guerras. Onde a paz trazida por Jesus em Seu tempo com os pescadores? Não mais existe; multidões não O compreendem e exigem que essa seita desapareça, mas, em vez disso, ela se estende, ramifica-se e avança pelos continentes. E sabem por quê? Porque o verdadeiro amor está nesses ensinamentos: não matar, perdoar, dar a mão a quem necessita... No dia em que todos nós renunciarmos um pouquinho do nosso orgulho e do nosso egoísmo, certamente isso acontecerá. Dia virá que, admirando este mesmo céu, estarão inúmeros seres a orar, pensando em Jesus e pedindo bênçãos divinas a Ele.

– Já não creio – aludiu Claudine –, há tanto tempo somos perseguidos...

– Se não confias, então não és cristã. Jesus falou que a mudança seria difícil e que muitos interpretariam Suas palavras, usando a lança e a espada. Jesus é puro amor, amor que tudo cura, que tudo salva, que tudo abençoa. O amor que compreende, que retribui e que, depois de ofendido, oferece, de seu rosto, a outra face. Lembras do que Deoclécio nos falou? Jesus prometeu também que mais tarde enviaria o Consolador, que abriria os olhos da humanidade.

– Por que mais tarde e não agora? – indagou Efus.

– Porque agora não estamos prontos para compreendê-lo.

– Jesus foi bondoso conosco por mandar-nos para cá – comentou Efus.

– Agripa é um bom homem. Que Deus o proteja. E, graças à Senhora Virgínia, estamos, neste momento, salvos, para que possamos levar a palavra a todos aqueles que se aproximarem de nós – comentou Claudine.

– Onde estiver a Senhora Virgínia, ela receberá de nós todas as nossas preces por nos ter salvado, por ora, das leis romanas – referiu-se Alfeu.

– Alfeu, será que a Senhora Virgínia também ressuscitará? – perguntou Efus.

– Viver novamente? Quem sabe, mas isso, para mim, ainda é um mistério. Jesus nos ensinou que "na casa do Pai há muitas moradas", então, não morreremos nunca. Quem sabe, depois de irmos deste mundo, não nos encontraremos novamente? Se assim acontecer, eu, que já me sinto velho e cansado, não demorarei a encontrá-la. Penso que, quando morremos, veremos novamente aquelas pessoas com quem tivemos afinidade. – elucidou Alfeu, lembrando Virgínia, com seu sorriso nos lábios. – Eu tenho a certeza de que, esteja ela onde estiver, agora estará pensando nas nossas conversas sobre o Nazareno.

– Sim, Deoclécio nos disse que o Espírito é eterno, e Jesus assim nos provou. Se a Senhora Virgínia, desta vez, ainda não aprendeu a amar Jesus, certamente recebeu esta semente em seu coração – comentou Claudine.

– Jesus já está em seu coração, Claudine. Este é o caminho do homem, e o seu objetivo principal é seguir as lições do Cristo:

"Amai-vos uns aos outros como eu vos amei."

E, agora, louvemos ao Senhor. Alfeu, então, apanhou a mão dos amigos e, em círculo, olhando o céu estrelado, que demonstrava toda a grandeza do Criador, fechando os olhos, agradeceu a Jesus, declinando a oração "Pai Nosso", que Ele nos ensinou.

Muitos séculos depois

Numa cidadezinha, no interior do Brasil, uma criança falava com seu pai:

– Papai, que pena que morremos. É tão ruim morrer... As pessoas estudam, trabalham, aprendem tantas coisas, e tudo se perde com a morte.

– Não, minha filha, ninguém morre. Eu vou te ensinar estas coisas.

E, beijando a face da menina, pegou-a no colo, falando-lhe sobre Jesus e ensinando-a sobre o Consolador prometido por Ele, o Espiritismo.

No ano de 1963, Francisco Cândido Xavier ofereceu, a um grupo de voluntários, o entusiasmo e a tarefa de fundarem um Anuário Espírita. Nascia, então, o Instituto de Difusão Espírita - IDE, cujo nome e sigla foram também sugeridos por ele.

A partir daí, muitos títulos foram sendo editados, e o Instituto de Difusão Espírita, entidade assistencial sem fins lucrativos, mantém-se fiel à sua finalidade de divulgar a Doutrina Espírita através da IDE Editora, tendo como foco principal as Obras Básicas da Codificação, sempre a preços populares, além dos seus mais de 300 títulos em português e espanhol, muitos psicografados por Chico Xavier.

O Instituto de Difusão Espírita conta também com outras frentes de trabalho, voltadas à assistência e promoção social, como albergue noturno, acolhimento de migrantes, itinerantes, pessoas em situação de rua, acolhimento e fortalecimento de vínculos para mães e crianças, oficinas de gestantes, confecção de enxovais para recém-nascidos, fraldas descartáveis infantis e geriátricas, assistência à saúde e auxílio com cestas básicas, leite em pó, leite longa vida, para as famílias em situação de vulnerabilidade social, além dos trabalhos de evangelização infantil, mocidade espírita, artes (teatro, música, dança, artes plásticas e literatura), cursos doutrinários e passes.

Este e outros livros da **IDE Editora** subsidiam a manutenção do baixíssimo preço das **Obras Básicas, de Allan Kardec**, mais notadamente, "O Evangelho Segundo o Espiritismo", edição econômica.

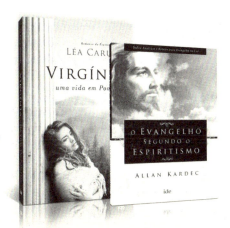

ideeditora.com.br

✳

Acesse e cadastre-se para receber
informações sobre nossos lançamentos.

twitter.com/ideeditora
facebook.com/ide.editora
editorial@ideeditora.com.br

ide

IDE Editora é apenas um nome fantasia utilizado pelo INSTITUTO DE DIFUSÃO ESPÍRITA, entidade sem fins lucrativos, que promove extenso programa de assistência social, e que detém os direitos autorais desta obra.